PUBLICISTAS
DIREITO ADMINISTRATIVO SOB TENSÃO

CARLOS ARI SUNDFELD
EDUARDO JORDÃO
EGON BOCKMANN MOREIRA
FLORIANO DE AZEVEDO MARQUES NETO
GUSTAVO BINENBOJM
JACINTHO ARRUDA CÂMARA
JOSÉ VICENTE SANTOS DE MENDONÇA
MARÇAL JUSTEN FILHO
VERA MONTEIRO

PUBLICISTAS

DIREITO ADMINISTRATIVO SOB TENSÃO

1ª reimpressão

Belo Horizonte

FÓRUM
CONHECIMENTO JURÍDICO
2024

© 2022 Editora Fórum Ltda.
2024 1ª reimpressão

É proibida a reprodução total ou parcial desta obra, por qualquer meio eletrônico, inclusive por processos xerográficos, sem autorização expressa do Editor.

Conselho Editorial

Adilson Abreu Dallari
Alécia Paolucci Nogueira Bicalho
Alexandre Coutinho Pagliarini
André Ramos Tavares
Carlos Ayres Britto
Carlos Mário da Silva Velloso
Cármen Lúcia Antunes Rocha
Cesar Augusto Guimarães Pereira
Clovis Beznos
Cristiana Fortini
Dinorá Adelaide Musetti Grotti
Diogo de Figueiredo Moreira Neto (in memoriam)
Egon Bockmann Moreira
Emerson Gabardo
Fabrício Motta
Fernando Rossi
Flávio Henrique Unes Pereira
Floriano de Azevedo Marques Neto
Gustavo Justino de Oliveira
Inês Virgínia Prado Soares
Jorge Ulisses Jacoby Fernandes
Juarez Freitas
Luciano Ferraz
Lúcio Delfino
Marcia Carla Pereira Ribeiro
Márcio Cammarosano
Marcos Ehrhardt Jr.
Maria Sylvia Zanella Di Pietro
Ney José de Freitas
Oswaldo Othon de Pontes Saraiva Filho
Paulo Modesto
Romeu Felipe Bacellar Filho
Sérgio Guerra
Walber de Moura Agra

FÓRUM
CONHECIMENTO JURÍDICO

Luís Cláudio Rodrigues Ferreira
Presidente e Editor

Coordenação editorial: Leonardo Eustáquio Siqueira Araújo
Aline Sobreira de Oliveira

Rua Paulo Ribeiro Bastos, 211 – Jardim Atlântico – CEP 31710-430
Belo Horizonte – Minas Gerais – Tel.: (31) 99412.0131
www.editoraforum.com.br – editoraforum@editoraforum.com.br

Técnica. Empenho. Zelo. Esses foram alguns dos cuidados aplicados na edição desta obra. No entanto, podem ocorrer erros de impressão, digitação ou mesmo restar alguma dúvida conceitual. Caso se constate algo assim, solicitamos a gentileza de nos comunicar através do *e-mail* editorial@editoraforum.com.br para que possamos esclarecer, no que couber. A sua contribuição é muito importante para mantermos a excelência editorial. A Editora Fórum agradece a sua contribuição.

Dados Internacionais de Catalogação na Publicação (CIP) de acordo com ISBD

P976	Publicistas: direito administrativo sob tensão / Carlos Ari Sundfeld ... [et al.]. 1. reimpressão. - Belo Horizonte : Fórum, 2022. 280p. ; 14,5cm x 21,5cm. ISBN: 978-65-5518-311-5
	1. Direito. 2. Direito Público. 3. Direito Administrativo. 4. Direito Econômico. 5. Direito Constitucional. I. Ari Sundfeld, Carlos. II. Jordão, Eduardo. III. Moreira, Egon Bockmann. IV. Marques Neto, Floriano de Azevedo. V. Binenbojm, Gustavo. VI. Câmara, Jacintho Arruda. VII. Mendonça, José Vicente Santos de. VIII. Justen Filho, Marçal. IX. Monteiro, Vera. X. Título.
2021-4291	
	CDD 341
	CDU 343

Elaborado por Vagner Rodolfo da Silva - CRB-8/9410

Informação bibliográfica deste livro, conforme a NBR 6023:2018 da Associação Brasileira de Normas Técnicas (ABNT):

SUNDFELD, Carlos Ari; JORDÃO, Eduardo; MOREIRA, Egon Bockmann; MARQUES NETO, Floriano de Azevedo; BINENBOJM, Gustavo; CÂMARA, Jacintho Arruda; MENDONÇA, José Vicente Santos de; JUSTEN FILHO, Marçal; MONTEIRO, Vera. *Publicistas*: direito administrativo sob tensão. 1. reimpr. Belo Horizonte: Fórum, 2022. 280p. ISBN 978-65-5518-311-5.

SUMÁRIO

APRESENTAÇÃO..21

PARTE I
O NOVO DIREITO PÚBLICO PAUTADO PELA DEMOCRACIA

SOBRE UM PROJETO DE DIREITO ADMINISTRATIVO – *WEBINAR* COMEMORA PRIMEIRO ANIVERSÁRIO DA COLUNA PUBLICISTAS
Eduardo Jordão 25

COMO SE CONSTRÓI UM DIREITO ADMINISTRATIVO PARA A DEMOCRACIA? – EM HOMENAGEM AO DEMOCRATA MÁRIO SÉRGIO DUARTE GARCIA
Carlos Ari Sundfeld 27

POLÍTICA E DIREITO ADMINISTRATIVO – DICOTOMIA ENTRE GOVERNO E ADMINISTRAÇÃO PÚBLICA DEVE SER SUPERADA POR UMA VISÃO REALISTA DA INTERAÇÃO INEVITÁVEL ENTRE POLÍTICOS E GESTORES. A QUESTÃO É COMO ELA DEVE SE DAR
Gustavo Binenbojm 29

EM BUSCA DO DIREITO ADMINISTRATIVO PERDIDO – É HORA DE COMBATER A TENTAÇÃO AUTORITÁRIA
Egon Bockmann Moreira 31

A RETÓRICA DOS CONTROLADORES – EXAGERANDO E MINIMIZANDO, ELES CONFUNDEM O DEBATE SOBRE OS LIMITES DE SUA ATUAÇÃO
Eduardo Jordão 33

CARTA ABERTA AO MINISTRO BARROSO SOBRE A MP Nº 966 – MEDIDA NÃO É UM INCENTIVO A QUEM QUER ERRAR
Vera Monteiro 35

SURPRESA POSITIVA DO STF NO JULGAMENTO DA MP Nº 966 –
EM DECISÃO HISTÓRICA SOBRE OS LIMITES DO CONTROLE
PÚBLICO, O STF RECONHECEU O VALOR DAS IDEIAS E DAS
NORMAS DA NOVA LINDB, CONSOLIDANDO UMA NOVA
FORMA DE VER O DIREITO PÚBLICO
Carlos Ari Sundfeld, Eduardo Jordão, Egon Bockmann Moreira, Floriano
de Azevedo Marques Neto, Gustavo Binenbojm, Jacintho Arruda Câmara,
José Vicente Santos de Mendonça, Marçal Justen Filho, Vera Monteiro 37

COMO VIVE O DIREITO PÚBLICO NA PRAÇA DOS TRÊS
PODERES – CRÔNICA DE DUAS REUNIÕES EXEMPLARES,
SEUS MODOS E VALORES
Carlos Ari Sundfeld 41

IMPEACHMENT: O PODER SE JULGA CRONOS, MAS É HIPNOS –
INAÇÃO DO PRESIDENTE DA CÂMARA FAZ REFLETIR SOBRE
A RESPONSABILIDADE NO SILÊNCIO POSITIVO
Floriano de Azevedo Marques Neto 43

FORÇAS ARMADAS SÃO ÓRGÃOS ADMINISTRATIVOS –
A FUNÇÃO MILITAR É DE OBEDIÊNCIA, NÃO DE REINVENTAR
O DIREITO
Carlos Ari Sundfeld 45

FAKE NEWS COMO EXTERNALIDADES NEGATIVAS – NOTÍCIAS
FRAUDULENTAS DEVEM SER ENFRENTADAS COMO A
POLUIÇÃO AMBIENTAL; ELAS ENRIQUECEM ILICITAMENTE
GRUPOS PRIVADOS E GERAM CUSTOS ECONÔMICOS E
POLÍTICOS PARA TODA A SOCIEDADE
Gustavo Binenbojm 47

DIREITO PÚBLICO ANTIRRACISTA – DIREITOS E
OPORTUNIDADES REAIS TÊM DE SER PARA TODOS
Carlos Ari Sundfeld 49

MAGAZINE LUIZA: UM CASO LAMENTÁVEL –
INDEPENDÊNCIA FUNCIONAL EXIGE RESPONSABILIDADE
Marçal Justen Filho 51

O CORONAVÍRUS E O ESTADO DE EXCEÇÃO – ESTADO DEMOCRÁTICO DE DIREITO PROVEU INSTRUMENTOS PARA A ADMINISTRAÇÃO PÚBLICA AGIR A TEMPO E A HORA; QUE O FAÇA
Gustavo Binenbojm 53

CONTRATAÇÕES PÚBLICAS E DEMOCRACIA – O MODELO TRADICIONAL DE CONTRATAÇÕES PÚBLICAS FALIU
Marçal Justen Filho 55

PARTE II
PESQUISAR E ENSINAR O NOVO DIREITO PÚBLICO

O QUE RESTOU DOS MANUAIS DE DIREITO ADMINISTRATIVO? – PRIMEIRO COMO TRAGÉDIA; AGORA COMO FARSA
José Vicente Santos de Mendonça 59

O QUE RESTOU DOS MANUAIS DE DIREITO ADMINISTRATIVO FORAM... OS MANUAIS! – UM DIÁLOGO COM JOSÉ VICENTE SANTOS DE MENDONÇA
Marçal Justen Filho 61

DIREITO ADMINISTRATIVO E A BATALHA DOS MÉTODOS – A APLICAÇÃO DOS PRINCÍPIOS NÃO PODE SER BASEADA EM ABSTRAÇÕES IRREAIS
Egon Bockmann Moreira 63

O CONHECIMENTO ACADÊMICO É LEVADO A SÉRIO NO DIREITO? – HÁ CONTROVÉRSIAS
José Vicente Santos de Mendonça 65

AS MENTIRAS QUE OS ADMINISTRATIVISTAS CONTAM – É PRECISO REFUNDAR O DIREITO ADMINISTRATIVO SOBRE BASES MAIS REALISTAS
Eduardo Jordão 67

O VIÉS DE ADULAÇÃO DIFICULTA O PROCESSO DE
MODERNIZAÇÃO DO DIREITO – LEGADO CULTURAL DA
LISONJA AO PODER INIBE A CRÍTICA CONSTRUTIVA
Gustavo Binenbojm 69

FALSO BRILHANTE: OS JURISTAS E O VIÉS DE
ORNAMENTAÇÃO – A PROPENSÃO AO ENFEITE SOFREU
MUTAÇÕES, MAS SEGUE FORTE
Eduardo Jordão 71

DE QUAIS ESTADOS VEM NOSSO DIREITO ADMINISTRATIVO? –
UM SINGELO EXERCÍCIO EMPÍRICO
José Vicente Santos de Mendonça 73

QUAIS ESTRANGEIROS FAZEM A CABEÇA DOS NOSSOS
ADMINISTRATIVISTAS? – UMA INVESTIGAÇÃO EMPÍRICA
SOBRE CITAÇÕES DE AUTORES ESTRANGEIROS
Eduardo Jordão 79

SOBRE DINHEIRO, DECISÃO E ARTE – QUANDO A REALIDADE
DEMONSTRA QUE A SUPREMACIA DO INTERESSE PÚBLICO É
INSERVÍVEL
Floriano de Azevedo Marques Neto 85

O QUE O ENSINO JURÍDICO A DISTÂNCIA TROUXE DE BOM –
A EXPERIÊNCIA ADQUIRIDA NA PANDEMIA PODE MUDAR
O ENSINO PRESENCIAL E AUMENTAR O INTERCÂMBIO
ACADÊMICO
Jacintho Arruda Câmara 87

A VIDA É MUITO CURTA PARA TANTA PALESTRA JURÍDICA –
POR UMA SOCIOLOGIA DA PALESTRA DE ADVOGADO
José Vicente Santos de Mendonça 89

PARTE III
PROVOCAÇÕES PARA O NOVO DIREITO PÚBLICO

A INDISPONIBILIDADE DO INTERESSE PÚBLICO AINDA
FAZ ALGUM SENTIDO? – BOA-FÉ, COOPERAÇÃO E
CONSENSUALIDADE SÃO OS FUNDAMENTOS DO DIREITO
PÚBLICO
Egon Bockmann Moreira 93

CRISE, OPORTUNISMO E O RETORNO DA SUPREMACIA DO
INTERESSE PÚBLICO: O PÊNDULO QUE NÃO VOLTOU
Gustavo Binenbojm 95

LEGITIMIDADE DO ATO ADMINISTRATIVO: PRESUNÇÃO OU
FICÇÃO? – A LEGALIDADE ADMINISTRATIVA SOBREPÕE-SE À
PRESUNÇÃO DE LEGITIMIDADE
Marçal Justen Filho 97

DISCRICIONARIEDADE É SACANAGEM? VINCULAÇÃO É
INEFICIÊNCIA? – A RESPOSTA É PESQUISA, TECNOLOGIA –
E A PALAVRA "MU"
José Vicente Santos de Mendonça 99

A DISCRICIONARIEDADE DIZ RESPEITO A SOLUÇÕES –
DISCRICIONARIEDADE 4.0: O GESTOR PÚBLICO PODE SE
VER DIANTE DE OPÇÕES INTERMINÁVEIS, MAS TEM O DEVER
DE DECIDIR
Egon Bockmann Moreira 101

ISONOMIA SOCORRE AOS QUE DORMEM? – VISÃO PLANA
DO PRINCÍPIO DA ISONOMIA ACABA POR DESINCENTIVAR
INOVAÇÃO E APERFEIÇOAMENTO NA GESTÃO PÚBLICA
Floriano Azevedo Marques Neto 103

SÚMULA Nº 473: É HORA DE DIZER ADEUS – ELA CUMPRIU
SEU PAPEL, MAS HOJE TRAZ PROBLEMAS
Egon Bockmann Moreira 105

ROMPER COM O DIREITO ADMINISTRATIVO ESTÁVEL? –
PARA MELHORAR A GESTÃO PÚBLICA, O CAMINHO É
MODERNIZAR A ESTABILIDADE
Carlos Ari Sundfeld 107

PANDEMIA E CONCESSÕES: A CRIAÇÃO DE UMA ÁLEA
"MUITO" EXTRAORDINÁRIA? – REPARTIÇÃO DE CUSTOS
ENTRE AS PARTES DA CONCESSÃO NÃO É SOLUÇÃO JUSTA
Eduardo Jordão 109

O MITO DAS CLÁUSULAS EXORBITANTES – VALE A PENA
ALIMENTÁ-LO NA NOVA LEI DE CONTRATAÇÕES PÚBLICAS?
Jacintho Arruda Câmara 111

A REVOLUÇÃO SECRETA NOS CONTRATOS PÚBLICOS – COMO A CULTURA DA ARBITRAGEM MUDA A VINCULAÇÃO AOS CONTRATOS
Marçal Justen Filho 113

QUEM TEM MEDO DAS AUTORIZAÇÕES NO SERVIÇO PÚBLICO? – A ADOÇÃO DE AUTORIZAÇÕES NO SETOR FERROVIÁRIO EXPÕE O DESCOMPASSO ENTRE A REALIDADE E LIÇÕES GENERALISTAS
Jacintho Arruda Câmara 115

PARTE IV
REFORMA COMO FUNÇÃO PÚBLICA PERMANENTE

CORRUPÇÃO NÃO É GUIA PARA REFORMAS – O COMBATE BUROCRÁTICO À CORRUPÇÃO NÃO PODE ORIENTAR AS REFORMAS DA ADMINISTRAÇÃO PÚBLICA
Jacintho Arruda Câmara 119

QUANDO REFORMAS DÃO CERTO? – SEM LÍDERES QUE LEVEM O DIREITO A SÉRIO, NENHUMA REFORMA ADMINISTRATIVA VAI FUNCIONAR
Carlos Ari Sundfeld 121

A REFORMA ADMINISTRATIVA JÁ ESTÁ EM CURSO E NÃO É O QUE VOCÊ PENSA! – É URGENTE A AVALIAÇÃO DE DESEMPENHO DO SERVIDOR QUE TRABALHA À DISTÂNCIA
Marçal Justen Filho 123

A REFORMA ADMINISTRATIVA NÃO COMEÇOU BEM – O CONGRESSO TENTA MELHORAR A MEDIDA PROVISÓRIA SOBRE CONTRATOS TEMPORÁRIOS NA ADMINISTRAÇÃO
Carlos Ari Sundfeld 125

O QUE ESPERAR DA REFORMA ADMINISTRATIVA CONSTITUCIONAL? MUDANÇAS NA CONSTITUIÇÃO NÃO GARANTEM MELHORIAS IMEDIATAS
Jacintho Arruda Câmara 127

COMO MEXER NA CONSTITUIÇÃO PARA MELHORAR O RH DO ESTADO – PARA CRIAR CONFIANÇA E MUDAR AOS POUCOS, O CAMINHO É DESCONSTITUCIONALIZAR SEM REVOGAR
Carlos Ari Sundfeld 129

CONTRATAÇÃO TEMPORÁRIA NO SERVIÇO PÚBLICO – POR UMA LEI GERAL DE ÂMBITO NACIONAL
Vera Monteiro 131

O COMBATE AOS SUPERSALÁRIOS NA ADMINISTRAÇÃO – NOVAS INICIATIVAS NO CONGRESSO ANUNCIAM A PRÓXIMA TEMPORADA DA SAGA
Jacintho Arruda Câmara 133

NOVO CALOTE AOS PRECATÓRIOS: A DEMONSTRAÇÃO DA INEFICÁCIA DO DIREITO BRASILEIRO – AS DIFICULDADES COMPROVAM TAMBÉM A FALHA DOS SISTEMAS DE CONTROLE
Marçal Justen Filho 135

REFORMA TRIBUTÁRIA: O DIREITO ADMINISTRATIVO TEM ALGO A DIZER – ENTE ADMINISTRATIVO NEUTRO DARIA VIABILIDADE À INTEGRAÇÃO TRIBUTÁRIA DE ESTADOS E MUNICÍPIOS
Carlos Ari Sundfeld 137

AS TECNOLOGIAS DISCRETAS QUE REVOLUCIONARAM O DIREITO ADMINISTRATIVO – MENOS DISRUPÇÃO FESTIVA, MAIS MÃO NA MASSA
José Vicente Santos de Mendonça 139

A TECNOLOGIA REALIZARÁ A PROMESSA QUE O DIREITO ADMINISTRATIVO NÃO CUMPRIU? – COMO A IMPLANTAÇÃO DO *BLOCKCHAIN* AFETARÁ OS PROCEDIMENTOS ADMINISTRATIVOS
Marçal Justen Filho 141

DESAPROPRIAÇÕES NÃO EXPROPRIATÓRIAS – A LEI MUDOU PARA A DESAPROPRIAÇÃO SER MAIS NEGOCIAL E O DIREITO PÚBLICO MENOS AUTORITÁRIO
Floriano Azevedo Marques Neto 143

O IMPÉRIO DO DIREITO ADMINISTRATIVO – NÃO É UMA
QUESTÃO DE PODER, NEM TERRITÓRIO OU PROCESSO
Egon Bockmann Moreira 145

PARTE V
LICITAÇÕES E CONTRATOS ADMINISTRATIVOS:
ENTRE O NOVO E O VELHO

A NOVA LEI DE LICITAÇÕES E A ILUSÃO DO "GOVERNO DOS
SERES HUMANOS"
Marçal Justen Filho 149

LICITAÇÃO INIBE MESMO OS CARTÉIS EM CONTRATOS
PÚBLICOS? – OCDE PUBLICOU RELATÓRIO SOBRE O CASO
BRASILEIRO
Vera Monteiro 151

É POSSÍVEL LICITAR PARA INOVAR? – OU: PORQUE GEORGE
JETSON NÃO SERIA UM BOM PREGOEIRO
José Vicente Santos de Mendonça 153

POR UMA NOVA COMPREENSÃO DAS "NORMAS GERAIS
DE LICITAÇÃO" – ESTÁ NA HORA DE RECONHECER A
AMPLITUDE DO CONCEITO
Egon Bockmann Moreira 155

CONTRATAÇÃO X CONTRATO – A COMPETÊNCIA
LEGISLATIVA DA UNIÃO É PARA NORMAS GERAIS EM
MATÉRIA DE LICITAÇÃO E CONTRATAÇÃO OU PARA
LICITAÇÃO E CONTRATOS?
Vera Monteiro 157

A INTERPRETAÇÃO DA FUTURA LEI DE LICITAÇÕES – A NOVA
LEI É UMA COLCHA DE RETALHOS
Marçal Justen Filho 159

A FUTURA LEI DE LICITAÇÕES: O DESAFIO DE SUA
INTERPRETAÇÃO AUTÔNOMA – A NOVA LEI DE NADA
ADIANTARÁ SE LIDA COM OS OLHOS NO PASSADO
Egon Bockmann Moreira 161

A APLICABILIDADE IMEDIATA DA LEI Nº 14.133 –
HÁ DISPOSITIVOS AUTOAPLICÁVEIS CUJA OBSERVÂNCIA
É FUNDAMENTAL
Marçal Justen Filho 163

OUTRA BOA NOVIDADE DA NOVA LEI DE CONTRATAÇÕES
PÚBLICAS – EM MEIO A MAIS DO MESMO, LEI INOVA AO
PREVER PERÍODO DE ISENÇÃO DE INÍCIO CONTRATUAL
Floriano Azevedo Marques Neto 165

O "MENOR PREÇO" NÃO É MAIS O MESMO – NOVA LEI
PERMITE MODERNIZAR O JULGAMENTO DOS PREÇOS
NA LICITAÇÃO
Jacintho Arruda Câmara 167

O CONCURSO NÃO É MAIS O MESMO – NOVA LEI DE
LICITAÇÕES MODERNIZOU O CONCURSO
Vera Monteiro 169

CONDIÇÕES PARA LICITAR NÃO SE CONFUNDEM COM
REQUISITOS DE HABILITAÇÃO – AS CONDIÇÕES DE
PARTICIPAÇÃO COMPREENDEM EXIGÊNCIAS MUITO
DIVERSAS
Marçal Justen Filho 171

A LEI Nº 14.133/2021 E A SEGURANÇA JURÍDICA NOS
CONTRATOS ADMINISTRATIVOS – INOVAÇÕES PONTUAIS
DA NOVA LEI PODEM AUMENTAR PREVISIBILIDADE
E ESTABILIDADE NAS RELAÇÕES CONTRATUAIS DA
ADMINISTRAÇÃO PÚBLICA
Gustavo Binenbojm 173

INVALIDAÇÃO DE CONTRATOS PÚBLICOS NA NOVA LEI: UM
EXEMPLO DE CONSEQUENCIALISMO – A INVALIDAÇÃO DE
CONTRATOS NÃO PODE CONTRARIAR O INTERESSE PÚBLICO
Jacintho Arruda Câmara 175

CONTRATO PÚBLICO PARA SOLUÇÃO INOVADORA –
NÃO PRECISAMOS DE LEI COMPLEMENTAR PARA ISSO
Vera Monteiro 177

O QUE É CONTRATO DE IMPACTO SOCIAL (CIS)? – GESTORES PÚBLICOS PODEM INOVAR E EXPERIMENTAR EM MATÉRIA CONTRATUAL
Vera Monteiro 179

PARTE VI
CONTROLES PÚBLICOS EM TRANSIÇÃO

DECIDINDO COMO DECIDIR (PARTE I) – PADRÕES DECISÓRIOS NO CONTROLE DA ADMINISTRAÇÃO PÚBLICA PROMOVERIAM MAIS COERÊNCIA, EFICIÊNCIA E SEGURANÇA JURÍDICA
Gustavo Binenbojm 183

DECIDINDO COMO DECIDIR (PARTE II) – O CONTROLE DA ADMINISTRAÇÃO PÚBLICA DEVE ENVOLVER ESCOLHAS REALISTAS E ESQUEMAS DECISÓRIOS FACTÍVEIS
Gustavo Binenbojm 185

POR MODELOS DISTINTOS DE CONTROLE DA ADMINISTRAÇÃO – AO CONTRÁRIO DO BRASIL, ALGUNS PAÍSES CONTAM EXPLICITAMENTE COM MODELOS DE INTENSIDADES DIFERENTES
Eduardo Jordão 187

DESCONTROLE JUDICIAL DA ADMINISTRAÇÃO PÚBLICA? – LITIGÂNCIA DE MASSA PODE DESCONTROLAR A AÇÃO ADMINISTRATIVA
Carlos Ari Sundfeld 189

UMA VACINA CONTRA O VOLUNTARISMO DO CONTROLADOR – PROPOSTA DE LEI CRIA A EXCEÇÃO ADMINISTRATIVA POR ILEGALIDADE MANIFESTA
Eduardo Jordão 191

ALGUÉM DEFENDE A LEGALIDADE ADMINISTRATIVA? – PESQUISAS SUGEREM QUE OS CONTROLADORES PÚBLICOS PERDERAM CONEXÃO COM A LEGALIDADE
Carlos Ari Sundfeld 193

LEVANDO A DEFERÊNCIA A SÉRIO – É PRECISO EVITAR QUE A POPULARIZAÇÃO DA IDEIA DE DEFERÊNCIA IMPLIQUE A SUA TRIVIALIZAÇÃO
Eduardo Jordão 195

A LEITURA E AS "LEITURAS" DO ART. 5º, XXXV, DA CF – QUÃO OBRIGATÓRIO É, DE FATO, O CONTROLE JURISDICIONAL NO DIREITO BRASILEIRO?
Eduardo Jordão 197

PAU QUE BATE EM CHICO, DEVERIA COÇAR FRANCISCO – AO CRITICAR A ATUAÇÃO DA CVM, O TCU OFERECE BOAS TRILHAS PARA REFLEXÃO CRÍTICA SOBRE SI PRÓPRIO
Floriano Azevedo Marques Neto 199

A LEI DA IMPROBIDADE TEM DE MUDAR – TEXTO VIGENTE COMBATE A GESTÃO PÚBLICA, NÃO A CORRUPÇÃO
Floriano Azevedo Marques Neto 201

O QUE O PRESIDENTE DEVERIA VETAR NA NOVA LEI DE IMPROBIDADE ADMINISTRATIVA? O PL Nº 2.505/21 AGUARDA SANÇÃO PRESIDENCIAL
Vera Monteiro 203

SOBRE AS VIRTUDES DA HIPOCRISIA – NO CONTROLE DOS ATOS ADMINISTRATIVOS, O ELOGIO ANTECEDE A INVALIDAÇÃO
José Vicente Santos de Mendonça 205

APLICAÇÃO DA LINDB PELO SUPREMO E PELO STJ: O QUE OS DADOS FALAM? – A LINDB COMEÇA A GANHAR TRAÇÃO, MAS É CEDO PARA COMEMORAR
José Vicente Santos de Mendonça 207

CONTROLE EXTERNO EXPERIMENTAL – CONTROLADORES TAMBÉM PODEM INOVAR AO FISCALIZAR CONTRATOS EXPERIMENTAIS
Vera Monteiro 209

MONITORAMENTO DIGITAL DAS CONTRATAÇÕES PÚBLICAS – GOVERNO COMO PLATAFORMA DE DADOS
Vera Monteiro 211

ACORDOS DE LENIÊNCIA E COOPERAÇÃO TÉCNICA INTERINSTITUCIONAL – EFEITOS DO ACORDO DE COOPERAÇÃO CELEBRADO PELO TCU
Egon Bockmann Moreira 213

TRANSAÇÃO EM IMPROBIDADE – PACOTE ANTICRIME SOLUCIONA IMPASSE SOBRE ACORDOS EM AÇÕES DE IMPROBIDADE
Floriano de Azevedo Marques Neto 215

RETROCESSO NO AVANÇO DA ARBITRAGEM ADMINISTRATIVA – DECRETO TENTA REEDITAR OBRIGAÇÃO DE ESGOTAR RECURSOS ADMINISTRATIVOS PARA RECORRER À ARBITRAGEM
Floriano Azevedo Marques Neto 217

PARTE VII
NOVAS ORGANIZAÇÕES PÚBLICAS

PRESTAÇÃO REGIONALIZADA DO SERVIÇO DE SANEAMENTO – UM NOVO FEDERALISMO EM CURSO?
Vera Monteiro 221

AGÊNCIAS REGULADORAS ESTÃO EM RISCO EM SÃO PAULO – GOVERNADOR PROPÕE QUE A REGULAÇÃO PASSE A SER DEFINIDA DE FORMA AUTOCRÁTICA PELO EXECUTIVO
Carlos Ari Sundfeld 223

REVOLUÇÃO SECRETA TAMBÉM NO CONTROLE PÚBLICO? – LIMITES DO IMPACTO DA ARBITRAGEM SOBRE O CONTROLE DE DECISÕES DE AGÊNCIAS REGULADORAS
Eduardo Jordão 225

O SUPREMO PRECISA DIVULGAR MAIS E MELHOR A AGENDA DE SEUS MINISTROS – UMA SUGESTÃO DE BOA PRÁTICA
José Vicente Santos de Mendonça 227

POR QUE O STF NÃO DEVE DECLARAR A INCONSTITUCIONALIDADE DO BANCO CENTRAL AUTÔNOMO – A CORTE DEVE PRESTIGIAR A SUBSTÂNCIA E NÃO ENRIJECER AS FORMAS
Gustavo Binenbojm 229

PGR ACERTA EM COORDENAR INICIATIVAS NO COMBATE À COVID-19 – CENTRALIZAÇÃO DAS AÇÕES NA PGR CAUSA POLÊMICA, MAS É EXEMPLO DE COORDENAÇÃO NO CONTROLE
Floriano Azevedo Marques Neto 231

A NECESSÁRIA REINVENÇÃO DA ADVOCACIA – A AUTORREGULAÇÃO PERMITIRÁ A REDESCOBERTA DA PROFISSÃO
Egon Bockmann Moreira 233

EMPRESAS ESTATAIS: CLASSIFICAÇÃO EM XEQUE – ESTATAIS PRESTADORAS DE SERVIÇOS PÚBLICOS COMEÇAM A PERDER OS PRIVILÉGIOS QUE A LEGISLAÇÃO NÃO LHES DEU
Jacintho Arruda Câmara 235

DUAS BOAS DECISÕES DO SUPREMO SOBRE EMPRESAS ESTATAIS – 1) DESINVESTIMENTO NÃO PRECISA DE LEI ESPECÍFICA; 2) ESTATAIS PODEM EXERCER PODER DE POLÍCIA
Gustavo Binenbojm 237

O INDEVIDO PROCESSO LEGISLATIVO NA DESESTATIZAÇÃO DA ELETROBRAS – LEGISLAR NÃO É AMONTOAR TRUQUES EM FAVOR DE INTERESSES
Egon Bockmann Moreira 239

O DIREITO ADMINISTRATIVO EM 2019: NORMAS IMPORTANTES E PRÁTICAS BANAIS – LEIS CHAMARAM ATENÇÃO, MAS PRÁTICAS DO GOVERNO AINDA SÃO AMBÍGUAS
José Vicente Santos de Mendonça 241

NOVA LEI DE LICITAÇÕES E REFORMA ADMINISTRATIVA – GESTÃO POR COMPETÊNCIAS, GOVERNANÇA PÚBLICA E SEGREGAÇÃO DE FUNÇÕES PODEM SER AVANÇOS
Marçal Justen Filho 243

SERVIÇO SOCIAL AUTÔNOMO NA SAÚDE – A GESTÃO DE HOSPITAIS PÚBLICOS FEDERAIS NÃO DEVERIA SER FEITA NA BASE DO OPORTUNISMO
Vera Monteiro 245

PARTE VIII
RENOVANDO A REGULAÇÃO E OS SERVIÇOS PÚBLICOS

LEIS QUE PEGAM, LEIS QUE NÃO PEGAM – O SUCESSO DA NOVA LINDB E A INEFICÁCIA DA LEI DE LIBERDADE ECONÔMICA MOSTRAM A INUTILIDADE DE OPÇÕES LEGISLATIVAS APENAS AXIOLÓGICAS
Floriano Azevedo Marques Neto 249

A LIBERDADE ECONÔMICA E O RISCO DE ILEGALIDADE – A CLASSIFICAÇÃO ADMINISTRATIVA DO RISCO DAS ATIVIDADES ECONÔMICAS NÃO PODE SE SOBREPOR À DAS LEIS
Jacintho Arruda Câmara 251

AVALIAR E REVER – CRESCE O PUBLICISMO SEM MÁGICA, QUE MEDE E COBRA RESULTADOS DA AÇÃO ESTATAL
Carlos Ari Sundfeld 253

OCASO DA PAJELANÇA REGULATÓRIA – O MÉTODO COMO LEGADO DA PANDEMIA
Jacintho Arruda Câmara 255

O REGULAMENTO DA ANÁLISE DE IMPACTO REGULATÓRIO – DECRETO Nº 10.411/2020 FOI GENEROSO NAS HIPÓTESES DE DISPENSA DA AIR E NO USO DE CONCEITOS INDETERMINADOS. AGORA, UTILIDADE E EFETIVIDADE DO PROCEDIMENTO DEPENDERÃO DA SERIEDADE DOS REGULADORES
Gustavo Binenbojm 257

COMBATENDO A "DESREGULAÇÃO ESTRUTURAL" – OS DESAFIOS DE ENFRENTAR O ENFRAQUECIMENTO GRADUAL DAS AGÊNCIAS REGULADORAS
Eduardo Jordão 259

QUAL A NATUREZA JURÍDICA DOS *SANDBOXES* REGULATÓRIOS? – QUANDO OS DESAFIOS DO PRESENTE SE SOCORREM DOS MÉTODOS DO PASSADO
José Vicente Santos de Mendonça 261

É CONSTITUCIONAL TRANSFERIR CONTRATOS DE CONCESSÃO – O STF DEVE PRESERVAR A SEGURANÇA JURÍDICA DE QUEM CONFIA NAS LEIS
Carlos Ari Sundfeld, Eduardo Jordão, Egon Bockmann Moreira, Floriano Azevedo Marques Neto, Gustavo Binenbojm, Jacintho Arruda Câmara, José Vicente Santos de Mendonça, Marçal Justen Filho, Vera Monteiro..263

PRORROGAÇÕES CONTÍNUAS NAS CONCESSÕES? – A LEGISLAÇÃO VEM AMPLIANDO AS HIPÓTESES DE PRORROGAÇÃO DAS PARCERIAS COM O SETOR PRIVADO
Jacintho Arruda Câmara 269

TARIFAS, CAOS ECONÔMICO E EQUILÍBRIO CONTRATUAL – O QUE SERÁ DAS CONCESSÕES DE SERVIÇOS PÚBLICOS?
Egon Bockmann Moreira 271

MP QUE ALTERA O MARCO CIVIL DA INTERNET É INCONSTITUCIONAL – O PRESIDENTE DA REPÚBLICA NÃO TEM PODER DE EDITAR MEDIDAS PROVISÓRIAS COM FLAGRANTE DESVIO DE FINALIDADE
Gustavo Binenbojm 273

HÁ FUTURO PARA O SANEAMENTO? – NOVO MARCO LEGAL TENTA SUPERAR ESTAGNAÇÃO CAUSADA POR IMPASSES JURÍDICOS E IRRACIONALIDADE ADMINISTRATIVA
Floriano Azevedo Marques Neto 275

SISTEMAS DE SAÚDE INTELIGENTES – REGISTROS *ON-LINE*, TELEMEDICINA, ALGORITMOS E COMPRAS CONSORCIADAS: SOLUÇÕES MAIS EFICIENTES E LEGÍTIMAS PARA A SAÚDE DO QUE A JUDICIALIZAÇÃO
Gustavo Binenbojm 277

SOBRE OS AUTORES..279

APRESENTAÇÃO

O direito administrativo é relativamente novo, mas quanta tensão acumulada, quanta crise! Liberado da herança do direito civil, para o bem e para o mal, ele logo construiu conceitos, categorias e reputações para chamar de suas. Só que, nesta vida, apenas a mudança é permanente e, em pouco tempo, essas noções se mostrariam impróprias: a ideia de serviço público entraria em crise, que já dura mais de século; o insindicável mérito administrativo se tornaria sindicável, e isso há várias décadas.

Mesmo assim, o direito administrativo não desiste. Ali onde há muito apego a noções arcaicas, há também potencialidades para acolher o novo: um direito administrativo aberto à carnadura da realidade; às experimentações e inovações; à expectativa de segurança com promessa de justiça. Nem sempre, claro, as teorias do direito administrativo inspiram progressos: todas elas parecem felizes, mas cada direito administrativo concreto acaba sendo infeliz à sua maneira. Talvez porque, como dizia Rubem Braga, escrever um dicionário é uma coisa, acreditar nele é bem outra.

A presente coletânea engloba 113 artigos curtos, publicados ao longo de dois anos no *site JOTA.Info*, que generosamente nos abriga. Nossa coluna se chama "Publicistas", porque reúne autora e autores cujo interesse é o estado das coisas públicas. Somos todos acadêmicos com o viés do espaço público – não o estatal, não o burocrático, mas o transcendentemente público. O livro vem dividido em oito tópicos: o direito público como instrumento democrático; reflexões sobre pesquisa e ensino jurídicos; provocações para um novo direito público; a reforma como função pública permanente e essencial; as licitações e contratos públicos, num diálogo entre o novo e o velho; os controles públicos; as novas organizações públicas; a revisão da regulação e dos serviços públicos.

A nos unir estão o compromisso com a democracia, o amor pela experimentação, o desassossego com as supremacias. E, acima de tudo, a repulsa aos autoritarismos: políticos, doutrinários, acadêmicos. De um ambiente em que dialogamos muito, sempre com respeito e consideração recíprocos, saiu este livro curto e leve, uma coletânea que quer ser lida. Sua mensagem geral tem seu quê de complexidade: vale muito a pena questionar dogmas, mas também seguir acreditando no direito ao invés da violência; se tudo parecer sem razão ou sem volta, ainda assim valerá a pena insistir – tanto nos consensos possíveis, como nos dissensos necessários.

PARTE I

O NOVO DIREITO PÚBLICO PAUTADO PELA DEMOCRACIA

SOBRE UM PROJETO DE DIREITO ADMINISTRATIVO – *WEBINAR* COMEMORA PRIMEIRO ANIVERSÁRIO DA COLUNA PUBLICISTAS

EDUARDO JORDÃO

A Coluna Publicistas foi criada para provocar, com ideias e fatos, os administrativistas brasileiros abertos à crítica e à renovação – e para contribuir, assim, com a própria formação do direito administrativo de amanhã.

Tudo começou numa animada reunião patrocinada por Marçal Justen Filho, em Brasília. O grupo se juntara alguns meses antes, num pretexto para discutir com liberdade o direito, e, principalmente, jogar conversa fora: um modo eficiente de abrir espaço para as surpresas, que mudam as coisas no campo do conhecimento. Já havia trabalhado num volume de comentários à Nova LINDB e numa proposta de lei – e se questionava sobre qual seria a aventura seguinte.

Foi também Marçal quem trouxe a inquietação inicial: qual seria o papel que o grupo queria e poderia cumprir na internet? Cogitaram-se algumas opções: um *podcast*, um programa com entrevistas, vídeos com aulas no YouTube? Venceu a ideia de uma coluna semanal.

Alguns já tinham tido experiências regulares exitosas com o formato: Carlos Ari Sundfeld com um espaço no *Brazil Post*, Egon Bockmann Moreira com colunas na *Gazeta do Povo*, José Vicente Santos de Mendonça com o *Reg.*, eu, Eduardo Jordão, com o *Supra*.

A ideia foi seguir os moldes de uma coluna já existente, também parceria da sbdp com o *Jota*: a Controle Público, de que participávamos dois de nós. Um controle rígido da extensão do texto: 3.000 caracteres, nada mais. Uma linguagem mais objetiva. O desenvolvimento de apenas uma ideia por texto. E mais: a revisão obrigatória pelos pares, prévia e coletiva, sem prejuízo da autonomia e responsabilidade de cada autor.

O desafio era adequar as nossas manifestações – normalmente mais longas e formais – ao ambiente dinâmico e jovem da internet. Simplicidade sem vulgaridade. Objetividade sem perder conteúdo. E muitas provocações.

Esta semana a empreitada comemora um ano. Foram até aqui 54 colunas, contando com esta.

O texto inicial fazia um questionamento, em jogo de palavras com o início da coluna e a questão da estabilidade de agentes públicos: romper com o direito administrativo estável?

Na sequência, houve debates de conjuntura (Floriano Azevedo Marques Neto tratou do novo marco legal de saneamento, Jacintho Arruda Câmara, do ensino jurídico a distância, Gustavo Binenbojm, *fake news*), algumas reflexões mais descontraídas (a hipocrisia como virtude no direito, a morte ou sobrevida dos manuais, as críticas aos vieses jurídicos de adulação e de ornamentação), debates mais clássicos (o tema das cláusulas exorbitantes, a Súmula nº 473 do STF, a ideia de "supremacia do interesse público"), e engajamentos mais diretos nas polêmicas do dia (a carta aberta de Vera Monteiro ao Min. Barroso, à véspera do julgamento da MP nº 966, ou o texto coletivo após o seu resultado).

Para celebrar o ano que passou e conversar sobre as colunas e polêmicas futuras, os nove publicistas se reunirão num *webinar* nesta sexta-feira, dia 18, às 16h30. Nos vemos lá?

Informação bibliográfica deste texto, conforme a NBR 6023:2018 da Associação Brasileira de Normas Técnicas (ABNT):

JORDÃO, Eduardo. Sobre um projeto de direito administrativo – Webinar comemora primeiro aniversário da Coluna Publicistas. *In*: SUNDFELD, Carlos Ari; JORDÃO, Eduardo; MOREIRA, Egon Bockmann; MARQUES NETO, Floriano de Azevedo; BINENBOJM, Gustavo; CÂMARA, Jacintho Arruda; MENDONÇA, José Vicente Santos de; JUSTEN FILHO, Marçal; MONTEIRO, Vera. *Publicistas*: direito administrativo sob tensão. Belo Horizonte: Fórum, 2022. p. 25-26. ISBN 978-65-5518-311-5.

COMO SE CONSTRÓI UM DIREITO ADMINISTRATIVO PARA A DEMOCRACIA? – EM HOMENAGEM AO DEMOCRATA MÁRIO SÉRGIO DUARTE GARCIA

CARLOS ARI SUNDFELD

Nos anos 1980, o ambiente jurídico-político em São Paulo se viu profundamente inspirado por esta figura humana de síntese.

A década começara antes, em 1979, com a luta pela anistia, que reabriria a vida partidária nos anos por vir. Coube a ele engajar a OAB de São Paulo, que então comandava. Mas o fim da ditadura ainda estava distante. Havia muito a fazer.

Em 1984, tocou também a ele, já agora líder nacional da OAB, presidir o Comitê Suprapartidário das Diretas Já. Defendíamos uma saída constitucional da ditadura. Perdemos.

A emenda por eleições foi rejeitada. A luta seguiu.

Quando afinal o encontrei, no início de 1987, eu já tinha enorme admiração pelo advogado Mário Sérgio, que tinha visto ao longe, nos comícios e na imprensa. Ele tomava posse como secretário de justiça do governo estadual democrático e me aceitou como seu jovem assessor. E deu início a outra jornada, que levaria às Constituições nacional de 1988 e paulista de 1989.

Foi nesse ambiente, de valorização do direito e da democracia, que outras ideias iam sendo concebidas. Queríamos garantir a efetividade das novas Constituições. Mário Sérgio confiou a mim o projeto, concluído em maio de 1990, para plugar o Brasil na era das leis de processo administrativo, em que já viviam países democráticos.

Não seria fácil também neste caso. Tivemos uma batalha de anos contra burocratas autoritários. Um deles levantou o muro. Explicou com a "inconveniência de catalogar, no mesmo diploma, a ampla gama de manifestações da administração pública", com a "inviabilidade de uma regulação coerente e efetiva", e, sobretudo, com seu sarcástico desprezo aos "chamados 'direitos dos cidadãos' em detrimento das prerrogativas que devem necessariamente plasmar a atuação da entidade pública, dada sua condição de sujeito e titular do interesse público".

Palavras autoritárias (que resgato direto dos documentos da época) para nos mostrar que a ditadura deixara sombras. A luta seguiu.

Mário Sérgio saiu do governo, mas inspiraria a visão democrata de seus sucessores Approbato Machado, Manuel Alceu Affonso Ferreira, Antônio Meyer, Odyr Porto e Belisário dos Santos Jr. Eles cerraram fileiras na defesa de nosso projeto. Em 1998, finalmente, teríamos nossa Lei Paulista de Processo Administrativo, pelo empenho final de democratas como Antônio Angarita (então secretário de governo, que eu reencontraria ao inventarmos a FGV Direito SP) e Mário Covas.

A lei paulista foi mais um salto na construção do direito administrativo moderno no Brasil. Haveria outros. Vinte anos depois tivemos de enfrentar o ataque de burocratas voluntaristas contra a Nova LINDB, que havíamos proposto. Também conseguimos vencer. Em 25.4.2018, a Lei nº 13.655 anunciaria uma nova era, com mais segurança jurídica e eficiência, na criação e aplicação do direito público. Hoje, em seu 3º aniversário, ela já se impôs.

Haverá desafios para as novas gerações. A força dos exemplos de Mário Sérgio Duarte Garcia e outros democratas as fará vencer.

Informação bibliográfica deste texto, conforme a NBR 6023:2018 da Associação Brasileira de Normas Técnicas (ABNT):

SUNDFELD, Carlos Ari. Como se constrói um direito administrativo para a democracia? – Em homenagem ao democrata Mário Sérgio Duarte Garcia. *In*: SUNDFELD, Carlos Ari; JORDÃO, Eduardo; MOREIRA, Egon Bockmann; MARQUES NETO, Floriano de Azevedo; BINENBOJM, Gustavo; CÂMARA, Jacintho Arruda; MENDONÇA, José Vicente Santos de; JUSTEN FILHO, Marçal; MONTEIRO, Vera. *Publicistas*: direito administrativo sob tensão. Belo Horizonte: Fórum, 2022. p. 27-28. ISBN 978-65-5518-311-5.

POLÍTICA E DIREITO ADMINISTRATIVO – DICOTOMIA ENTRE GOVERNO E ADMINISTRAÇÃO PÚBLICA DEVE SER SUPERADA POR UMA VISÃO REALISTA DA INTERAÇÃO INEVITÁVEL ENTRE POLÍTICOS E GESTORES. A QUESTÃO É COMO ELA DEVE SE DAR

GUSTAVO BINENBOJM

Thomas Mann advertia, em *A montanha mágica*, que nada é exterior à política. A pandemia, inevitável, pôs uma lupa sobre essa realidade. A ciência fez seu papel, de forma expedita e a contento. Entendemos a doença e produzimos imunizantes eficazes em tempo recorde. A tecnologia da informação possibilitou interações impensáveis, permitindo que o mundo e a economia girassem, mesmo em confinamento. Yuval Harari, em recente artigo, lembrou que a ciência tornou as pragas da natureza, como a Covid-19, um desafio *gerenciável*. Por que, então, tantas mortes e sofrimento? Por conta de decisões políticas ruins. A gestão humana da vida coletiva ainda é nosso maior problema.

Numa interessante tese de doutorado defendida na FD-USP e recém-publicada (*Política e Administração Pública: como as interações políticas impactam o direito administrativo*, Lumen Juris, 2020), Ana Rita Nery demonstra como governo e Administração Pública, nascidos como irmãos siameses, acabaram cindidos pelo direito. A política tornou-se o espaço maleável das disputas eleitorais, loteamento de cargos e acordos de ocasião. A gestão da máquina foi sendo dominada pela rigidez dos conceitos do direito administrativo. Mas, como tratar como estanques instâncias de poder tão interdependentes e necessariamente complementares? A autora sustenta com bons fundamentos que a interação do processo político com a atividade administrativa é inexorável. Mais que isso: que ela pode ser até profícua, desde que se dê em termos adequados.

A burocracia profissional, tecnicamente qualificada e juridicamente garantida, é uma conquista civilizatória. A autonomia reforçada de certas entidades – como universidades, agências reguladoras, banco central – procura corrigir falhas da política, evitando interferências indevidas e incentivos indesejáveis. Isso não significa a ausência de interação. Eduardo Jordão ensina que a política é uma das dimensões do direito administrativo, ao lado da defesa de direitos e do gerenciamento do Estado (The three dimensions of Administrative Law, *Revista de Direito Administrativo e Constitucional*, v. 19, n. 75, 2019). Negligenciar qualquer delas ou ignorar suas interações é um reducionismo que não enxerga a democracia como instância de vitalização do próprio direito.

Quando o diretor-presidente da Anvisa pede ao presidente da República que este vete dispositivo de projeto de lei impondo o exíguo prazo de cinco dias para a agência aprovar o uso emergencial de vacinas, estamos diante de uma legítima interação da autoridade sanitária com o chefe do Executivo, em defesa da vigilância sanitária eficaz. De outro lado, também parece legítimo que os governantes eleitos tomem decisões políticas cruciais que possam reprogramar normativamente a atuação da agência, a partir de novas circunstâncias e prioridades. Essa interação é inevitável. Cabe ao direito administrativo torná-la adequada. Continuarmos fingindo que são esferas distintas e incomunicáveis só nos levará a seguir sendo irracionais na política e ineficientes na administração.

Informação bibliográfica deste texto, conforme a NBR 6023:2018 da Associação Brasileira de Normas Técnicas (ABNT):

BINENBOJM, Gustavo. Política e direito administrativo – Dicotomia entre governo e Administração Pública deve ser superada por uma visão realista da interação inevitável entre políticos e gestores. A questão é como ela deve se dar. *In*: SUNDFELD, Carlos Ari; JORDÃO, Eduardo; MOREIRA, Egon Bockmann; MARQUES NETO, Floriano de Azevedo; BINENBOJM, Gustavo; CÂMARA, Jacintho Arruda; MENDONÇA, José Vicente Santos de; JUSTEN FILHO, Marçal; MONTEIRO, Vera. *Publicistas*: direito administrativo sob tensão. Belo Horizonte: Fórum, 2022. p. 29-30. ISBN 978-65-5518-311-5.

EM BUSCA DO DIREITO ADMINISTRATIVO PERDIDO – É HORA DE COMBATER A TENTAÇÃO AUTORITÁRIA

EGON BOCKMANN MOREIRA

Qual a razão de ser do direito administrativo? Qual o seu mito fundador? A Revolução Francesa, que pôs fim ao Antigo Regime e, por meio da legalidade, inibiu abusos de poder. Muito embora consolidada, essa conquista sofre reveses de tempos em tempos. E talvez nunca tenhamos sido tão antigos quanto nos dias de hoje, quando o direito administrativo é usado para legitimar arbitrariedades.

Basta ver as notícias que habitam nosso cotidiano pandêmico. O município compra aparelhos de respiração, mas a União os toma à força; medida provisória diz que informações públicas não precisam ser fornecidas; chefes dos poderes executivos a perder a compostura; medida provisória autoriza supressão de salários; membro do Ministério Público ameaça gestor de improbidade se não cumprir certo procedimento para compra de produtos de saúde; prefeitos decretam toque de recolher; assembleias legislativas autorizam inadimplência de serviços municipais; governadores proíbem aviões de descer.

Por outro lado, há ímpetos supremacistas em manifestações que festejam o poder de polícia (expropriações, requisições, proibições e ordens opressivas). Como se tais instrumentos não tivessem como razão de existir a defesa da liberdade, da igualdade e da fraternidade. Mais: como se o direito administrativo não dispusesse de meios consensuais, bem como de incentivos para que pessoas privadas protejam a si próprias e seus concidadãos.

Alguma coisa está fora da ordem, distanciando-se das ideias fundadoras. O direito administrativo está a se desencontrar de si mesmo.

Mas, nem tudo são espinhos. A Secretaria Nacional do Consumidor editou atos antecipatórios, protegendo o consumidor sem oprimir e estimulando acordos. O STF tem contido abusos. Há estados – começando pelo Rio de Janeiro – que, ao invés de só proibir a circulação, também dão empurrõezinhos, conclamando as pessoas a terem amor por si e pelo próximo. Há manifestações de solidariedade social, espontâneas e fraternas. Todavia, precisamos refletir.

Em 2004, na minha tese de doutorado, defendi algo que chamei de paradigma da intervenção sensata: "um comedimento interventivo, sem abdicar da firmeza e da objetividade no atingimento de fins sociais. A concepção funcionalizada da intervenção estatal na economia não pode abdicar da cautela, nem tampouco da coerência". Afinal, em Constituições como a nossa, protetoras das liberdades privadas, os poderes públicos só podem intervir com bom senso e equilíbrio. Se intervenção houver, deve ser dirigida a fins socialmente relevantes, da forma menos agressiva possível (proporcional) e pautada pelos direitos fundamentais. É o que se espera, também, em momentos desafiadores.

Toda crise tem um aspecto positivo, apesar do sofrimento e perdas irreparáveis. Quem sabe a que hoje passamos permita resgatar a origem do direito administrativo, tornando-o menos opressor e arbitrário. Precisamos de legalidade, igualdade e fraternidade.

Informação bibliográfica deste texto, conforme a NBR 6023:2018 da Associação Brasileira de Normas Técnicas (ABNT):

MOREIRA, Egon Bockmann. Em busca do direito administrativo perdido – É hora de combater a tentação autoritária. *In*: SUNDFELD, Carlos Ari; JORDÃO, Eduardo; MOREIRA, Egon Bockmann; MARQUES NETO, Floriano de Azevedo; BINENBOJM, Gustavo; CÂMARA, Jacintho Arruda; MENDONÇA, José Vicente Santos de; JUSTEN FILHO, Marçal; MONTEIRO, Vera. *Publicistas*: direito administrativo sob tensão. Belo Horizonte: Fórum, 2022. p. 31-32. ISBN 978-65-5518-311-5.

A RETÓRICA DOS CONTROLADORES – EXAGERANDO E MINIMIZANDO, ELES CONFUNDEM O DEBATE SOBRE OS LIMITES DE SUA ATUAÇÃO

EDUARDO JORDÃO

Em *Rhetoric of reaction*, Hirschmann identifica uma tipologia dos argumentos que os conservadores repetem para resistir a avanços. Trazendo estes esforços para o campo de meus estudos, procuro divisar as estratégias com que controladores públicos justificam seus poderes. Duas são mais salientes, e complementares.

1) *Exagerar efeitos negativos da delimitação de seus poderes*

Bastante explorado por órgãos de controle nos debates sobre seus poderes é o argumento *ad terrorem*: exagerar os efeitos negativos de inovações legislativas ou jurisprudenciais que delimitem sua atuação. O argumento invariável é que elas produziriam impunidade e corrupção.

O terrorismo retórico marcou as discussões sobre a reforma da LINDB, em 2018. Controladores diziam que sua atuação seria inviabilizada com as inovações, cujo verdadeiro objetivo era apenas racionalizar.

Na polêmica sobre o projeto da nova Lei de Improbidade, a ideia de afastar a improbidade culposa é acusada por membros do Ministério Público de ser um serviço à impunidade – como se não houvesse outros mecanismos para combater danos produzidos culposamente por agentes públicos.

No debate sobre a existência ou não de poder geral de cautela para o TCU, quem o contesta, argumentando com a falta de base normativa, acaba acusado de querer "deixar o dano ser cometido, para só depois atuar" – como se isso não coubesse ao Judiciário, a quem a Constituição *de fato* deu amplos poderes cautelares.

Os argumentos *ad terrorem* parecem supor que controles públicos seriam sempre bons, razão pela qual jamais seria honesto delimitar ou disciplinar sua incidência.

2) *Minimizar a autoexpansão de poderes*

Ao passo em que, com seus exageros, os controladores descrevem de modo maximalista qualquer proposta para delimitar seus poderes, a retórica é minimalista ao defenderem as ações com que os expandem.

Quando são criticados por extrapolar, os controladores se justificam dizendo que seus atos são *mera decorrência lógica* de competências que o direito lhes atribuiu explicitamente. E mais: tentam passar a imagem de excepcionalidade quanto às hipóteses em que intervêm.

É conhecida a formulação minimalista da AGU para defender a revisão ministerial de atos de agências reguladoras: seriam "hipóteses excepcionais", quando as agências "violem políticas públicas definidas para o setor regulado pela Administração direta" (Parecer AC n° 51/2006).

Recentemente, o TCU também minimizou suas intervenções sobre a discricionariedade administrativa: elas seriam excepcionais, apenas por violação a "princípios constitucionais implícitos e explícitos, como motivação, eficiência e economicidade" (Acórdão n° 2.061/2021).

Aludindo a excepcionalidades, os controladores vão deixando a porta bem aberta, para quando quiserem extrapolar.

Controladores são agentes públicos de carne e osso. Por isso, o direito precisa delimitar com consistência e clareza o âmbito e as possibilidades de sua atuação. Discutir o tema com artifícios retóricos não é contribuir para o debate.

Informação bibliográfica deste texto, conforme a NBR 6023:2018 da Associação Brasileira de Normas Técnicas (ABNT):

JORDÃO, Eduardo. A retórica dos controladores – Exagerando e minimizando, eles confundem o debate sobre os limites de sua atuação. *In*: SUNDFELD, Carlos Ari; JORDÃO, Eduardo; MOREIRA, Egon Bockmann; MARQUES NETO, Floriano de Azevedo; BINENBOJM, Gustavo; CÂMARA, Jacintho Arruda; MENDONÇA, José Vicente Santos de; JUSTEN FILHO, Marçal; MONTEIRO, Vera. *Publicistas*: direito administrativo sob tensão. Belo Horizonte: Fórum, 2022. p. 33-34. ISBN 978-65-5518-311-5.

CARTA ABERTA AO MINISTRO BARROSO SOBRE A MP Nº 966 – MEDIDA NÃO É UM INCENTIVO A QUEM QUER ERRAR

VERA MONTEIRO

Caro Ministro,
Temos um colega em comum, meu parceiro aqui da Coluna Publicistas e seu colega na UERJ, Gustavo Binenbojm. Se o Governo federal tivesse lido seus comentários sobre o art. 28 da LINDB, publicado na *Revista de Direito Administrativo*, o STF não teria sido chamado para resolver mais uma bola dividida.
Vi que já são quatro ADI sob sua relatoria contra a MP nº 966.
O art. 28 da LINDB surgiu em 2018 no contexto do apagão das canetas. Seria antídoto contra o gestor burocrático, paralisado pelo medo do controle, que abre sistematicamente processos de responsabilização. Basta denúncia anônima ou sinal de que a situação não seguiu o rito frio da lei. Nesse cenário, só o gestor boca da lei, na feliz expressão de André Rosilho, ganharia a estrela de funcionário do mês. Já para o que enfrenta as dificuldades da vida real, com suas variáveis e incertezas, e tem coragem de bem decidir, restaria o ônus de provar sua probidade.

A MP n° 966 repete o art. 28 e também o art. 22 da LINDB. Porém, o medo é tanto que, mesmo havendo jurisprudência se consolidando sobre a LINDB, os que estão decidindo no cenário do enfrentamento da pandemia acharam melhor repetir a oferta de segurança jurídica ao gestor bem-intencionado e mergulhado na incerteza dos fatos e circunstâncias próprios desse período excepcional.

Entendo a desconfiança surgida com a MP: se já existia norma, por que publicar outra? Porque uma lei de caso concreto é a única solução que uma gestão enfraquecida tem diante de controladores que se envolvem o tempo todo na gestão administrativa. Nem a LINDB nem MP são salvo-conduto para malfeito. O mau gestor continua sujeito à Lei de Improbidade e às sanções administrativas e penais. Os erros grosseiros seguem sem nenhuma proteção jurídica, como deve ser.

O art. 28 também foi acusado de abrigar gestores ruins. Foi um duro danado explicar sua enorme utilidade, já que carreiras públicas não podem se tornar armadilhas para pessoas honestas, capazes e bem-intencionadas. Suas decisões estão sujeitas ao controle, óbvio. Mas o administrador não pode ser pessoalmente responsabilizado só porque o controlador pensa diferente dele. A responsabilidade depende de a decisão ter sido tomada com erro grosseiro ou dolo. Lembro que os publicistas, em conjunto com um grupo de professores, elaboraram um parecer em defesa da LINDB na época de sua tramitação em resposta aos comentários desentendidos feitos pela consultoria jurídica do TCU.

O artigo do Gustavo Binenbojm, escrito com o André Cyrino, pode ajudar. O parecer também. Eles listaram e afastaram, uma a uma, as acusações de que a norma concederia tolerância indevida ao erro. Carlos Ari Sundfeld, outro colega dessa coluna de publicistas, foi rápido no seu canal no YouTube e frisou: é importante ter informação jurídica de qualidade e não se deixar levar pela emoção.

Os bons gestores contam com sua sensibilidade e sobriedade.

Informação bibliográfica deste texto, conforme a NBR 6023:2018 da Associação Brasileira de Normas Técnicas (ABNT):

MONTEIRO, Vera. Carta aberta ao Ministro Barroso sobre a MP n° 966 – Medida não é um incentivo a quem quer errar. *In*: SUNDFELD, Carlos Ari; JORDÃO, Eduardo; MOREIRA, Egon Bockmann; MARQUES NETO, Floriano de Azevedo; BINENBOJM, Gustavo; CÂMARA, Jacintho Arruda; MENDONÇA, José Vicente Santos de; JUSTEN FILHO, Marçal; MONTEIRO, Vera. *Publicistas*: direito administrativo sob tensão. Belo Horizonte: Fórum, 2022. p. 35-36. ISBN 978-65-5518-311-5.

SURPRESA POSITIVA DO STF NO JULGAMENTO DA MP Nº 966 – EM DECISÃO HISTÓRICA SOBRE OS LIMITES DO CONTROLE PÚBLICO, O STF RECONHECEU O VALOR DAS IDEIAS E DAS NORMAS DA NOVA LINDB, CONSOLIDANDO UMA NOVA FORMA DE VER O DIREITO PÚBLICO

CARLOS ARI SUNDFELD
EDUARDO JORDÃO
EGON BOCKMANN MOREIRA
FLORIANO DE AZEVEDO MARQUES NETO
GUSTAVO BINENBOJM
JACINTHO ARRUDA CÂMARA
JOSÉ VICENTE SANTOS DE MENDONÇA
MARÇAL JUSTEN FILHO
VERA MONTEIRO

O julgamento do dia 21 de maio, em que o Supremo Tribunal Federal examinou a constitucionalidade da Medida Provisória nº 966, acabou significando a consolidação da reforma que a Lei nº 13.655, de 2018, havia feito na Lei de Introdução às Normas do Direito Brasileiro

(LINDB). Foi um trabalho baseado em pesquisas acadêmicas de anos, amadurecida longamente pelo Congresso Nacional, que fez emendas importantes e gerou uma lei histórica. Seu objetivo foi ajudar a recuperar a segurança jurídica que o país havia perdido nas várias esferas, administrativa, controladora e judicial. Desde então, o direito público brasileiro mudou. Para muito melhor.

Logo após a aprovação do projeto dessa lei no Congresso, no duríssimo debate que se seguiu à sanção, recheado de *fake news*, um ex-ministro do STF – acionado por alguns controladores públicos que receavam a inviabilização de seu voluntarismo, por conta das novas normas – disse em rede nacional que o texto padecia de "inconstitucionalidade enlouquecida". Agora, o plenário do STF afirmou com ênfase que essa opinião estava redondamente errada. A LINDB foi um grande avanço e o STF também o percebeu.

No julgamento de várias ADIs em face da MP n° 966 (algumas que, inclusive, pretendiam respingar na LINDB), o STF referendou a constitucionalidade do preceito mais polêmico da LINDB, o art. 28. Mais que isso: declarou que essa lei tem de balizar juridicamente a interpretação e a atuação dos órgãos de controle, que não a podem ignorar ou distorcer.

Nesses dois anos desde a mudança da LINDB, a comunidade acadêmica procurou explicá-la (como nesta ampla publicação) e defendê-la, reconhecendo que seus múltiplos avanços foram fundamentais, inclusive em favor da segurança jurídica dos gestores públicos de boa fé, sem trazer qualquer prejuízo para o bom controle. Mas persistia um movimento contra a LINDB, tentando derrubá-la ou torná-la inócua. De tempos em tempos, retornava a defesa de um controle público personalista, que se arroga o direito de presumir a má-fé de gestores.

Desde a edição da LINDB, houve algumas críticas e outros tropeços, mas o tempo comprovou que o bom gestor público merece ser respeitado. Pode fazer escolhas e bem gerir a coisa pública, sem medo de ser responsabilizado injustamente por isso. O controle externo é necessário, mas precisa ser orientado pelas consequências da decisão controladora, bem como pelas circunstâncias fáticas que levaram o gestor a adotar esta ou aquela decisão. Mais: não é qualquer erro que pode gerar a responsabilização dos gestores públicos. Assim como os juízes (que têm suas decisões reformadas todos os dias) e os membros do Ministério Público (que têm suas ações civis públicas julgadas improcedentes), também o administrador público erra e não pode ser responsabilizado pessoalmente por isso se o erro não for grosseiro nem cometido com dolo.

Ou seja, as decisões administrativas podem ser tomadas e devem ser controladas, mas isso não implica a automática responsabilidade civil e administrativa da pessoa do gestor, caso o controlador dela discorde. Para que possa ser exercida com responsabilidade, a função criadora do gestor público deve ser prestigiada. Inclusive para, se erros ocorrerem, servirem de aprendizado.

A MP n° 966, que especificou a incidência da LINDB para casos de gestão vinculados à pandemia da Covid-19, além de repetir os arts. 22 e 28 da LINDB, recuperou uma regra que estava no parágrafo primeiro do art. 28 da LINDB e havia sido vetada à época da sanção da Lei n° 13.655, isso por pressão enfática e pública de alguns controladores, com destaque para ministros do Tribunal de Contas da União, que alegavam inconstitucionalidade grosseira. A MP n° 966 excluiu expressamente, do conceito de erro grosseiro, que gerará responsabilização, os comportamentos legítimos de gestores que decidem de boa-fé baseados em pareceres técnicos. Era o que dizia o texto vetado. Agora, o STF reconheceu que não havia razão nenhuma para o veto e que se tratava de norma bem relevante.

O importante é que o STF firmou, em julgamento de grande alcance, o entendimento de que se deve proteger o gestor de boa-fé e de que também a atividade dos controladores deve observar limites jurídicos. O voto do Min. Gilmar Mendes, que se alinhou ao relator Min. Luís Roberto Barroso, foi significativo quanto a isso. Foi um duro golpe na visão favorável a um controle público curandeiro, inspirado em voluntarismo pessoal. O STF se pronunciou contra o controle que gera o apagão das canetas. Reconheceu ainda que a LINDB é uma lei geral de hermenêutica, com parâmetros para bem interpretar e aplicar outras leis de efeitos concretos, inclusive a MP n° 966. O STF foi enfático ao reconhecer que não se responsabiliza o gestor que age de boa-fé, apoiado em parâmetros jurídicos e técnicos adequados. E mais: afirmou que impedir a submissão de gestores à responsabilização objetiva nada tem a ver com dar salvo conduto para o ilícito e a improbidade dolosa.

O STF aproveitou para, por meio de interpretação conforme, construída pelo relator Luís Roberto Barroso, com a colaboração dos outros ministros, incluir na MP n° 966 a proibição expressa de que, em temas ligados à gestão da pandemia, autoridades terraplanistas submetam a população a medidas sem qualquer base técnica. Considerando o contexto em que estamos, compreende-se a preocupação do tribunal.

Por fim, o STF reconheceu, citando-as nominalmente, que as pesquisas acadêmicas de várias instituições, além de fundamentais na construção da LINDB, também têm sido capazes de identificar e de propor correções contra desvios no controle público, que também ocorrem. O STF fez, assim, um chamado para que os controladores públicos também tenham humildade e levem a sério o que as pesquisas no campo jurídico têm a lhes dizer. O terraplanismo de alguns controladores públicos saiu vencido.

Informação bibliográfica deste texto, conforme a NBR 6023:2018 da Associação Brasileira de Normas Técnicas (ABNT):

SUNDFELD, Carlos Ari; JORDÃO, Eduardo; MOREIRA, Egon Bockmann; MARQUES NETO, Floriano de Azevedo; BINENBOJM, Gustavo; CÂMARA, Jacintho Arruda; MENDONÇA, José Vicente Santos de; JUSTEN FILHO, Marçal; MONTEIRO, Vera. Surpresa positiva do STF no julgamento da MP n° 966 – Em decisão histórica sobre os limites do controle público, o STF reconheceu o valor das ideias e das normas da Nova LINDB, consolidando uma nova forma de ver o direito público. *In*: SUNDFELD, Carlos Ari; JORDÃO, Eduardo; MOREIRA, Egon Bockmann; MARQUES NETO, Floriano de Azevedo; BINENBOJM, Gustavo; CÂMARA, Jacintho Arruda; MENDONÇA, José Vicente Santos de; JUSTEN FILHO, Marçal; MONTEIRO, Vera. *Publicistas: direito administrativo sob tensão*. Belo Horizonte: Fórum, 2022. p. 37-40. ISBN 978-65-5518-311-5.

COMO VIVE O DIREITO PÚBLICO NA PRAÇA DOS TRÊS PODERES – CRÔNICA DE DUAS REUNIÕES EXEMPLARES, SEUS MODOS E VALORES

CARLOS ARI SUNDFELD

As salas de Brasília vieram de pranchetas sonhadoras, modernistas. Naqueles anos 1950, queríamos escapar do passado ruim e criávamos nossa Administração Pública impessoal e o constitucionalismo democrático. Depois, muito de frustrante (1964) e generoso (1988) aconteceu. Nas salas do Supremo Tribunal Federal e do Palácio do Planalto, circularam autoridades e juristas, estes a pingar diferentes óleos de direito público nas engrenagens do poder. Aí chegou 2020, os vírus se descontrolaram. E tudo se pôs a ruir. Era preciso agir, e as cúpulas de Brasília se reuniram.

No Planalto, em 22 de abril, quando 3 mil brasileiros já tinham caído pela Covid-19, o presidente juntou seus ministros. Na mesa, o destino do país. "Nosso barco pode estar indo para um iceberg", disse. Mas pouco se tratou de saúde ou economia. Quanto à contaminação, o ministro da área disse algo (e não durou no cargo). O colega sugeriu, talvez falando de turistas: "Deixa cada um se f. do jeito que quiser".

Outro, sobre a mudança de normas jurídicas, propôs aproveitar a confusão para "passar a boiada". A conversa, animada, passou bastante pelo direito público. Houve muita ira. Todos *contra*: contra o STF, contra os juízes, contra as normas de regulação, contra as autonomias federativas, contra a imprensa livre, contra os direitos indígenas – todos irritados com o publicismo do país. Também se falou *a favor*, mas de interesses pessoais, estranhos aos publicistas: mencionaram-se filhos, irmãos, amigos, até um sistema de informações clandestino.

Soluções impacientes vieram à mesa: prender, armar, interferir ("Vou interferir!"). Órgãos públicos foram citados, mas sem uma palavra sobre limites jurídicos e regras de competência. Exceção: lembrando o art. 142 da Constituição, alguém, ladeado por generais, gritou ser o chefe supremo das formas armadas. E sintetizou: "Eu tenho o poder e vou interferir".

Em 20 e 21 de maio, quando o STF se reuniu para tratar da constitucionalidade da Medida Provisória nº 966, os mortos da pandemia já passavam de 20 mil. E os ministros já sabiam pelos jornais o que se falara do outro lado da praça. A sessão do STF definiria os limites da responsabilidade dos gestores públicos na pandemia. Imprensa e oposição exageravam: *os governantes querem salvo-conduto contra o direito público!* Alguns controladores pediam para se livrar dos protocolos que a MP lhes impunha (os mesmos protocolos que já estavam em outra lei). *Ministros*, diziam uns e outros, *barrem a MP*. Parecia bom: ficaria mais fácil o lado de lá ser acossado nos tribunais.

O STF poderia mandar "às favas todos os escrúpulos de consciência" – como, em 1968, no dia do AI-5, alguém sugeriu. Mas o STF não o fez. Em sessões graves, respeitosas, às vezes aborrecidas, discutiu saúde pública, desafios públicos, competências e responsabilidades públicas. Divergiu em público, acresceu algo, se aferrou com paciência ao direito público e não barrou a MP. São bem diferentes os modos e os valores de um juiz.

Informação bibliográfica deste texto, conforme a NBR 6023:2018 da Associação Brasileira de Normas Técnicas (ABNT):

SUNDFELD, Carlos Ari. Como vive o direito público na Praça dos Três Poderes – Crônica de duas reuniões exemplares, seus modos e valores. *In*: SUNDFELD, Carlos Ari; JORDÃO, Eduardo; MOREIRA, Egon Bockmann; MARQUES NETO, Floriano de Azevedo; BINENBOJM, Gustavo; CÂMARA, Jacintho Arruda; MENDONÇA, José Vicente Santos de; JUSTEN FILHO, Marçal; MONTEIRO, Vera. *Publicistas:* direito administrativo sob tensão. Belo Horizonte: Fórum, 2022. p. 41-42. ISBN 978-65-5518-311-5.

IMPEACHMENT: O PODER SE JULGA CRONOS, MAS É HIPNOS – INAÇÃO DO PRESIDENTE DA CÂMARA FAZ REFLETIR SOBRE A RESPONSABILIDADE NO SILÊNCIO POSITIVO

FLORIANO DE AZEVEDO MARQUES NETO

Cronos, na mitologia, é o deus do tempo, governador dos destinos. Para manter seu poder, mata os filhos, impedindo o futuro. A leniência com a mora do agente público o faz crer ser dono do tempo.

Debate-se se o presidente da Câmara pode postergar indefinitivamente a apreciação de requerimentos de *impeachment*. Não pode. A competência que tem para receber um pedido é vinculada. Limita-se à verificação de requisitos formais. O art. 19 da Lei n° 1.079/50 determina que, recebida a denúncia, ela seja lida na sessão imediatamente seguinte. O art. 218, §2°, do Regimento da Câmara diz competir ao seu presidente verificar requisitos, todos documentais, antes de encaminhar para leitura em sessão imediata. Trata-se de competência vinculada. Não há nem discricionariedade, nem margem para juízo político. A omissão em decidir é inconstitucional. Viola o art. 85, pois bloqueia denúncia de crime de responsabilidade. Diante de crime, a autoridade não pode se omitir. Viola a razoável duração do processo (art. 5º, LXXVIII, CF). O art. 49 da Lei nº 9.784/99 fixa em 30 dias o prazo para decisão. A omissão, que tangencia a prevaricação, pode ser combatida por mandado de segurança. Recentemente o STF censurou a inércia na instalação da CPI da Covid.

Esta demora é grave, gera instabilidade política. Mas é uma manifestação saliente de mazela generalizada na Administração Pública: desprezo pelo pronto decidir. Em todas as esferas, agentes públicos postergam indefinidamente decisões sem sofrer censura. O Inpi tarda mais de década para registrar uma patente. Os órgãos ambientais procrastinam decisões sobre licenças por anos. Pedidos de autorização para construir travam empreendimentos. Órgãos de proteção ao patrimônio não primam pela celeridade. Contudo, o Judiciário é reticente em censurar a demora. Alega-se a relevância da análise do órgão moroso. Não há interesse irrelevante à cura da Administração. Mas isso não é salvo-conduto para a inércia. Responsabilidade não pode significar desprezo ao tempo, ode à omissão. Juízes são cobrados pelo CNJ, mas resistem a exigir o mesmo do agente público.

Iniciativas legislativas tentaram combater a lógica de que a inação atende ao interesse público. A Lei nº 9.784/99 fixou prazos para a prática de atos. Mas não previu consequências pelo desatendimento dos prazos. A Lei nº 13.874/19 até tentou prever efeito de aprovação tácita para a inércia, mas fraquejou ao não fixar um prazo legal peremptório. O silêncio com efeitos positivos, inclusive, foi admitido constitucional pelo STF quando julgou improcedente ADI em face do art. 26, §3º da lei do petróleo (ADI nº 3.273). É passada a hora de pensarmos seriamente em prazos razoáveis e fixos para decisão, efeitos da mora, aprovação tácita e silêncio positivo.

Se algo depende de provimento estatal é porque tem relevância. Se assim é, inaceitável o não decidir. Persistirmos achando que o agente público é senhor do tempo nos deixará à mercê do titã. Mais que comer os filhos, a autoridade engole nosso futuro.

Informação bibliográfica deste texto, conforme a NBR 6023:2018 da Associação Brasileira de Normas Técnicas (ABNT):

MARQUES NETO, Floriano de Azevedo. Impeachment: o poder se julga Cronos, mas é Hipnos – Inação do presidente da Câmara faz refletir sobre a responsabilidade no silêncio positivo. In: SUNDFELD, Carlos Ari; JORDÃO, Eduardo; MOREIRA, Egon Bockmann; MARQUES NETO, Floriano de Azevedo; BINENBOJM, Gustavo; CÂMARA, Jacintho Arruda; MENDONÇA, José Vicente Santos de; JUSTEN FILHO, Marçal; MONTEIRO, Vera. Publicistas: direito administrativo sob tensão. Belo Horizonte: Fórum, 2022. p. 43-44. ISBN 978-65-5518-311-5.

FORÇAS ARMADAS SÃO ÓRGÃOS ADMINISTRATIVOS – A FUNÇÃO MILITAR É DE OBEDIÊNCIA, NÃO DE REINVENTAR O DIREITO

CARLOS ARI SUNDFELD

A hermenêutica jurídica não é assunto castrense. Os militares construíram seu *ethos* como gestores, em torno das questões de defesa nacional, não dos desafios intelectuais e morais envolvidos na compreensão e incidência das normas comuns.

É verdade que, em nossa conturbada trajetória, grupos civis de interesse, apoiados por juristas civis, abriram a porta para intervenções militares no jogo político. Mas nenhuma Constituição ou lei, na democracia ou antes dela, deu a militares a tarefa de mediar ou dirimir conflitos jurídicos entre autoridades civis, em especial quanto aos limites das competências judiciais, parlamentares ou federativas. No passado, fardados já confrontaram o poder civil, mas fora de sua profissão e do direito, tomando partido em algum conflito entre políticos, para favorecer um dos lados.

Com a democratização da década de 1980, os líderes militares brasileiros, vacinados contra a anarquia que a politização havia gerado nos quartéis, concentraram-se em sua importante missão específica, de uso técnico da força a serviço da lei e da ordem contra quem se opõe à lei com a força bruta e a desordem. As Forças Armadas saíram do jogo dos políticos, alinharam-se às instituições e se tornaram respeitadas como corpo profissional.

No modelo constitucional concebido democraticamente em 1988, só há três poderes: Legislativo, Executivo e Judiciário, com complexas relações entre si. Há também órgãos constitucionais autônomos, que não estão integrados a qualquer dos poderes. As Forças Armadas nem são poderes do Estado, nem são órgãos constitucionais autônomos.

Segundo o art. 142, elas se destinam a defender a pátria e a garantir os poderes constitucionais. Fazem-no como os demais órgãos administrativos (de diplomacia, de alfândega, de vigilância sanitária, de polícia, de advocacia pública etc.): como gestores, atuando nos limites da lei e da função administrativa, sob controle judicial. Além disso, por iniciativa de qualquer dos poderes e sempre segundo as balizas da lei específica e da função administrativa em que se inserirem, podem ser somados às forças policiais, na garantia da lei e da ordem. Apenas como administradores públicos especializados.

Com a posse de Jair Bolsonaro na Presidência da República em 2019, robôs eletrônicos passaram a veicular a mensagem, guardada em algum gabinete de bizarrices, de que o art. 142 da Constituição teria dado a pessoas fardadas – ninguém sabe quais – um poder moderador capaz de, segundo seu puro arbítrio, rever decisões da Justiça, do Parlamento ou das autoridades estaduais e municipais. Não é informação nem é tese jurídica nem tem base intelectual. É apenas mais do mesmo: estratégia para gerar anarquia e animar algum tolo a abandonar a profissão, agir como miliciano e servir a interesses de terceiros. Se alguém o fizer, o fará contra a Constituição, contra a missão constitucional das Forças Armadas e contra a história recente de seus pares. Será um traidor e criminoso, não um moderador.

Informação bibliográfica deste texto, conforme a NBR 6023:2018 da Associação Brasileira de Normas Técnicas (ABNT):

SUNDFELD, Carlos Ari. Forças Armadas são órgãos administrativos – A função militar é de obediência, não de reinventar o direito. In: SUNDFELD, Carlos Ari; JORDÃO, Eduardo; MOREIRA, Egon Bockmann; MARQUES NETO, Floriano de Azevedo; BINENBOJM, Gustavo; CÂMARA, Jacintho Arruda; MENDONÇA, José Vicente Santos de; JUSTEN FILHO, Marçal; MONTEIRO, Vera. *Publicistas*: direito administrativo sob tensão. Belo Horizonte: Fórum, 2022. p. 45-46. ISBN 978-65-5518-311-5.

FAKE NEWS COMO EXTERNALIDADES NEGATIVAS – NOTÍCIAS FRAUDULENTAS DEVEM SER ENFRENTADAS COMO A POLUIÇÃO AMBIENTAL; ELAS ENRIQUECEM ILICITAMENTE GRUPOS PRIVADOS E GERAM CUSTOS ECONÔMICOS E POLÍTICOS PARA TODA A SOCIEDADE

GUSTAVO BINENBOJM

Fake news são mensagens falsas, criadas e divulgadas de forma consciente e deliberada, mediante expedientes fraudulentos, com o objetivo de causar danos a pessoas, grupos ou instituições. À falta de tradução mais adequada, prefiro chamá-las de *notícias fraudulentas*, já que a falsidade é apenas um de seus elementos, complementado pelo ardil e o intuito de causar danos.

A sua proliferação no ambiente virtual, em escala industrial, com o uso de meios tecnológicos cada vez mais sofisticados, é capaz de produzir danos gravíssimos, tanto a indivíduos como às comunidades humanas. As *fake news* podem constituir atos ilícitos de natureza civil, penal e até eleitoral. O Estado deve assegurar o pagamento de indenizações às vítimas, a punição dos criminosos e até a invalidação de processos de deliberação coletiva viciados por esse tipo de fraude.

Mas isso não basta. Como a poluição ambiental, as *fake news* devem também ser entendidas como uma espécie de *falha de mercado*: do mercado digital de livre difusão de informações, ideias e opiniões. Trata-se de uma modalidade de *externalidade negativa*, que propicia a obtenção de lucros abusivos por alguns grupos mediante prejuízos econômicos e políticos socializados entre todos. O custo das notícias fraudulentas transcende aqueles a quem elas se dirigem como alvos, alcançando, por vezes, a saúde pública, a economia popular ou as instituições democráticas. Trata-se de um custo externo à liberdade de expressão.

As disfunções decorrentes de externalidades causam um desequilíbrio sistêmico nos mercados, porque as informações corretas sobre os custos da produção estão *disfarçadas*, já que estes são distribuídos pela sociedade. Tal é o que acontece com as *fake news*: milícias privadas organizadas, normalmente financiadas por terceiros, contratam empresas especializadas na produção e veiculação de notícias fraudulentas, em escala industrial. Seus lucros ilícitos advêm dos milhões de acessos, de compartilhamentos e de preferências artificiais que suas mentiras insuflam. Eles ganham dinheiro, prestígio, poder e às vezes até eleições. Nós, com os olhos turvos e intoxicados, nem sempre conseguimos enxergar a verdade.

Não será possível enfrentar o fenômeno das *fake news* sem reconhecê-las como uma falha de mercado que exige regulação. Nessa empreitada, Estado e agentes privados devem conjugar esforços. As plataformas digitais têm incentivos reputacionais para não serem tomadas pelas milícias e verem seus canais conspurcados pelo lixo digital. Ademais, elas detêm o conhecimento dos algoritmos e podem contribuir para impedir o anonimato e o uso irresponsável da inteligência artificial. O Estado, além de proteger os direitos individuais das vítimas, deve defender o funcionamento adequado das instituições erigidas pela democracia constitucional, numa espécie de *corregulação*, em parceria com o setor privado. Só assim o joio das mentiras fraudulentas não será confundido com o trigo da reconstrução possível das verdades factuais, em sua variedade salutar e inevitável de versões.

Informação bibliográfica deste texto, conforme a NBR 6023:2018 da Associação Brasileira de Normas Técnicas (ABNT):

BINENBOJM, Gustavo. Fake news como externalidades negativas – Notícias fraudulentas devem ser enfrentadas como a poluição ambiental; elas enriquecem ilicitamente grupos privados e geram custos econômicos e políticos para toda a sociedade. *In*: SUNDFELD, Carlos Ari; JORDÃO, Eduardo; MOREIRA, Egon Bockmann; MARQUES NETO, Floriano de Azevedo; BINENBOJM, Gustavo; CÂMARA, Jacintho Arruda; MENDONÇA, José Vicente Santos de; JUSTEN FILHO, Marçal; MONTEIRO, Vera. *Publicistas:* direito administrativo sob tensão. Belo Horizonte: Fórum, 2022. p. 47-48. ISBN 978-65-5518-311-5.

DIREITO PÚBLICO ANTIRRACISTA – DIREITOS E OPORTUNIDADES REAIS TÊM DE SER PARA TODOS

CARLOS ARI SUNDFELD

O ensino e a produção jurídicos de qualidade dependem de muitos fatores. Um deles é atração de pessoas: alunas, pesquisadores, professoras etc. Todos precisam ter preparo e gosto. Mas é crucial um ambiente com diversidade – e ativamente antirracista.

Mais fácil sonhar do que fazer.

Em minha carreira, participei da construção de duas instituições com esses valores. A mais antiga é a sbdp – Sociedade Brasileira de Direito Público, criada em 1993 por publicistas democratas.

Sua Escola de Formação Pública, nascida pouco depois, lança neste mês a seleção para a 24ª turma anual. É um estágio acadêmico que promove uma rigorosa iniciação científica coletiva e forma líderes para a inovação no mundo público.

Nossos temas de pesquisa importam. Uma delas, *O direito à terra das comunidades quilombolas*, de 2002, para a Fundação Palmares (agora vivendo seu período dramático), deu apoio acadêmico à evolução, em 2003, das políticas para cumprimento do art. 68 do Ato das Disposições Constitucionais Transitórias, e depois à sua defesa no STF – ao final bem-sucedida.

Um desafio foi impedir que as vagas ficassem apenas com jovens da elite econômica. A estratégia foi buscar alunos promissores onde eles estivessem. E obter recursos para ajudar quem precisasse. Pessoas de todas as origens e histórias foram aparecendo. Ambiente solidário, trabalho acadêmico duro, debate franco, foco em direitos fundamentais e muita confiança fizeram o resto.

A Escola da sbdp, há muitos anos coordenada por ex-alunos, abriu a carreira acadêmica em direito público a jovens de talento que só precisavam de chamado, oportunidade e apoio. Hoje eles estão formando e inspirando outros jovens em centros importantes, como a FGV Direito SP, a segunda instituição que vi nascer, há 20 anos, com os mesmos compromissos.

Esses ex-alunos da sbdp, já professores e pesquisadores, juntam sua história a pessoas como José Rubino de Oliveira, que em 1879 se tornou o primeiro professor negro da Faculdade de Direito de São Paulo (hoje USP).

Seu livro *Epítome de direito administrativo brasileiro*, obra de seu tempo, mostra um acadêmico arguto, objetivo, de personalidade. Rubino acaba de ser escolhido para nomear um auditório de sua faculdade – pequeno gesto, que aponta compromisso com um novo tempo.

A Universidade Estadual do Rio de Janeiro, a UERJ, teve Joaquim Barbosa como professor de direito administrativo até se tornar ministro do STF.

A nenhum deles bastou ser competente em sua área. Tiveram de vencer obstáculos difíceis de imaginar. E souberam se engajar nas questões públicas de sua época. Rubino, amigo de Luiz Gama, atuou nas ações de liberdade em favor de escravos. Barbosa se destacou nas ações anticorrupção no STF, como relator do Caso Mensalão.

Ambos foram líderes, como os ex-alunos da sbdp têm sido, estes inclusive na política estudantil. Exemplos da importância de formar líderes em prol da diversidade. Mas ainda é bem pouco. Direitos e oportunidades reais têm de ser para todos. Para mudar nossas escolas e o mundo público.

Informação bibliográfica deste texto, conforme a NBR 6023:2018 da Associação Brasileira de Normas Técnicas (ABNT):

SUNDFELD, Carlos Ari. Direito público antirracista – Direitos e oportunidades reais têm de ser para todos. *In*: SUNDFELD, Carlos Ari; JORDÃO, Eduardo; MOREIRA, Egon Bockmann; MARQUES NETO, Floriano de Azevedo; BINENBOJM, Gustavo; CÂMARA, Jacintho Arruda; MENDONÇA, José Vicente Santos de; JUSTEN FILHO, Marçal; MONTEIRO, Vera. *Publicistas*: direito administrativo sob tensão. Belo Horizonte: Fórum, 2022. p. 49-50. ISBN 978-65-5518-311-5.

MAGAZINE LUIZA: UM CASO LAMENTÁVEL – INDEPENDÊNCIA FUNCIONAL EXIGE RESPONSABILIDADE

MARÇAL JUSTEN FILHO

Uma das conquistas do direito brasileiro é a ampla tutela dos interesses difusos. Há muitos instrumentos para isso e foi assegurada legitimidade de agir a diversas instituições públicas e privadas. Em geral, os agentes públicos atuam em regime de "independência funcional". Cada sujeito dispõe de discricionariedade no exercício dessa competência, sem limitação externa.

Esse é um modelo democrático, mas que gera distorções, tal como tem sido demonstrado pela experiência.

O "caso Magazine Luiza" é emblemático. Um defensor público promoveu ação judicial para responsabilizar empresa privada que implementou iniciativa de política afirmativa. Pleiteou a condenação da ré à indenização de dez milhões de reais. A ação judicial foi ajuizada sob invocação da independência funcional. Um agente público deliberou individualmente desencadear um processo judicial orientado a obter decisão extremamente severa.

Alguém diria que o acesso ao Poder Judiciário é uma garantia constitucional e que, se improcedente, o pedido será rejeitado. Mas a universalidade da jurisdição é apenas uma faceta da questão. O problema imediato recai sobre a empresa ré. Tal como milhares de outras pessoas jurídicas e físicas, a empresa passou a se subordinar a constrangimentos inúmeros e a custos relevantes. Essas ações judiciais produzem ônus sociais, econômicos e administrativos para as empresas privadas. Geram desgaste. Ampliam a malfadada insegurança jurídica. Produzem incentivos negativos. É plausível que outras empresas evitem adotar iniciativas semelhantes. O aparelho jurisdicional também é sobrecarregado.

A independência funcional destina-se a impedir interferência externa sobre a ação dos agentes encarregados da defesa da sociedade. Não é instrumento para idiossincrasias pessoais. Não pode ser confundida com exercício de elucubrações individuais. A Defensoria Pública e o Ministério Público (tal como o Tribunal de Contas) exercem "função pública". É vedado confundir o interesse coletivo com as inclinações subjetivas personalíssimas. Invocar o interesse público não é suficiente para legitimar a atuação do agente público – tal como consta de qualquer petição inicial de ação civil pública.

A Defensoria Pública e o Ministério Público são mantidos com recursos públicos. Ações judiciais não produzem despesas para os membros da categoria. Mas isso não significa que a sua atuação não tenha custos. Há custos diretos para os cofres públicos. E outros, indiretos, suportados pelas empresas rés. Esses custos são transferidos para o contribuinte e para o consumidor final.

Se os interesses dos cidadãos são repetidamente ignorados pelos agentes públicos, é necessário alterar o sistema jurídico. É preciso criar uma governança interna capaz de limitar a independência pessoal e preservar a independência da instituição, evitando assim que meros voluntarismos atentem contra os limites da função pública. O episódio do Magazine Luiza é a oportunidade para iniciar essa discussão.

Informação bibliográfica deste texto, conforme a NBR 6023:2018 da Associação Brasileira de Normas Técnicas (ABNT):

JUSTEN FILHO, Marçal. Magazine Luiza: um caso lamentável – Independência funcional exige responsabilidade. *In*: SUNDFELD, Carlos Ari; JORDÃO, Eduardo; MOREIRA, Egon Bockmann; MARQUES NETO, Floriano de Azevedo; BINENBOJM, Gustavo; CÂMARA, Jacintho Arruda; MENDONÇA, José Vicente Santos de; JUSTEN FILHO, Marçal; MONTEIRO, Vera. *Publicistas*: direito administrativo sob tensão. Belo Horizonte: Fórum, 2022. p. 51-52. ISBN 978-65-5518-311-5.

O CORONAVÍRUS E O ESTADO DE EXCEÇÃO – ESTADO DEMOCRÁTICO DE DIREITO PROVEU INSTRUMENTOS PARA A ADMINISTRAÇÃO PÚBLICA AGIR A TEMPO E A HORA; QUE O FAÇA

GUSTAVO BINENBOJM

O milenar aforismo *salus populi suprema lex est* (a saúde pública é a lei suprema) costuma ser invocado para justificar medidas excepcionais aplicadas pelo Estado em momentos de grave crise, para os quais o direito não haja previsto soluções adequadas. O centro da discussão está em saber se o direito administrativo, como tecnologia social a serviço da contenção do poder, dispõe de mecanismos para juridicizar as situações extraordinárias, submetendo as ações do Estado a parâmetros de controle jurídica e democraticamente suficientes.

É conhecida a ideia de Carl Schmitt segundo a qual as situações de emergência – por ele denominadas de "exceção" – representam problema insuperável à aspiração das democracias liberais de governar por meio do Estado de direito. Nas palavras de Schmitt, "soberano é aquele que decide na exceção". Os sistemas jurídicos seriam incapazes de especificar tanto o conteúdo como o procedimento dos atos estatais suscetíveis de serem adotados em situações emergenciais, pois um e outro poderiam ser facilmente descartados ante a premência de ações imprevisíveis exigidas pelas circunstâncias excepcionais.

A crise do coronavírus, de certa forma, desmente o ceticismo de Carl Schmitt. A desorganização política do governo não impediu que uma articulação institucional entre o Ministério da Saúde e o Poder Legislativo assegurasse a aprovação, em tempo recorde, da Lei federal nº 13.979, de 6.2.2020, que prevê amplo arsenal de medidas administrativas para a guerra contra a disseminação do novo vírus. Medidas afinadas aos padrões da Organização Mundial da Saúde e atualizadas de acordo com as melhores práticas sanitárias internacionais.

O legislador não teve receios de prever o isolamento (pessoas já doentes ou contaminadas), a quarentena (gente com suspeita fundada de contaminação), exames, testes e vacinações compulsórios, como medidas de polícia administrativa, desde que determinadas ou autorizadas pelo Ministério da Saúde. De igual modo, a restrição, excepcional e temporária, de entrada e saída do país, que será decretada por ato conjunto dos ministros da Saúde e da Justiça. Não é necessário, nem viável do ponto de vista prático, aguardar-se por decisões judiciais em casos urgentes como esses, devendo o Poder Judiciário ser provocado par atuar como controlador nos eventuais excessos.

De maneira prudente, a lei estabeleceu que suas medidas somente poderão ser determinadas com base em evidências científicas e em análises sobre informações estratégicas em saúde, assim mesmo limitadas no tempo e no espaço ao mínimo indispensável à promoção e à preservação da saúde pública. Trata-se da concretização, no âmbito da polícia administrativa sanitária, dos subprincípios da adequação e da necessidade, diante da gravidade das restrições impostas à autonomia individual.

Temos uma lei eficiente, equilibrada e oportuna. O desafio é bem aplicá-la, a tempo e a hora.

Informação bibliográfica deste texto, conforme a NBR 6023:2018 da Associação Brasileira de Normas Técnicas (ABNT):

BINENBOJM, Gustavo. O coronavírus e o estado de exceção – Estado democrático de direito proveu instrumentos para a Administração Pública agir a tempo e a hora; que o faça. In: SUNDFELD, Carlos Ari; JORDÃO, Eduardo; MOREIRA, Egon Bockmann; MARQUES NETO, Floriano de Azevedo; BINENBOJM, Gustavo; CÂMARA, Jacintho Arruda; MENDONÇA, José Vicente Santos de; JUSTEN FILHO, Marçal; MONTEIRO, Vera. *Publicistas*: direito administrativo sob tensão. Belo Horizonte: Fórum, 2022. p. 53-54. ISBN 978-65-5518-311-5.

CONTRATAÇÕES PÚBLICAS E DEMOCRACIA – O MODELO TRADICIONAL DE CONTRATAÇÕES PÚBLICAS FALIU

MARÇAL JUSTEN FILHO

A inadequação da disciplina das licitações ficou evidente com a Lei n° 13.979 (e suas modificações por MPs). O PL n° 2.139/2020, do Sen. Antonio Anastasia, comprova a superação também do modelo brasileiro dos contratos administrativos.

O regime dos contratos públicos reflete concepções ultrapassadas. A Lei n° 8.666 reproduz o Dec.-Lei n° 2.300/1986. E as demais normas sobre contratos administrativos reiteram o espírito da Lei n° 8.666. Consagram as "prerrogativas extraordinárias", atribuindo poderes diferenciados para a Administração.

O modelo pode ser sintetizado na expressão "manda quem pode e obedece quem tem juízo". O efeito prático é péssimo: redução da competição, contratos mal executados, superfaturamento e um número incontável de litígios. Corrupção e ineficiência.

O PL n° 2.139 autoriza providências adequadas e necessárias para a continuidade dos contratos administrativos, na medida em que tenham sido impactados pela Covid-19. O projeto prevê a adoção de plano de contingência, compreendendo inclusive a suspensão temporária de obrigações. Contempla medidas para as concessões de serviço público. Estabelece que, encerrada a situação de emergência, poderá ser renegociada inclusive a equação econômico-financeira. E admite a rescisão amigável do contrato, quando configurada absoluta impossibilidade da sua manutenção.

Há opiniões de que o direito das contratações administrativas já contempla todas as soluções necessárias, tornando dispensável a edição de uma lei específica. Essa posição merece ser repensada.

A inovação do projeto, que o torna tão relevante, é a alteração do relacionamento contratual entre Administração e iniciativa privada. A concepção autoritária atualmente vigente é reduzida. É reconhecida a relevância jurídica dos interesses do sujeito privado. É prestigiada a solução negocial, orientada pela boa-fé e pelo respeito recíproco aos direitos alheios. As alterações são vinculadas a estudos de impacto econômico, com redução de inovações fundadas no subjetivismo do agente público. Incorpora-se a concepção da relevância essencial dos contratos públicos, mas acompanhada do reconhecimento de que é indispensável respeitar os interesses e direitos dos particulares.

Talvez o projeto não seja convertido em lei. Talvez o seja e suas normas vigorarão durante a pandemia. Independentemente disso, o PL nº 2.139 retira o foco da limitada questão da licitação.

Faz sentido acreditar que o tratamento equivalente entre as partes seja o caminho para a satisfação das necessidades coletivas. Ingênuo é imaginar que a continuidade do modelo vigente seja capaz de propiciar no futuro os resultados positivos que nunca produziu. Basta examinar os fatos para comprovar que a concepção vigente das contratações públicas é imprestável.

O PL nº 2.139 segue a linha de que a solução para os problemas brasileiros reside na ampliação da vivência democrática. Autoritarismo estatal não é a saída. Nem mesmo (ou melhor, especialmente) para as contratações administrativas.

Informação bibliográfica deste texto, conforme a NBR 6023:2018 da Associação Brasileira de Normas Técnicas (ABNT):

JUSTEN FILHO, Marçal. Contratações públicas e democracia – O modelo tradicional de contratações públicas faliu. In: SUNDFELD, Carlos Ari; JORDÃO, Eduardo; MOREIRA, Egon Bockmann; MARQUES NETO, Floriano de Azevedo; BINENBOJM, Gustavo; CÂMARA, Jacintho Arruda; MENDONÇA, José Vicente Santos de; JUSTEN FILHO, Marçal; MONTEIRO, Vera. *Publicistas: direito administrativo sob tensão*. Belo Horizonte: Fórum, 2022. p. 55-56. ISBN 978-65-5518-311-5.

PARTE II
PESQUISAR E ENSINAR O NOVO DIREITO PÚBLICO

O QUE RESTOU DOS MANUAIS DE DIREITO ADMINISTRATIVO? – PRIMEIRO COMO TRAGÉDIA; AGORA COMO FARSA

JOSÉ VICENTE SANTOS DE MENDONÇA

Foi lançada a 44ª edição do *Direito administrativo brasileiro*, o manual de Hely Lopes Meirelles. Na frase há dois mortos: Hely, falecido em 1990; e os manuais de direito administrativo, mortos em meados dos anos 2000. Já tratei do primeiro falecimento em outro texto. Comento, agora, o segundo, ocorrido não com num sussurro, mas numa hiperagitação histriônica.

A afirmação textual do direito administrativo brasileiro se fez, de início, em materiais de cursos universitários, escritos por professores, cuja fonte essencial eram regulamentos e leis. Havia muita doutrina francesa e pouca jurisprudência. Chamavam-se *Direito administrativo brasileiro* (Joaquim Ribas, Veiga Cabral), *Excerto de direito administrativo pátrio* (Furtado de Mendonça), *Elementos de direito administrativo brasileiro* (Pereira do Rego). Científicos ou práticos, mais ou menos retóricos, todos se percebiam como avançando teses ou construindo saberes. A tendência continuou pelo século XX com alguns ajustes, como mais referências a autores nacionais e citação de jurisprudência. Entre os recentes, Bandeira de Mello (*Curso de direito administrativo*) e o próprio Hely.

Nessas obras havia certa aura, no sentido de Walter Benjamin: autenticidade, voz, irreprodutibilidade. Eram livros pesados e eram graves. Eram doutrina. Não eram literatura especializada, tampouco ciência. Ser jurista era mais vocação do que profissão. Mesmo quando escritas por jovens, eram obras de maturidade. Aspiravam secretamente a alguma permanência. Falharam – falharemos todos –, e estava nisso sua tragédia.

Mas o tempo dos manuais acabou. A prática engoliu a teoria: instituições importam; custos importam – conceitos de direito administrativo não importam tanto. A complexidade superou qualquer capacidade de abrangência manualística. O valor de diferença da erudição se perdeu com a internet. Novas tecnologias horizontalizaram discursos (o jurista do passado se *torna* um meme; o jurista do presente já *nasce* meme).

Existem, é claro, excelentes manuais contemporâneos. Mas é que, no novo contexto, tornaram-se ou luxo inócuo – resposta para uma sociedade que não se importa tanto com a pergunta – ou desafio pantagruélico. Nenhum manual é mais atual ou profundo do que uma consulta no Google.

Mas, além dos manuais de qualidade, há, também, uma maioria de manuais-para-concurso, que, resumindo infinitamente manuais anteriores e acrescendo decisões judiciais recentes, contribuem para o esvaziamento da forma. Talvez o manual aurático não tivesse mesmo como sobreviver em 2020, mas ninguém esperava que Luís Bonaparte chegasse num carro alegórico. É que hoje, na sua superficialidade deliberada, no seu desenho trivializador, nos seus esquemas para decorar, nos seus truques e traques, nos seus resuminhos de posições, no *influencer*-manualista que chama "a galera", resta-nos supor que esta segunda época dos manuais tem certo brilho *millenial pink*; sabe a unicórnios que vomitam arco-íris; é talvez um meme ou um instrumento ou um meme-instrumento; mas, antes e acima de tudo, é uma farsa.

Informação bibliográfica deste texto, conforme a NBR 6023:2018 da Associação Brasileira de Normas Técnicas (ABNT):

MENDONÇA, José Vicente Santos de. O que restou dos manuais de direito administrativo? – Primeiro como tragédia; agora como farsa. *In*: SUNDFELD, Carlos Ari; JORDÃO, Eduardo; MOREIRA, Egon Bockmann; MARQUES NETO, Floriano de Azevedo; BINENBOJM, Gustavo; CÂMARA, Jacintho Arruda; MENDONÇA, José Vicente Santos de; JUSTEN FILHO, Marçal; MONTEIRO, Vera. *Publicistas*: direito administrativo sob tensão. Belo Horizonte: Fórum, 2022. p. 59-60. ISBN 978-65-5518-311-5.

ts
O QUE RESTOU DOS MANUAIS DE DIREITO ADMINISTRATIVO FORAM... OS MANUAIS! – UM DIÁLOGO COM JOSÉ VICENTE SANTOS DE MENDONÇA

MARÇAL JUSTEN FILHO

José Vicente é um sujeito brilhante, como fica evidente no seu *O que restou dos manuais de direito administrativo?*, publicado nesta mesma coluna. Ele tem razão em grande parte: a internet produziu o colapso dos meios tradicionais de produção do direito administrativo. Mas essa não é a realidade integral do mundo. Porque a complexidade da realidade é muito maior do que os limites de nosso conhecimento. Esse é o "paradoxo dos manuais", que mantém uma função num mundo em que o menos é mais.

Nem Zé Vicente nem eu falamos do passado. Os grandes manuais, do período anterior à internet, foram fundamentais para a consolidação e o progresso do direito administrativo. Estamos a examinar os manuais no contexto do presente e do futuro.

A internet nos permite acessar conhecimentos ilimitados em extensão e profundidade. Nenhum manual pode ser tão satisfatório quanto as informações disponíveis em nosso computador. A legislação, a jurisprudência e a doutrina são tão acessíveis que não precisamos de manuais. No entanto...

No entanto, a quantidade de informação nos sufoca. É impossível dominar toda essa quantidade de artigos, *podcasts*, vídeos, entrevistas, comparações! E as contradições e os antagonismos? Cada autor assume a própria posição filosófica. Cada artigo reflete uma concepção distinta do mundo (logo, do direito).

O conhecimento produzido pela internet é fragmentado, contraditório, ilimitado. Proporciona dúvidas, tanto quanto soluções. Fomenta debate. Nada disso é mau. Muito pelo contrário, é uma parcela relevante e fundamental da nossa existência. É essencial para a pesquisa jurídica e para a conexão globalizante.

Mas a nossa existência não se reduz a isso, nem pode ser satisfeita apenas por essa via.

O manual de direito administrativo é um esforço de produzir sistematização, racionalização e completude dessa desordem. O tratamento amplo e exaustivo da generalidade dos temas do direito administrativo exige a redução da profundidade do tratamento. Em compensação, oferece a ordenação sistêmica e a avaliação comparativa entre as produções isoladas – e, por isso, contraditórias – da doutrina e da jurisprudência. A produção jurídica isolada é reconstruída segundo a concepção unificante do manual. Cada manual representa uma aspiração de sistematização do Universo – destinada, por razões intrínsecas, ao insucesso. Nem por isso, o resultado é cientificamente desprezível.

O progresso e o futuro do direito administrativo não se reduzem à dimensão do manual. Não dispensam a internet. Mas a relevância de todas essas outras fontes do direito administrativo não elimina a relevância do manual. Na linha de frente do progresso do direito administrativo estão os grandes questionamentos e os mais brilhantes autores. Lá está José Vicente. Na retaguarda, vêm os manuais, num esforço de ordenação. Não é um trabalho tão brilhante, mas não é simples. Nessa retaguarda, estamos eu e o meu manual simplificado. Mas todos temos a nossa relevância para o direito administrativo.

Informação bibliográfica deste texto, conforme a NBR 6023:2018 da Associação Brasileira de Normas Técnicas (ABNT):

JUSTEN FILHO, Marçal. O que restou dos manuais de direito administrativo foram... os manuais! – Um diálogo com José Vicente Santos de Mendonça. *In*: SUNDFELD, Carlos Ari; JORDÃO, Eduardo; MOREIRA, Egon Bockmann; MARQUES NETO, Floriano de Azevedo; BINENBOJM, Gustavo; CÂMARA, Jacintho Arruda; MENDONÇA, José Vicente Santos de; JUSTEN FILHO, Marçal; MONTEIRO, Vera. *Publicistas*: direito administrativo sob tensão. Belo Horizonte: Fórum, 2022. p. 61-62. ISBN 978-65-5518-311-5.

DIREITO ADMINISTRATIVO E A BATALHA DOS MÉTODOS – A APLICAÇÃO DOS PRINCÍPIOS NÃO PODE SER BASEADA EM ABSTRAÇÕES IRREAIS

EGON BOCKMANN MOREIRA

Ao final do século XIX, economistas alemães travaram célebre debate sobre a metodologia da ciência econômica. Deveria se basear em raciocínios abstratos e princípios fundamentais, como a "mão invisível" e o "homem racional"? Ou haveria de se curvar à vida real? A chamada "batalha dos métodos" criou uma encruzilhada entre a principiologia e os fatos concretos.

Que tal refletirmos sobre esse desafio no direito administrativo? Bem vistas as coisas, há anos estamos nessa guerra metodológica. Por um lado, a defesa dos princípios, que seriam a razão de ser do regime jurídico que rege todo o direito administrativo. O que valeria para sua aplicação seriam os princípios. Assim, embora proporcionalidade e razoabilidade não estejam na letra da Constituição, o STF as aplica para declarar inconstitucionalidades (ADI n° 5.720; ADI n° 4.745; ADI n° 2.334; ADI n° 4.406 e ADI n° 3.145).

A pergunta a que tentamos responder só com abstrações principiológicas encontra soluções em teorias oriundas de países distantes (França, EUA e Alemanha). Fica bonito falar em princípios, a expressar o que nos parecer melhor para o direito administrativo: o que gostaríamos de ter escrito, as leis que faríamos. Negar validade a ato administrativo que não vemos como "razoável" é o suprassumo dessa lógica

Todavia, esse "império dos princípios" nem sempre é o "império da lei", muito menos o "império do direito".

Tal doutrinação viu-se desafiada, sobretudo pela análise econômica do direito, que já influencia o STF (Pet n° 8.002 e RE n° 870.947) e o STJ (REsp n° 1.734.733 e REsp n° 1.691.748). Os protagonistas são métodos empírico-econômicos para a aplicação e controle de normas jurídicas. O direito se integra aos fatos concretos, sobretudo quanto às consequências. Mas nem só de AED vive o homem.

Podemos falar da LINDB e da Lei de Liberdade Econômica ("abuso regulatório" e "análise de impacto regulatório"). Aqui, os fatos são um *prius* metodológico", na bela expressão do jusfilósofo Castanheira Neves. Segundo a LINDB, mesmo o apaixonado por princípios deve, ao aplicá-los, "considerar as consequências práticas da decisão". Preceito que indica caminhos para a paz metodológica, a encerrar essa batalha sem fim.

Ao tentar subjugar o direito administrativo à abstração teórica, a principiologia o afastou da realidade. Transformou-o em palpites. Porém, ele tampouco é um jogo entre técnicas de pesquisa sobre o real, menos ainda simples desafio matemático, a ser resolvido por equações herméticas. O direito administrativo trata da vida das pessoas em sua relação com a Administração Pública. É direito e é fato ao mesmo tempo.

A paz está no equilíbrio: é possível acolher os princípios jurídicos, mas em seu contexto factual, cuja identificação tem de prestigiar o direito posto e vir de trabalhos de pesquisa sobre a realidade, não de achismos personalistas. Para valerem a pena, os princípios têm de se integrar à vida como ela é.

Informação bibliográfica deste texto, conforme a NBR 6023:2018 da Associação Brasileira de Normas Técnicas (ABNT):

MOREIRA, Egon Bockmann. Direito administrativo e a batalha dos métodos – A aplicação dos princípios não pode ser baseada em abstrações irreais. *In*: SUNDFELD, Carlos Ari; JORDÃO, Eduardo; MOREIRA, Egon Bockmann; MARQUES NETO, Floriano de Azevedo; BINENBOJM, Gustavo; CÂMARA, Jacintho Arruda; MENDONÇA, José Vicente Santos de; JUSTEN FILHO, Marçal; MONTEIRO, Vera. *Publicistas*: direito administrativo sob tensão. Belo Horizonte: Fórum, 2022. p. 63-64. ISBN 978-65-5518-311-5.

O CONHECIMENTO ACADÊMICO É LEVADO A SÉRIO NO DIREITO? – HÁ CONTROVÉRSIAS

JOSÉ VICENTE SANTOS DE MENDONÇA

Primeiro, a boa notícia: o conhecimento acadêmico, no direito, está cada dia melhor. Têm surgido pesquisa e reflexão de qualidade. A academia jurídica é cada vez menos um *hobby* de diletantes ou uma estrelinha no currículo do douto. Por outro lado, ainda há notícias de mestrados terceirizados, petições que se creem artigos, e, quem sabe, plágio e autoplágio. A seguir, indico oito razões pelas quais será difícil, mas não impossível, construir uma academia jurídica à vera.
1. Porque existem muitos alunos. É uma verdade numericamente acaciana que, em graduações e pós-graduações de massa, a qualidade se dilui no volume.
2. Porque ela concede, como poucas, prêmios profissionais, o que atrai não vocações. Alguns profissionais do direito não estão sinceramente investidos na pesquisa. Fazem pesquisa nas tais horas roubadas à família.
3. Porque há um "fetiche do jurista", uma terrível confusão entre saber e poder. A academia, por vezes, é algo entre a sinalização de sofisticação (uma biblioteca de papelão – fica bem no *Zoom* –, entender de vinho, citar um versinho) e o

pertencimento entre pares (todo mundo tem mestrado, então vou ter também).
4. Porque não temos clareza do que constitui a qualidade acadêmica no direito. Dissertações constituídas de montanhas de citações indigeridas, pitadas de filosofia política (ou de análise econômica, ou seja lá qual for a moda). Não há uma "reputação de qualidade" a ser mantida. Se a tese for boa, ótimo. Se não for, tanto faz: nenhum jurista morre por ser medíocre.
5. Porque muitas teses e dissertações são elaboradas segundo a lógica do parecer ou da petição. Teses não serão verdadeiramente postas à crítica, hipóteses não serão falseadas; o texto é concebido, desde a origem, para uso profissional.
6. Porque não temos uma cultura de evitação do plágio. Por vezes, sequer se sabe diferenciar plágio, paráfrase, apropriação não creditada de ideias.
7. Porque há, originária da prática forense, uma cultura do elogio. (Você concebe conferência de física em que metade da apresentação seja gasta em elogios recíprocos? No direito você já viu muito disso.) Certa vez um advogado me disse: advogar é fazer amigos. Ora, verdade científica não paga honorários.
8. Porque escritórios produzem, por definição, obras coletivas de uso profissional, com ganhos para todos. A tentação de tratar a produção acadêmica como mais uma dessas obras é grande.

E tome "pós-doutores", e tome autodescrições acadêmico-profissionais com dez linhas. Claro que o direito é ciência social aplicada, e negar os ganhos científicos, e mesmo pessoais, daí advindos, é ignorar a realidade. Contudo eis que vivemos um pacto faustiano: trocamos seriedade por impacto. Encontrar um caminho do meio, que reconheça as virtudes da vida prática, mas igualmente da crítica sincera e da reflexão teórica, é o esforço das melhores gerações passadas, presentes e futuras de acadêmicos do direito.

Informação bibliográfica deste texto, conforme a NBR 6023:2018 da Associação Brasileira de Normas Técnicas (ABNT):

MENDONÇA, José Vicente Santos de. O conhecimento acadêmico é levado a sério no direito? – Há controvérsias. *In*: SUNDFELD, Carlos Ari; JORDÃO, Eduardo; MOREIRA, Egon Bockmann; MARQUES NETO, Floriano de Azevedo; BINENBOJM, Gustavo; CÂMARA, Jacintho Arruda; MENDONÇA, José Vicente Santos de; JUSTEN FILHO, Marçal; MONTEIRO, Vera. *Publicistas*: direito administrativo sob tensão. Belo Horizonte: Fórum, 2022. p. 65-66. ISBN 978-65-5518-311-5.

AS MENTIRAS QUE OS ADMINISTRATIVISTAS CONTAM – É PRECISO REFUNDAR O DIREITO ADMINISTRATIVO SOBRE BASES MAIS REALISTAS

EDUARDO JORDÃO

O direito administrativo brasileiro está tradicionalmente fundado sobre duas imponentes mentiras. Afirma-se (i) que este ramo do direito seria completo e coerente, e (ii) que estas características lhe seriam conferidas por princípios estruturantes seus, normas mestras de todo o sistema.

Claro que ninguém acredita nestas coisas pra valer: são ficções jurídicas que têm sido mantidas, festejadas e propagadas há décadas por supostamente consistirem em engrenagens essenciais para o funcionamento deste ramo do direito. Mas será?

Ainda que tenham cumprido papel relevante num estágio evolutivo anterior do nosso direito administrativo, hoje estas ficções não mais se justificam. Estão na base de distorções denunciadas por administrativistas de todas as ideologias e formações. São ficções com efeitos negativos *reais*.

É a crença na coerência e completude do direito administrativo que fornece legitimidade teórica ao profissional do direito (e, em particular, ao controlador) voluntarista, que, diante de um problema concreto, desconsidera a indeterminação (ou lacuna) normativa correspondente e alega que o direito lhe *impõe* uma única e óbvia solução, aquela que decorre da *correta* interpretação sistemática do direito... a dele, claro.

Hora de pensar em alternativas?

No artigo *The three dimensions of administrative law*, propus uma base teórica que reconhece a este ramo do direito três finalidades distintas, e eventualmente conflitantes: a proteção de direitos (dimensão "jurídica"); a promoção eficiente de utilidades à população (dimensão "gerencial"); e a garantia da legitimidade de escolhas administrativas (dimensão "política").

Esta construção tridimensional tem, ao meu ver, as seguintes vantagens:

(i) reconhece a complexidade e conflituosidade interna do direito administrativo, superando uma concepção monística que há muito falha em capturar a realidade deste ramo do direito;

(ii) admite a incompletude do direito administrativo e a necessidade eventual de que o seu operador *crie* soluções específicas nos contextos de lacuna ou indeterminação normativa;

(iii) ao admitir esta necessidade de *criar* soluções não predeterminadas pelo direito, abre espaço para considerações institucionais sobre *qual instituição* as deve criar e como órgãos de controle devem se portar diante de eventuais *escolhas* de outras entidades;

(iv) fomenta motivação mais realista e transparente das escolhas administrativas, exigindo do operador do direito uma maior atenção aos *tradeoffs* internos deste ramo do direito e evitando que ele se esquive desta necessidade fingindo *apenas aplicar* a específica solução supostamente preconcebida pelo direito, que ele teria apenas "identificado".

Já passou da hora de reconhecer ao direito administrativo brasileiro bases mais realistas e adaptadas à sua complexidade atual. Propostas de refundação são bem-vindas. A minha está lançada para análise e crítica.

Informação bibliográfica deste texto, conforme a NBR 6023:2018 da Associação Brasileira de Normas Técnicas (ABNT):

JORDÃO, Eduardo. As mentiras que os administrativistas contam – É preciso refundar o direito administrativo sobre bases mais realistas. *In*: SUNDFELD, Carlos Ari; JORDÃO, Eduardo; MOREIRA, Egon Bockmann; MARQUES NETO, Floriano de Azevedo; BINENBOJM, Gustavo; CÂMARA, Jacintho Arruda; MENDONÇA, José Vicente Santos de; JUSTEN FILHO, Marçal; MONTEIRO, Vera. *Publicistas*: direito administrativo sob tensão. Belo Horizonte: Fórum, 2022. p. 67-68. ISBN 978-65-5518-311-5.

O VIÉS DE ADULAÇÃO DIFICULTA O PROCESSO DE MODERNIZAÇÃO DO DIREITO – LEGADO CULTURAL DA LISONJA AO PODER INIBE A CRÍTICA CONSTRUTIVA

GUSTAVO BINENBOJM

Qual a relação entre a cultura coreana e o alto número de acidentes da Korean Airlines? No livro *Outliers*, Malcolm Gladwell faz um inventário das condições externas à iniciativa individual que contribuem para o sucesso ou insucesso de qualquer empreitada. Acidentes aéreos acontecem por um acúmulo infeliz de circunstâncias (tempo ruim, atraso no voo e erros humanos em cadeia). Gladwell, porém, revela que na KA o respeito excessivo à autoridade dificultava a comunicação eficaz entre pilotos, engenheiros e controladores de voo. O *discurso mitigado* não permitia que riscos e orientações fossem transmitidos com clareza. A necessária *accountability* dos sistemas de segurança não se tornava efetiva. As caixas-pretas foram analisadas por especialistas. Revelaram que a cultura de deferência à autoridade faz aviões caírem.

De 1988 a 1998, o índice de perda de aviões da Korean foi 17 vezes superior ao de outras companhias de nível mundial. Em 2000, os coreanos contrataram David Greenberg, da Delta Airlines, para dirigir as operações. O idioma coreano tem seis níveis distintos de tratamento em função da hierarquia dos interlocutores. Greenberg decidiu que os funcionários seriam *reeducados* em inglês, em linguagem direta, objetiva e com a entonação adequada. Deviam dizer o que precisava ser dito, a tempo e a hora. Os números da Korean tornaram-se impecáveis.

Culturas distintas lidam de maneiras distintas com a autoridade. Guido Calabresi conta que logo depois da publicação de *The cost of accidents* – obra seminal para o uso da análise econômica do direito – um juiz da Suprema Corte teria comentado: "Muito interessante. Mas isso não é direito". Ao que então teria respondido: "Em alguns anos, isso não apenas será direito; isso será *o direito!*".

Há no Brasil uma cultura de fascínio pelo poder. Os bacharéis são ensinados a cultuar os argumentos de autoridade, mais do que a autoridade dos argumentos. Essa tradição se refletiu na formação de um padrão intelectual impregnado pelo *viés de adulação*, que inibe a crítica construtiva e dificulta o processo de modernização do pensamento jurídico.

O direito administrativo venera a autoridade, preza a hierarquia e se nutre do poder. Lembro-me dos conselhos dos áulicos no início da minha carreira: ter cuidado para não fazer críticas diretas e nominais, pois essa não era "a nossa tradição". Esse modelo embota a inovação e gera incentivos à endogenia intelectual. Produzir conhecimento novo exige a ruptura com velhos paradigmas e a superação de antigas verdades. Toda sociedade precisa de um ambiente de livre competição de ideias, no qual o sucesso não seja medido pela semelhança com o passado. O avião não foi inventado a partir de elogios aos balões dirigíveis.

Informação bibliográfica deste texto, conforme a NBR 6023:2018 da Associação Brasileira de Normas Técnicas (ABNT):

BINENBOJM, Gustavo. O viés de adulação dificulta o processo de modernização do direito – Legado cultural da lisonja ao poder inibe a crítica construtiva. *In*: SUNDFELD, Carlos Ari; JORDÃO, Eduardo; MOREIRA, Egon Bockmann; MARQUES NETO, Floriano de Azevedo; BINENBOJM, Gustavo; CÂMARA, Jacintho Arruda; MENDONÇA, José Vicente Santos de; JUSTEN FILHO, Marçal; MONTEIRO, Vera. *Publicistas*: direito administrativo sob tensão. Belo Horizonte: Fórum, 2022. p. 69-70. ISBN 978-65-5518-311-5.

FALSO BRILHANTE: OS JURISTAS E O VIÉS DE ORNAMENTAÇÃO – A PROPENSÃO AO ENFEITE SOFREU MUTAÇÕES, MAS SEGUE FORTE

EDUARDO JORDÃO

Aproveito a deixa de Gustavo Binenbojm – que criticou nesta coluna o "viés de adulação" – para tratar do *viés de ornamentação*, igualmente típico do nosso direito e prejudicial ao seu desenvolvimento.

Você pode não estar ligando o nome à pessoa, mas o conhece bem. Refiro-me ao foco na forma para disfarçar o vazio da substância; ao pendor ao embelezamento das manifestações jurídicas (forenses ou acadêmicas), negligenciando seu conteúdo.

Antigamente, a manifestação mais comum do viés de ornamentação consistia no rebuscamento da linguagem: o abuso de expressões em latim com equivalentes imediatos na língua portuguesa, a preferência por termos pouco utilizados na linguagem comum. Por que usar *presunção juris tantum* e não, simplesmente, presunção relativa? Por que *outrossim* e não *além disso*? Por que *aduzir* em vez de *apresentar* argumentos?

A linguagem rebuscada vem perdendo força nas últimas décadas e remanesce hoje quase como uma curiosidade histórica ou expressão de uma esquisitice particular.

Mas é um erro considerar que estamos imunes ao viés de ornamentação e suas outras manifestações. Como um vírus, ele sofre mutações, mas permanece forte. Se antes a falsa sofisticação remetia ao clássico, hoje ela está mais associada ao "moderno". Do latim ao inglês. Da erudição aos *slogans*.

Áreas inteiras do direito exercem grande fascínio estético sobre o público. Assim, por exemplo, não é raro que o anúncio de uma "análise econômica do direito" corresponda apenas a uma autorização para que, depois de menções aleatórias a Coase, Posner e a custos de transação, o "especialista" aponte uma consequência óbvia qualquer para uma norma, com ares de quem faz ciência.

A teoria, nestes casos, é mero adorno: não serve para o sujeito enxergar mais ou melhor o mundo, mas para enfeitar as mesmas conclusões a que ele chegaria sem teoria nenhuma.

Por que se preocupar? Esse foco na ornamentação corrompe a seriedade de nossos debates de ideias e cria falsos brilhantes. Entusiastas do "direito e tecnologia", por exemplo, frequentemente nos apresentam artigos ou palestras com títulos bastante criativos, cujo conteúdo vai pouco além de algo como: "*Blockchain. Smart contracts. Cryptocurrencies.* Tudo está mudando! Tem que ver isso aí!".

Não se discute como e o que exatamente está mudando, muito menos o que pode ser feito para enfrentar essas mudanças, mas se ganha audiência pela simples utilização dos termos moderninhos.

Não se trata de criticar essas áreas do direito, mas o uso superficial e autolegitimador que se faz delas. Trata-se de levar a sério o debate sobre o nosso direito, e evitar que ele afunde com o peso dos enfeites.

A despeito das mutações, o remédio para identificar abuso do viés de ornamentação permanece o mesmo: ao ler um texto ou assistir a uma palestra, tente eliminar mentalmente todos os seus adereços e veja se ainda lhe sobra algo que não seja uma simples banalidade.

Informação bibliográfica deste texto, conforme a NBR 6023:2018 da Associação Brasileira de Normas Técnicas (ABNT):

JORDÃO, Eduardo. Falso brilhante: os juristas e o viés de ornamentação – A propensão ao enfeite sofreu mutações, mas segue forte. *In*: SUNDFELD, Carlos Ari; JORDÃO, Eduardo; MOREIRA, Egon Bockmann; MARQUES NETO, Floriano de Azevedo; BINENBOJM, Gustavo; CÂMARA, Jacintho Arruda; MENDONÇA, José Vicente Santos de; JUSTEN FILHO, Marçal; MONTEIRO, Vera. *Publicistas*: direito administrativo sob tensão. Belo Horizonte: Fórum, 2022. p. 71-72. ISBN 978-65-5518-311-5.

DE QUAIS ESTADOS VEM NOSSO DIREITO ADMINISTRATIVO? – UM SINGELO EXERCÍCIO EMPÍRICO

JOSÉ VICENTE SANTOS DE MENDONÇA

Como anda a dispersão regional da produção acadêmica do direito administrativo brasileiro, tal como representada em sua principal revista? Pergunta difícil, cuja resposta exige ressalvas metodológicas.

Primeiro: não estou falando do direito administrativo como prática, que, claro, existe no país inteiro. Meu corte é só a produção teórica – mas ele serve como indicativo de sedes de poder simbólico, com implicações práticas. E, sim, revistas jurídicas estão se tornando assunto antes acadêmico do que associado ao dia a dia forense ou administrativo (o *JOTA* deve ser, hoje, mais influente do que todas). Mas elas ainda são relevantes, guardando certo prestígio inercial.

Segundo: escolhi a *RDA* por sua tradição – é publicada desde 1945 –, e por ser percebida como grande referência na área (não a única, sendo importantes as revistas das editoras Fórum, Zênite, Revista dos Tribunais etc.).

Terceiro: quanto à regionalidade, meu critério não é a naturalidade do autor, e sim a localização da universidade a que esteja vinculado.

Pois bem: com auxílio da orientanda Stela Porto, levantei o vínculo geográfico dos artigos da *RDA* dos últimos 10 anos. O recorte inclui textos de direito constitucional e de teoria do direito público, também ali publicados. Mas isso não chega a poluir a amostra, que é, na essência, de direito administrativo.

De 272 artigos, escritos por 366 autores, 97 autores nacionais estão sediados em São Paulo, 68, no Rio, 35, no Distrito Federal, 31, no Paraná, 24, no Rio Grande do Sul, 17, em Minas, 16, em Santa Catarina, 8, no Ceará, 7, no Rio Grande do Norte, 5, em Pernambuco, 2, em Sergipe, Goiás e Amazonas; Bahia, Espírito Santo e Mato Grosso do Sul têm 1 autor.

Nos últimos anos, a Capes passou a adotar critérios de dispersão geográfica no ranqueamento das revistas, o que trouxe mudanças. Em 2010, por exemplo, houve 10 autores do Rio, 4, de São Paulo, 3, do DF, 2, de Minas, 2, do Rio Grande do Sul, e 1, do Paraná. Em 2018, houve autores de 11 estados. De 6 para 11: a produção está se tornando menos concentrada.

Ainda assim, o direito administrativo brasileiro possui divisões claras. Na primeira divisão, com produção bem maior, São Paulo e Rio; depois, o Distrito Federal, o Paraná e o Rio Grande do Sul. Minas e Santa Catarina pegam a terceirona. O Norte, o Nordeste e o Centro-Oeste – e o Espírito Santo – têm baixa representatividade.

O que isso mostra? Primeiro, o óbvio. Há mais professores de direito administrativo no Rio, em SP e no DF. Além disso, e como já se suspeitava, sim, o direito administrativo brasileiro é bastante paranaense, e algo gaúcho. Razões históricas? Professores importantes? Formação de "escolas"? Presença da Administração? Presença empresarial? As hipóteses são várias. Mas os dados mostram onde a academia acontece.

Em todo caso, fica a dúvida: estamos produzindo um direito administrativo que interessa e engaja verdadeiramente todo o país? Estamos no caminho certo? São boas perguntas para se iniciar o ano.

APÊNDICE

Estados e autores

2010-2020
(Total de autores: 366; total de artigos: 273)

São Paulo	97
Rio de Janeiro	68
Estrangeiros	50
Distrito Federal	35
Paraná	31
Rio Grande do Sul	24
Minas Gerais	17
Santa Catarina	16
Fortaleza	8
Rio Grande do Norte	7
Pernambuco	5
Sergipe	2
Goiás	2
Amazonas	2
Bahia	1
Espírito Santo	1
Mato Grosso do Sul	1

2020
(Total de autores: 38; total de artigos: 25)

São Paulo	12
Distrito Federal	6
Estrangeiros	5 (EUA: 3; UK: 2)
Fortaleza	4
Paraná	3
Minas Gerais	2
Sergipe	2
Santa Catarina	2
Rio de Janeiro	1
Rio Grande do Sul	1

2019
(Total de autores: 41; total de artigos: 24)

São Paulo	15
Santa Catarina	6
Distrito Federal	5
Paraná	4
Estrangeiros	4 (EUA: 3; Portugal: 1)
Rio de Janeiro	2
Fortaleza	2
Rio Grande do Sul	2
Pernambuco	1

2018
(Total de autores: 49; total de artigos: 34)

São Paulo	11
Rio de Janeiro	9
Paraná	7
Estrangeiros	5 (EUA: 3; Alemanha: 1; França: 1)
Distrito Federal	4
Santa Catarina	4
Fortaleza	2
Rio Grande do Sul	2
Goiás	2
Rio Grande do Norte	1
Pernambuco	1
Mato Grosso do Sul	1

2017
(Total de autores: 30; total de artigos: 24)

São Paulo	8
Estrangeiros	5 (EUA: 4; Portugal: 1)
Rio de Janeiro	4
Distrito Federal	4
Rio Grande do Sul	4
Paraná	2
Santa Catarina	2
Espírito Santo	1

2016
(Total de autores: 35; total de artigos: 24)

São Paulo	13
Estrangeiros	7 (EUA: 4; Portugal: 1; Espanha: 1; Itália: 1)
Rio de Janeiro	4
Distrito Federal	3
Santa Catarina	2
Rio Grande do Norte	2
Minas Gerais	2
Paraná	1
Rio Grande do Sul	1

2015
(Total de autores: 31; total de artigos: 24)

São Paulo	8
Paraná	7
Rio de Janeiro	4
Estrangeiros	4 (França: 1; Alemanha: 1; Portugal: 1; Países Baixos: 1)
Minas Gerais	3
Rio Grande do Sul	2
Rio Grande do Norte	2
Pernambuco	1

2014
(Total de autores: 32; total de artigos: 24)

Rio de Janeiro	10
São Paulo	8
Minas Gerais	5
Estrangeiros	3 (EUA: 2; Itália: 1)
Distrito Federal	2
Rio Grande do Sul	2
Paraná	1
Amazonas	1

2013
(Total de autores: 33; total de artigos: 24)

Rio de Janeiro	7
São Paulo	7
Rio Grande do Sul	5
Estrangeiros	5 (EUA: 2; Austrália: 2; Itália: 1)
Paraná	4
Distrito Federal	2
Minas Gerais	1
Pernambuco	1
Bahia	1

2012
(Total de autores: 29; total de artigos: 24)

Rio de Janeiro	8
São Paulo	7
Estrangeiros	5 (Alemanha: 1; EUA: 2; Hong Kong: 1; Espanha: 1)
Rio Grande do Sul	2
Rio Grande do Norte	2
Distrito Federal	2
Amazonas	1
Paraná	1
Minas Gerais	1

2011
(Total de autores: 24; total de artigos: 22)

Rio de Janeiro	9
Distrito Federal	4
São Paulo	4
Estrangeiros	4 (Espanha: 1; EUA: 2; Itália: 1)
Minas Gerais	1
Pernambuco	1
Rio Grande do Sul	1

2010
(Total de autores: 24; total de artigos: 24)

Rio de Janeiro	10
São Paulo	4
Distrito Federal	3
Estrangeiros	3 (Alemanha: 1; EUA: 1; Itália: 1)
Minas Gerais	2
Rio Grande do Sul	2
Paraná	1

Informação bibliográfica deste texto, conforme a NBR 6023:2018 da Associação Brasileira de Normas Técnicas (ABNT):

MENDONÇA, José Vicente Santos de. De quais estados vem nosso direito administrativo? – Um singelo exercício empírico. In: SUNDFELD, Carlos Ari; JORDÃO, Eduardo; MOREIRA, Egon Bockmann; MARQUES NETO, Floriano de Azevedo; BINENBOJM, Gustavo; CÂMARA, Jacintho Arruda; MENDONÇA, José Vicente Santos de; JUSTEN FILHO, Marçal; MONTEIRO, Vera. Publicistas: direito administrativo sob tensão. Belo Horizonte: Fórum, 2022. p. 73-78. ISBN 978-65-5518-311-5.

QUAIS ESTRANGEIROS FAZEM A CABEÇA DOS NOSSOS ADMINISTRATIVISTAS? – UMA INVESTIGAÇÃO EMPÍRICA SOBRE CITAÇÕES DE AUTORES ESTRANGEIROS

EDUARDO JORDÃO

Como medir a influência de autores estrangeiros sobre os administrativistas brasileiros?

Em pesquisa em andamento, Renato Toledo e eu optamos por examinar as bibliografias dos artigos da mais tradicional revista da área, a *Revista de Direito Administrativo (RDA)*.

Ainda que o universo da *RDA* não possa ser rigorosamente identificado com o do direito administrativo brasileiro, a utilização desta revista se justifica por se tratar de referência do ramo, com publicação há mais de 70 anos, foco quase exclusivo no direito administrativo e alcance razoavelmente nacional.

Na pesquisa, pretendemos comparar diferentes períodos. Mas a parte já tratada da base de dados, referente aos últimos 10 anos da revista (de 2011 a 2020), revela informações interessantes.

Nas 30 edições deste período (excluídas duas extraordinárias), foram 207 artigos publicados por brasileiros. Eles contêm referência a

6.162 fontes bibliográficas, das quais 2.186 correspondem a trabalhos de estrangeiros.

Apenas 64 estrangeiros obtiveram mais de 5 menções nas bibliografias consultadas (v. tabela a seguir). As estatísticas a seguir referem-se a eles.

Estes autores respondem por parcela significativa dos trabalhos de estrangeiros citados: 583 (26,6%). 16 deles são alemães, 15 são americanos e 10 são portugueses. Franceses são 5 e argentinos, ingleses e italianos empatam com 4.

Quando se contabiliza não o número de autores, mas o de menções dentro da amostra, eis os números, conforme a nacionalidade dos autores: EUA (28%), Alemanha (23%), Portugal (19%), França, Argentina e Espanha (5%), Itália, Inglaterra e Argentina (4%).

O campeão de citações é o americano Cass Sunstein, com 41 menções nas bibliografias consultadas. O português Gomes Canotilho (35) e o americano Richard Posner (25) vêm na sequência. Garcia de Enterría (20), Ronald Dworkin (18) e Robert Alexy (18) também tiveram destaque. Os primeiros autores da França (Jean Rivero) e da Itália (Sabino Cassese e Riccardo Guastini) tiveram somente 7 menções.

Os dados sugerem pelo menos três respostas à pergunta título deste texto.

1) Nossos administrativistas parecem pouco abertos à produção estrangeira feminina. Há apenas 3 mulheres entre os 64 estrangeiros mais citados: a portuguesa Maria Estorninho (12), a americana Susan Rose-Ackerman (8) e a alemã Hannah Arendt (6).
2) Fazem a cabeça de nossos administrativistas muitos "não juristas", como Habermas (19), Luhmann (6) e Marx (5). Vários destes são alemães (7 no total), o que pode significar que a influência específica da doutrina *jurídica* alemã pode ser menos significativa do que os números acima sugerem.
3) Os dados ainda serão comparados com os de outros períodos, mas parecem confirmar uma queda da influência das antes predominantes doutrinas francesa e italiana – e a ascensão paralela da americana. A propósito, entre os franceses que obtiveram mais de 5 menções, os dois únicos juristas já não estão mais vivos (René David e Jean Rivero), o que sugere uma fraca renovação da influência deste país.

APÊNDICE

Tabela com autores estrangeiros mais mencionados em bibliografias de artigos da *Revista de Direito Administrativo – RDA* nos últimos 10 anos (2011-2020)

Países	Autores	Menções
EUA	Cass Sunstein	41
Portugal	José Joaquim Gomes Canotilho	35
EUA	Richard Posner	25
Espanha	Eduardo Garcia de Enterría	20
Alemanha	Jürgen Habermas	19
Alemanha	Robert Alexy	18
EUA	Ronald Dworkin	18
Áustria	Hans Kelsen	17
EUA	Bruce Ackerman	15
Argentina	Agustín Gordillo	13
Alemanha	Ulrich Beck	12
Alemanha	Konrad Hesse	12
Portugal	Maria Estorninho	12
Portugal	Vital Moreira	12
Portugal	Paulo Otero	11
Espanha	Tomás-Ramón Fernández Rodríguez	10
Portugal	Jorge Miranda	10
Alemanha	Karl Larenz	9
EUA	Robert Dahl	8
EUA	Susan Rose-Ackerman	8
Inglaterra	Christopher Hodges	8
Alemanha	Otto Bachof	7
Alemanha	Harmut Maurer	7
Alemanha	Max Weber	7

Alemanha*	Immanuel Kant	7
Argentina	Guillermo O'Donnell	7
França	Jean Rivero	7
Inglaterra	Herbert L. A. Hart	7
Itália	Sabino Cassese	7
Itália	Riccardo Guastini	7
Portugal	José Carlos Vieira de Andrade	7
Portugal	José Manuel Sérvulo Correia	7
Portugal	Boaventura de Sousa Santos	7
Alemanha	Hannah Arendt	6
Alemanha	Niklas Luhmann	6
EUA	Stephen Holmes	6
França	René David	6
França	Alexis de Tocqueville	6
Holanda	Benedict Kingsbury	6
Inglaterra	Anthony Giddens	6
Israel	Daniel Kahneman	6
Polônia	Adam Przeworski	6
Portugal	Marcello Caetano	6
Portugal	Vasco Manoel Pereira da Silva	6
Alemanha	Carl Schmitt	5
Alemanha	Hans Julius Wolff	5
Alemanha	Rolf Stober	5
Alemanha	Friedrich Müller	5
Alemanha*	Karl Marx	5
Argentina	Juan Carlos Cassagne	5
Argentina	Roberto Dromi	5
EUA	James Buchanan	5
EUA	Steven Shavell	5
EUA	Adrian Vermeule	5
EUA	Frederick Schauer	5
EUA	Richard Thaler	5
EUA	Jeremy Waldron	5
EUA	Matthew McCubbins	5

EUA	Alan Mitchell Polinsky	5
França	François Ewald	5
França	Michel Foucault	5
Inglaterra	John Stuart Mill	5
Itália	Renato Alessi	5
Itália	Gustavo Zagrebelsky	5

Disponível em: https://www.jota.info/opiniao--e--analise/colunas/publicistas/.

Informação bibliográfica deste texto, conforme a NBR 6023:2018 da Associação Brasileira de Normas Técnicas (ABNT):

JORDÃO, Eduardo. Quais estrangeiros fazem a cabeça dos nossos administrativistas? – Uma investigação empírica sobre citações de autores estrangeiros. *In*: SUNDFELD, Carlos Ari; JORDÃO, Eduardo; MOREIRA, Egon Bockmann; MARQUES NETO, Floriano de Azevedo; BINENBOJM, Gustavo; CÂMARA, Jacintho Arruda; MENDONÇA, José Vicente Santos de; JUSTEN FILHO, Marçal; MONTEIRO, Vera. *Publicistas:* direito administrativo sob tensão. Belo Horizonte: Fórum, 2022. p. 79-83. ISBN 978-65-5518-311-5.

SOBRE DINHEIRO, DECISÃO E ARTE – QUANDO A REALIDADE DEMONSTRA QUE A SUPREMACIA DO INTERESSE PÚBLICO É INSERVÍVEL

FLORIANO DE AZEVEDO MARQUES NETO

O acervo de arte do Banco Santos foi leiloado para pagar credores. Juiz impediu que parte das obras ficasse no MAC, acessível ao público. Outra decisão, agora em Minas, impediu que o Estado aceitasse, em pagamento de dívida tributária, obras do acervo do museu de Inhotim. Lei aprovada no parlamento mineiro autorizava o recebimento das obras, que permaneceriam expostas ao público. O estado de MG aceitava os bens em pagamento. Na primeira, o Judiciário viu interesse público na satisfação dos credores. Na segunda, o recebimento das obras em pagamento foi negado. Na motivação, a juíza afirmou que sendo o museu privado, a manutenção das obras em Inhotim seria "contrária ao interesse público". O resultado das duas decisões: os acervos serão adquiridos por terceiros que as agregarão às suas coleções, privando a população de delas desfrutar. Em ambas, predominou o interesse do erário, grande credor dos devedores.

O debate é bem interessante. Ele põe luz no conceito jurídico de bem público. Marçal entende que objetos de arte são bens públicos, independente de serem propriedade privada. Obras expostas num museu aberto, mesmo que particular, estão consagradas em grande medida ao uso público.

As duas decisões destacam outro aspecto importante: a imprestabilidade do conceito de interesse público como motivação de decisão. Para os juízes, satisfazer o fisco é mais condizente com o interesse público que manter obras de arte acessíveis a toda a população. Têm uma visão fiscalista do interesse público, menos coletiva, mais dinheirista. A tendência tem crescido no Judiciário, emulada pela crise fiscal e por um certo vezo corporativo. Mas é perfeitamente sustentável defender haver mais relevância em manter tão importantes acervos consagrados ao público. Decidir baseado em um axioma e, pior, em fórmula com graves falhas epistêmicas torna a decisão imprestável. Qual interesse público está sendo consagrado? Por quê? Quais as consequências de se eleger um interesse público (cofres públicos) em detrimento do outro (cultura)? A decisão apoiada em dístico retórico, em suma, não soluciona o conflito. Serve só para adjudicar direitos a partir da visão pessoal do decisor.

As decisões falham não apenas por resultarem contrárias ao interesse coletivo. Falham por não cumprirem o dever de analisar as consequências. Uma reflexão mais detida sobre os efeitos de privar presentes e futuras gerações do desfrute dos acervos possivelmente alteraria a decisão. Descumpriram os magistrados o dever de bem decidir e a lei: o art. 20 da LINDB manda que a análise de consequências seja feita.

O interesse público, especialmente na vertente de sua suposta supremacia, ganhou corações e mentes por décadas. É ótimo para tertúlias acadêmicas. Mas é mau conselheiro para o dever de decidir. Porque imprestável para isso.

Informação bibliográfica deste texto, conforme a NBR 6023:2018 da Associação Brasileira de Normas Técnicas (ABNT):

MARQUES NETO, Floriano de Azevedo. Sobre dinheiro, decisão e arte – Quando a realidade demonstra que a supremacia do interesse público é inservível. In: SUNDFELD, Carlos Ari; JORDÃO, Eduardo; MOREIRA, Egon Bockmann; MARQUES NETO, Floriano de Azevedo; BINENBOJM, Gustavo; CÂMARA, Jacintho Arruda; MENDONÇA, José Vicente Santos de; JUSTEN FILHO, Marçal; MONTEIRO, Vera. *Publicistas:* direito administrativo sob tensão. Belo Horizonte: Fórum, 2022. p. 85-86. ISBN 978-65-5518-311-5.

O QUE O ENSINO JURÍDICO A DISTÂNCIA TROUXE DE BOM – A EXPERIÊNCIA ADQUIRIDA NA PANDEMIA PODE MUDAR O ENSINO PRESENCIAL E AUMENTAR O INTERCÂMBIO ACADÊMICO

JACINTHO ARRUDA CÂMARA

Já havia ministrado aulas a distância antes da pandemia. Isso ocorreu há muito tempo. Detestei a experiência e prometi não a repetir. Cumpri minha palavra até março deste ano. Veio a Covid-19, as aulas presenciais foram suspensas. Como estava conduzindo turmas na graduação e no mestrado, tive de realizar imediata migração para o ensino a distância. A universidade já oferecia plataforma para o ensino remoto. As aulas passaram a ser dadas a distância, de minha casa para a casa dos alunos, e a serem gravadas, ficando disponíveis para consultas posteriores. Também havia ferramentas para aplicação de atividades e avaliações.

Concluído o semestre, desfiz meu preconceito com o ensino a distância. Não que tenha passado a preferir o modo remoto ao presencial, longe disso, mas a experiência me fez tomar consciência de como essas ferramentas podem ser úteis ao desenvolvimento de boas práticas acadêmicas quando voltarmos à normalidade.

O ensino a distância pode substituir ou complementar de modo adequado aulas presenciais expositivas, inclusive na graduação. Torço para que essa potencial vantagem se torne o catalizador de uma já tardia revolução no método convencional de se ministrar o ensino jurídico. As aulas presenciais voltarão e, para que façam sentido, deverão assumir outro perfil. É preciso valorizar a energia, o tempo e os recursos dispendidos na realização de cada encontro. Esses momentos devem ter os alunos como protagonistas, cabendo ao professor o relevante e insubstituível papel de pautar e conduzir discussões, de corrigir e avaliar o desempenho dos alunos, tornando-se elemento fomentador de real aprendizagem e não veículo unilateral de reprodução de conteúdo.

Com os atuais meios de transmissão de conteúdo, se evidencia o anacronismo do método tradicional de aula. No passado recente, havia relativa dificuldade em se ter acesso à informação. Livros, artigos, monografias, revistas especializadas e até texto de lei eram fontes de difícil acesso ao aluno. O professor cumpria o importante papel de transmitir o conteúdo que havia amealhado em anos de experiência e estudo da disciplina. Com a internet, essas informações tornaram-se muito mais acessíveis. A aula expositiva ainda pode ser útil, mas não deve continuar ocupando o protagonismo do passado, muito menos quando se tratar de ensino presencial.

O intercâmbio entre instituições de diferentes estados e países também tem muito a ganhar. A reunião da comunidade acadêmica para atividades de pesquisa será mais fácil e, acredito, se tornará mais frequente (bancas, seminários e aulas em geral). Toda essa tecnologia já estava à disposição há algum tempo, mas a implantação maciça do ensino a distância tende a acelerar o processo de absorção dessas novas tecnologias.

Espero que dessa experiência resultem duas boas mudanças para o ensino jurídico: redefinição e valorização das aulas presenciais; incorporação dos meios de ensino a distância para maior integração nas atividades de pesquisa jurídica.

Informação bibliográfica deste texto, conforme a NBR 6023:2018 da Associação Brasileira de Normas Técnicas (ABNT):

CÂMARA, Jacintho Arruda. O que o ensino jurídico a distância trouxe de bom – A experiência adquirida na pandemia pode mudar o ensino presencial e aumentar o intercâmbio acadêmico. In: SUNDFELD, Carlos Ari; JORDÃO, Eduardo; MOREIRA, Egon Bockmann; MARQUES NETO, Floriano de Azevedo; BINENBOJM, Gustavo; CÂMARA, Jacintho Arruda; MENDONÇA, José Vicente Santos de; JUSTEN FILHO, Marçal; MONTEIRO, Vera. *Publicistas*: direito administrativo sob tensão. Belo Horizonte: Fórum, 2022. p. 87-88. ISBN 978-65-5518-311-5.

A VIDA É MUITO CURTA PARA TANTA PALESTRA JURÍDICA – POR UMA SOCIOLOGIA DA PALESTRA DE ADVOGADO

JOSÉ VICENTE SANTOS DE MENDONÇA

Houve época, no primeiro ano do resto de nossas vidas (ou seja: no ano passado), ali por abril ou maio, em que mergulhamos num frenesi de *lives*. Um celular na mão, uma ideia na cabeça – uma palestra jurídica na tela. O mundo do direito, que já não vivia de poucas comunicações orais, foi tomado por cabecinhas pensantes movidas a *likes*. Drummond anotou que a vida é curta, mas os dias são longos; faltou dizer que as palestras jurídicas são muitas, às vezes, terrivelmente longas.

Claro que não é viável falar coisas novas ou interessantes todo o tempo. Então é aquilo: o palestrante palestra a outros palestrantes, que, por sua vez, palestrarão palestras parecidas. Poderia ser uma rima: é uma solução. E, sim, é frequente que os temas decorram de modismos. A Lei de Liberdade Econômica já está *passée*. *Compliance*? Tão 2019. A Nova Lei de Licitações, quando entrar inteiramente em vigor, estará datada. Lembra quando o *blockchain* era legal em palestra? Pois é. A palestra jurídica tem pressa.

Apesar de hiperansiosa, a palestra jurídica, virtual ou não, segue padrão clássico. Ela começa com elogios recíprocos. A julgar então pelos introitos, o mundo dos juristas seria lugar em que as pessoas se gostariam profundamente. (*Spoiler*: não é assim.) Quanto ao conteúdo, o fato é que a maior parte das boas palestras são pessoas interessantes falando de coisas que talvez não sejam tão interessantes. Ainda assim, palestras são péssimas desculpas para você não ler o livro ou o artigo. É como uma *live action* a partir de um mangá: corta coisa demais, mas tenta compensar com gracinhas.

Como palestras de advogado não são comunicações científicas, seus debates não são debates; são, digamos, minipalestras solipsistas. E tome aquelas longuíssimas não perguntas que se encerram assim: "e então, o que você acha disso tudo que acabei de falar?". Isso, claro, não é exclusividade do direito, mas é acentuado por nossa egolatria de cada dia. Nossos loucos de palestra são ainda mais loucos do que os dos outros. O que mostra como somos, afinal, especiais.

Seja como for, há formas de se extrair conteúdo útil de boa parte das palestras jurídicas. Há dicas válidas: palestrantes novos costumam ter novas ideias; identifique a nova série de palestras do palestrante frequente, e só assista ao início da temporada; palestras em ambientes acadêmicos tendem a ser mais profundas; palestras em ambientes de negócios são exposições de venda; se a palestra é divertida demais, talvez seja mais entretenimento do que conteúdo etc.

Enfim: compreendemo-nos ao compreender nossas idiossincrasias e rituais. Nem tudo em nossas palestras é energia útil; há dissipação de calor; há espuma; mas seguimos em frente, advogados e advogadas, entre elogios públicos e perorações, criando um direito cada dia mais expansivo e, ao menos, superficialmente dialógico (o que já é um começo).

Mas você aí, com a mão levantada, gostaria de fazer uma colocação. Ouçamos.

Informação bibliográfica deste texto, conforme a NBR 6023:2018 da Associação Brasileira de Normas Técnicas (ABNT):

MENDONÇA, José Vicente Santos de. A vida é muito curta para tanta palestra jurídica – Por uma sociologia da palestra de advogado. *In*: SUNDFELD, Carlos Ari; JORDÃO, Eduardo; MOREIRA, Egon Bockmann; MARQUES NETO, Floriano de Azevedo; BINENBOJM, Gustavo; CÂMARA, Jacinto Arruda; MENDONÇA, José Vicente Santos de; JUSTEN FILHO, Marçal; MONTEIRO, Vera. *Publicistas*: direito administrativo sob tensão. Belo Horizonte: Fórum, 2022. p. 89-90. ISBN 978-65-5518-311-5.

PARTE III
PROVOCAÇÕES PARA O NOVO DIREITO PÚBLICO

A INDISPONIBILIDADE DO INTERESSE PÚBLICO AINDA FAZ ALGUM SENTIDO? – BOA-FÉ, COOPERAÇÃO E CONSENSUALIDADE SÃO OS FUNDAMENTOS DO DIREITO PÚBLICO

EGON BOCKMANN MOREIRA

A oposição interesses indisponíveis *v.* disponíveis foi, por longo tempo, a pedra de toque da separação entre direito público e privado. Nascidas há séculos, as fórmulas da indisponibilidade do interesse público e autonomia da vontade privada seduziram muitos. Hoje, não mais se sustentam.

Lá longe, a *summa divisio* remonta a fragmentos de Ulpiano. Renovou-se quando da construção do regime jurídico-administrativo em solo francês. Então, o Conselho de Estado sacava os conceitos do Código Civil e, ao adjetivá-los de administrativos, construía a própria competência. Assim, a classificação já teve sua razão de existir (especialmente na jurisdição administrativa).

Ao sul do Equador, as ideias de supremacia e indisponibilidade colaboraram na emancipação do direito administrativo. Hoje, já adulto, ele não precisa desse cercadinho. Sabe cuidar do próprio nariz e conviver com os outros, integrando-se e aprendendo com eles.

Por um lado, o direito público ingressou e orienta a aplicação do direito privado. Pensemos na incidência horizontal dos direitos fundamentais. Por outro, o direito privado penetrou no direito público. Gestão privada de serviços públicos, empresas estatais, arbitragem e mediação bastam para provar a existência cotidiana do direito privado administrativo.

Claro que sempre haverá situações de indisponibilidade. Mas isso não é privilégio da Administração Pública. As pessoas privadas não podem abdicar de sua própria dignidade nem da liberdade de trabalho. Logo, é bastante equivocado o absolutismo da indisponibilidade do interesse público.

O que existe são graus de disponibilidade, que se intensificam a depender da respectiva previsão legal. Só o exame das normas jurídicas, caso a caso, desde a Constituição até o ato, passando pelas leis e regulamentos, revelará do que se pode (ou não) dispor. O exemplo do contrato administrativo é revelador.

Se a Administração Pública dispôs, fez escolhas a respeito dos termos do edital e contrato, tais interesses não são indisponíveis. Houve opções ao alcance do gestor, que geraram alternativas legítimas. O mesmo se diga do lado avesso: a pessoa privada, que aceitou tais termos e optou por se submeter a certas normas do regime estatutário-administrativo, limitou sua autonomia de vontade pelo prazo do contrato.

Constatação que assume especial sentido diante da negociação administrativa. Melhor: da competência discricionária negocial. Não faz sentido algum falar de inviabilidade ou desfazimento de negociação administrativa em decorrência de suposta indisponibilidade do interesse público. Prevalecem a boa-fé, a cooperação e a consensualidade. Afinal, como ensinou o saudoso Diogo de Figueiredo Moreira Neto, não se negocia o interesse público, mas sim os modos de atingi-lo com maior eficiência. Disponibilidade, cooperação e consenso – esses são os fundamentos do direito público deste século XXI.

Informação bibliográfica deste texto, conforme a NBR 6023:2018 da Associação Brasileira de Normas Técnicas (ABNT):

MOREIRA, Egon Bockmann. A indisponibilidade do interesse público ainda faz algum sentido? – Boa-fé, cooperação e consensualidade são os fundamentos do direito público. In: SUNDFELD, Carlos Ari; JORDÃO, Eduardo; MOREIRA, Egon Bockmann; MARQUES NETO, Floriano de Azevedo; BINENBOJM, Gustavo; CÂMARA, Jacintho Arruda; MENDONÇA, José Vicente Santos de; JUSTEN FILHO, Marçal; MONTEIRO, Vera. *Publicistas*: direito administrativo sob tensão. Belo Horizonte: Fórum, 2022. p. 93-94. ISBN 978-65-5518-311-5.

CRISE, OPORTUNISMO E O RETORNO DA SUPREMACIA DO INTERESSE PÚBLICO: O PÊNDULO QUE NÃO VOLTOU

GUSTAVO BINENBOJM

Logo que a pandemia foi reconhecida e a calamidade decretada, algumas páginas esmaecidas do direito administrativo foram como que retiradas da gaveta de naftalina. Invocando uma suposta volta do pêndulo, juristas crédulos – que creem no eterno retorno – rapidamente anunciaram a repristinação da supremacia do interesse público. O estado de necessidade administrativo instaurado pela crise seria a prova definitiva de que o giro democrático-constitucional do direito administrativo não passara de uma conspiração neoliberal. Afinal, pela tonificação de institutos como poder de polícia, requisição e discricionariedade, a potestade estatal teria recuperado a primazia de outrora em Pindorama.

Não creio que haja algo assim em curso no Brasil. Primeiro, porque o direito administrativo é uma caixa de ferramentas que permite o uso de variados instrumentos, conforme as circunstâncias e necessidades. Segundo, porque a sua evolução incremental é compatível com adaptações a situações de anormalidade, dando ensejo a uma *juridicidade da excepcionalidade*. Terceiro, porque reconhecer a legitimidade do uso de competências potestáticas pelo Estado, sob os marcos da lei e da Constituição, não significa endossar qualquer concepção de supremacia do interesse público.

Não há, em termos aprioristicos, nem supremacia do Estado, nem sujeição geral dos particulares, mas um plexo dúctil de conformações possíveis entre direitos individuais e metas coletivas, que fazem das funções administrativas uma reserva técnica a serviço da realização coordenada da democracia e dos direitos fundamentais. Essas funções são habilitadas e delimitadas, a um só tempo, pela necessidade de estruturação interna do sistema de direitos fundamentais – cuja consistência exige restrições que os limitem e os viabilizem, simultaneamente – e de conformações desses direitos à luz de objetivos coletivos, sob a forma da deliberação democrática.

Por último, mas não menos importante, não houve nenhum hiato no estado de direito durante a pandemia. O poder de polícia sanitário foi exercido e controlado amplamente pelo Poder Judiciário. A discricionariedade seguiu sendo podada sempre que aos juízes ela pareceu confundir-se com arbitrariedade. O Supremo ratificou a Constituição ao proclamar o exercício compartilhado das competências sanitárias, conferindo até certo protagonismo aos entes subnacionais. Quanto às requisições, nem chegaram a ser manejadas de forma relevante, tendo a Justiça restringido o seu uso descabido pela União. Por fim, o isolamento de contaminados e o distanciamento social horizontal, o uso obrigatório de máscaras e a retomada das atividades de forma gradual são normas de sociabilidade que apenas representam o exercício compartilhado da liberdade. Nada a ver com supremacia, mas com prudência e responsabilidade, pois cada um depende dos demais para ser livre. Superar o estágio da imunidade jurídica do poder estatal foi uma longa jornada. Não há retrocesso possível e não há nenhum ganho civilizatório em retroceder.

Informação bibliográfica deste texto, conforme a NBR 6023:2018 da Associação Brasileira de Normas Técnicas (ABNT):

BINENBOJM, Gustavo. Crise, oportunismo e o retorno da supremacia do interesse público: o pêndulo que não voltou. *In*: SUNDFELD, Carlos Ari; JORDÃO, Eduardo; MOREIRA, Egon Bockmann; MARQUES NETO, Floriano de Azevedo; BINENBOJM, Gustavo; CÂMARA, Jacintho Arruda; MENDONÇA, José Vicente Santos de; JUSTEN FILHO, Marçal; MONTEIRO, Vera. *Publicistas*: direito administrativo sob tensão. Belo Horizonte: Fórum, 2022. p. 95-96. ISBN 978-65-5518-311-5.

LEGITIMIDADE DO ATO ADMINISTRATIVO: PRESUNÇÃO OU FICÇÃO? – A LEGALIDADE ADMINISTRATIVA SOBREPÕE-SE À PRESUNÇÃO DE LEGITIMIDADE

MARÇAL JUSTEN FILHO

A "presunção de legitimidade" é um dos atributos do ato administrativo. Essa é uma das questões mal compreendidas do direito. No Estado de direito, é vedado fazer justiça com as próprias mãos. Salvo exceções, os litígios são compostos por sujeito independente. Em regra, isso cabe ao Estado. O litigante deve provocar o Judiciário. Instaurado o devido processo, norteado por contraditório e ampla defesa, o juiz decidirá quem tem razão.

Aplicar esse modelo à atividade administrativa estatal criaria risco de danos a interesses protegidos pelo direito. Se a tutela dos atos administrativos dependesse de atuação do Judiciário, haveria demora insuportável e acúmulo de processos judiciais.

Por isso, os provimentos administrativos são vinculantes. Como regra, a Administração não necessita recorrer ao Judiciário para compor litígios. Nem é exigida a intervenção judicial para a execução do ato administrativo. A Administração é competente para emitir e executar os próprios atos.

Isso não significa imunidade do ato administrativo ao controle jurisdicional. O regime democrático assegura ao particular o direito de ação, inclusive para a revisão do ato administrativo.

A "presunção de legitimidade" é a solução teórica para compatibilizar essas duas facetas, que são a eficácia vinculante e o controle jurisdicional do ato administrativo. Presume-se que a Administração obedece ao direito ao praticar os seus atos, mas isso não afasta o controle jurisdicional da validade deles.

A presunção de validade do ato administrativo é relativa, o que significa a inversão do ônus da prova. O indivíduo tem o encargo de provar a invalidade.

Mas essa presunção relativa é subordinada ao princípio da legalidade da atividade administrativa. A legalidade se sobrepõe à presunção de legitimidade.

O ato administrativo somente pode ser presumido como legítimo quando não for manifestamente incompatível com a ordem jurídica. A conduta administrativa que infringe de modo evidente o direito não é acobertada pela presunção de legitimidade. O decreto de utilidade pública para desapropriação de imóvel de desafeto do governante, sem o devido processo administrativo, não goza de presunção de legitimidade. Porque foi produzido sem a observância das exigências de forma e de conteúdo.

Para surgir a presunção de legitimidade é necessário à Administração evidenciar a observância dos requisitos mínimos de forma e conteúdo previstos em lei. Atos incompatíveis com a ordem jurídica não são presumidos legítimos apenas porque praticados por agente administrativo.

Presunção – especialmente a relativa – não se confunde com ficção. Há ficção quando o direito estabelece uma realidade jurídica distinta da realidade dos fatos. Aprovar um ato com ilegalidade evidente, invocando a legitimidade da atividade administrativa, equivale a transformar a presunção em uma ficção. E isso é incompatível com o Estado democrático de direito.

Informação bibliográfica deste texto, conforme a NBR 6023:2018 da Associação Brasileira de Normas Técnicas (ABNT):

JUSTEN FILHO, Marçal. Legitimidade do ato administrativo: presunção ou ficção? – A legalidade administrativa sobrepõe-se à presunção de legitimidade. *In*: SUNDFELD, Carlos Ari; JORDÃO, Eduardo; MOREIRA, Egon Bockmann; MARQUES NETO, Floriano de Azevedo; BINENBOJM, Gustavo; CÂMARA, Jacintho Arruda; MENDONÇA, José Vicente Santos de; JUSTEN FILHO, Marçal; MONTEIRO, Vera. *Publicistas*: direito administrativo sob tensão. Belo Horizonte: Fórum, 2022. p. 97-98. ISBN 978-65-5518-311-5.

DISCRICIONARIEDADE É SACANAGEM? VINCULAÇÃO É INEFICIÊNCIA? – A RESPOSTA É PESQUISA, TECNOLOGIA – E A PALAVRA "MU"

JOSÉ VICENTE SANTOS DE MENDONÇA

Você, leitora amiga, concorda que (a) há burocracia e controles excessivos incidindo sobre a atuação do gestor público. A Lei n° 8.666/93 é mais cipoal de regrinhas do que norma inteligente. Sem falar no medo dos controles, que pode gerar interpretações defensivas de quem decide como gastar o dinheiro do povo. É preciso permitir a inovação – e o erro de boa-fé – na Administração.

Mas você também concorda que (b) muita flexibilidade na contratação pública pode dar ruim. Estamos em Pindorama, terra em que administradores aproveitam pandemias para passar a boiada. Mestre Floriano de Azevedo Marques, em palestra, lançou a braba: "No Brasil, gestor público com excesso de discricionariedade é sacanagem na veia".

Temos, aqui, os elementos de um dilema: mais discricionariedade pode gerar contratos melhores, mas, também, corrupção; mais vinculação e mais controle pode representar menos espaço imediato à corrupção – e contratos mais caros e piores. Como resolvê-lo?

A resposta pode estar na literatura pós-*hippie*. Robert Pirsig escreveu um clássico literário dos anos 70, *Zen e a arte de manutenção de motocicletas*. É uma *road trip* em que o alter ego do autor anda de moto pelos EUA enquanto faz reflexões filosóficas. Em certo momento, informa: para o budismo zen, a toda pergunta correspondem três respostas – "sim", "não", e "*mu*", que significa "desfaça a pergunta".

A solução do dilema, por exemplo no campo dos contratos públicos – mas aplicável a todo o direito administrativo –, não é mais uma ou mais outra. É reformular a pergunta: qual a vinculação que nos interessa? Como criar discricionariedades inteligentes? E, para tanto, hoje temos instrumentos úteis: a pesquisa e a tecnologia. Precisamos de estudos randomizados controlados. De regressões estatísticas. Numa palavra: de experimentos. Será que nossas impressões – tanto (a) quanto (b) – confirmam-se em todos os casos? Em quais contratos? Quais os fatores influentes? O que é correlação e o que é causalidade?

E, uma vez sabendo do que estamos falando, a tecnologia pode oferecer algumas soluções (não todas, não de modo perfeito, e dando desconto à marketagem). Mais liberdade para o gestor – mas com prevenção a desvios via análise de dados. Flexibilidade customizada conforme haja obtenção de metas. Previsão algorítmica de custos. Até na seleção de pessoal a tecnologia ajuda: a tecnologia que nos empurra propaganda nas redes sociais pode identificar servidores mais adaptados a atuar como pregoeiros ou gestores de contratos. De certa forma, o relativo sucesso do pregão eletrônico – antes um instrumento tecnológico do que uma modalidade jurídica – prova o ponto. Não precisamos de mais discricionariedade ou de mais vinculação: precisamos de *tecnologias inteligentes da discricionariedade e da vinculação*.

Mas precisamos, sobretudo, ler o ótimo livro do Robert Pirsig.

Informação bibliográfica deste texto, conforme a NBR 6023:2018 da Associação Brasileira de Normas Técnicas (ABNT):

MENDONÇA, José Vicente Santos de. Discricionariedade é sacanagem? Vinculação é ineficiência? – A resposta é pesquisa, tecnologia – e a palavra "mu". *In*: SUNDFELD, Carlos Ari; JORDÃO, Eduardo; MOREIRA, Egon Bockmann; MARQUES NETO, Floriano de Azevedo; BINENBOJM, Gustavo; CÂMARA, Jacintho Arruda; MENDONÇA, José Vicente Santos de; JUSTEN FILHO, Marçal; MONTEIRO, Vera. *Publicistas*: direito administrativo sob tensão. Belo Horizonte: Fórum, 2022. p. 99-100. ISBN 978-65-5518-311-5.

A DISCRICIONARIEDADE DIZ RESPEITO A SOLUÇÕES – DISCRICIONARIEDADE 4.0: O GESTOR PÚBLICO PODE SE VER DIANTE DE OPÇÕES INTERMINÁVEIS, MAS TEM O DEVER DE DECIDIR

EGON BOCKMANN MOREIRA

Tempos atrás, nossa vida era feita de escolhas simples. Ao final do almoço, pedíamos um café e vinha... um café. Hoje, recebemos perguntas como resposta: cafeína ou *decaf*?; expresso ou coado?; *doppio*, *ristretto* ou *lungo*? Nem o entretenimento escapa: às vezes, abro o Spotify ou o Netflix e fico mais tempo vendo listas do que me divertindo. A vontade é abrir mão. Todavia, existem situações em que não se pode desistir. Então, o que fazer?

Bem vistas as coisas, a principal marca contemporânea é a multiplicidade de alternativas. Ela não se dá só na vida privada. O direito administrativo não tem como escapar – e é bom que nem tente, eis que escolhas precisam ser feitas. O gestor público pode se ver diante de opções intermináveis, mas tem o dever de decidir. Nesse cenário, quem pode dizer o que melhor atende ao interesse público? Como fica a discricionariedade?

Ora, o direito administrativo foi construído num mundo com poucas opções. Estamos falando do período pré-revolução tecnológica, quando tudo era analógico: os cálculos (manuais); os textos (em papel) e a informação (estática). O conhecimento formado por dados coerentes. O administrador dispunha de duas ou três alternativas, consensuais na teoria e prática, a gerar preferência pelo máximo de qualidades positivas. A lei e os fatos o habilitavam a fazer decisões superiores (comparáveis com as inferiores).

Daí a construção de que a discricionariedade traria consigo o dever de tomar a decisão mais apropriada e eficiente. Teoria replicada nos órgãos de controle e juízos quanto à qualidade do ato (o meu é melhor do que o seu, numa competição entre os poderes do Estado).

Mas fato é que isso simplesmente não mais existe. Habitamos um mundo complexo, com muitas opções – e não temos como saber se uma é melhor do que a outra. Só em 2002 foram acrescentados cinco *exabytes* de informação aos acervos mundiais: 1 quintilhão (1 bilhão de bilhões) de *bits*, equivalentes a 37 mil bibliotecas do Congresso dos EUA. As revistas acadêmicas produzem número equivalente de artigos, enquanto STF e STJ publicam sequências de acórdãos dissonantes. Essa é a nossa vida, regida por alternativas dinâmicas. Administração e órgãos de controle sabem disso: fala-se na qualidade técnica do TCU, que o habilitaria a se comportar como se gestor público fosse...

A instabilidade também se dá entre teorias para mundos simples e escolhas num universo de complexidades. Não adianta dizer "só um café" e, depois, reclamar, pois não veio o melhor. Existe a necessidade, urgente, de reconfigurarmos a noção de discricionariedade.

A discricionariedade 4.0 blinda a escolha do gestor e afasta cogitações quanto a decisões melhores ou piores. Nem precisamos gostar delas, mas respeitar o procedimento decisório e alternativas disponíveis. Melhor é a decisão tempestiva pela autoridade competente, nada mais nem nada menos. Precisamos de soluções, não de problemas discricionários.

Informação bibliográfica deste texto, conforme a NBR 6023:2018 da Associação Brasileira de Normas Técnicas (ABNT):

MOREIRA, Egon Bockmann. A discricionariedade diz respeito a soluções – Discricionariedade 4.0: o gestor público pode se ver diante de opções intermináveis, mas tem o dever de decidir. *In*: SUNDFELD, Carlos Ari; JORDÃO, Eduardo; MOREIRA, Egon Bockmann; MARQUES NETO, Floriano de Azevedo; BINENBOJM, Gustavo; CÂMARA, Jacintho Arruda; MENDONÇA, José Vicente Santos de; JUSTEN FILHO, Marçal; MONTEIRO, Vera. *Publicistas*: direito administrativo sob tensão. Belo Horizonte: Fórum, 2022. p. 101-102. ISBN 978-65-5518-311-5.

ISONOMIA SOCORRE AOS QUE DORMEM? – VISÃO PLANA DO PRINCÍPIO DA ISONOMIA ACABA POR DESINCENTIVAR INOVAÇÃO E APERFEIÇOAMENTO NA GESTÃO PÚBLICA

FLORIANO AZEVEDO MARQUES NETO

Iniciativa recente de uma jornalista e alguns donos de restaurantes no centro de São Paulo gerou celeuma. Impedidos de funcionar plenamente por causa da pandemia, eles procuraram a Prefeitura e propuseram solução transitória: regulamentar o uso excepcional das calçadas lindeiras aos estabelecimentos para instalar mesas ao ar livre, com menos risco de contaminação dos clientes. A Administração gostou da proposta, realizou estudos, ouviu órgãos competentes e iniciou a implementação. Veiculada a notícia, vieram as críticas. Um célebre cozinheiro, que se notabilizou como astro midiático de concursos de culinária, verteu nas redes as mais veementes: a medida da Prefeitura afrontaria a isonomia pois os demais restaurantes não seriam igualmente beneficiados, ao menos de imediato.

Menos que a polêmica gastronômica, o debate iluminou questão fundamental para o direito público: a isonomia proíbe a oferta de boas ideias para a gestão pública?

A visão plana, ligeira e superficial de isonomia está no cerne do nosso atraso administrativo. O regime de licitações, por exemplo, impede o particular, que adquiriu tecnologia mais eficiente, de formular proposta diferente da tradicional. Novas tecnologias só são aceitas se o órgão licitante as tiver demandado e se já estiverem disponíveis a todos. É um forte desestímulo à inovação. A proteção patentária ao inventor vem sendo desafiada legislativa e judicialmente. Se um gestor público convencer o responsável por um acordo de leniência a destinar recursos a seu projeto, viável e de grande utilidade pública, logo a doação será questionada como não isonômica. Se o particular descobre um modo novo de atender à demanda do Poder Público e a ideia é aceita pelo gestor, ambos serão acusados de improbidade por violação à imparcialidade. Essa visão plana também interditou a continuidade das manifestações de interesse em concessões.

Por essa acepção estranha, a isonomia acaba apropriada por quem só espera que o Estado trabalhe em seu benefício. É um incentivo à inércia e à eternização da ineficiência. É o próprio ócio premiado.

Isonomia, porém, não é sinônimo de uniformidade plana. Não é tratamento indiscriminado. Administrar é arbitrar conflitos e tomar decisões ponderadas para otimizar o bem comum. Se rejeita particularismos, não deve homenagear a inércia, a falta de iniciativa.

A verdadeira isonomia, protegida pelo direito, é outra. É a vedação ao privilégio irrazoável, ao favorecimento desproporcional ou ao compadrio. Mas, havendo justificação para o discrímen, transparência mínima (não aquela que desincentiva a inovação) e benefício à coletividade, é lícito e desejável o tratamento não uniforme.

A reprodução irrefletida de concepções superficiais de direito administrativo, mormente aquelas com apelo axiológico, não é neutra no nosso subdesenvolvimento. Na verdade, é parte do problema.

Informação bibliográfica deste texto, conforme a NBR 6023:2018 da Associação Brasileira de Normas Técnicas (ABNT):

MARQUES NETO, Floriano de Azevedo. Isonomia socorre aos que dormem? – Visão plana do princípio da isonomia acaba por desincentivar inovação e aperfeiçoamento na gestão pública. In: SUNDFELD, Carlos Ari; JORDÃO, Eduardo; MOREIRA, Egon Bockmann; MARQUES NETO, Floriano de Azevedo; BINENBOJM, Gustavo; CÂMARA, Jacintho Arruda; MENDONÇA, José Vicente Santos de; JUSTEN FILHO, Marçal; MONTEIRO, Vera. *Publicistas: direito administrativo sob tensão*. Belo Horizonte: Fórum, 2022. p. 103-104. ISBN 978-65-5518-311-5.

SÚMULA Nº 473: É HORA DE DIZER ADEUS – ELA CUMPRIU SEU PAPEL, MAS HOJE TRAZ PROBLEMAS

EGON BOCKMANN MOREIRA

Imagine um processo decorrente de loteamento com alvarás cassados, julgado em 1955. Pense num mandado de segurança de 1964, a propósito do enquadramento forçado de servidores. Ou, no mesmo ano, outra segurança, contra ato que revogou a instalação de moinho de trigo na cidade do Rio de Janeiro. Curioso? Então, veja o último: alguém que recebeu, também em 1964, autorização para um estacionamento, poderia nele incorporar um posto de combustíveis?

São estes os quatro casos que levaram o STF a editar a Súmula nº 473, com a seguinte regra:

A administração pode anular seus próprios atos, quando eivados de vícios que os tornam ilegais, porque dêles não se originam direitos; ou revogá-los, por motivo de conveniência ou oportunidade, respeitados os direitos adquiridos, e ressalvada, em todos os casos, a apreciação judicial.

À época, foi um avanço. Todavia, hoje não fornece soluções aos desafios do direito público.

Afinal, seu pressuposto é o de que as nulidades do direito administrativo são absolutas – e não geram direito algum, a quem quer que seja, em qualquer situação. Nem mesmo quando o particular confiou, de boa-fé, na Administração Pública. Tampouco naqueles atos e contratos praticados há décadas, estabilizados pela segurança jurídica. Nada disso resiste à literalidade da Súmula nº 473. Mas, em especial quanto às nulidades, ela se tornou incompatível com a legislação atual.

Desde 1990, é válido o compromisso de ajustamento em casos de danos e nulidades gravíssimos, tutelados pela Lei de Ação Civil Pública. Em 1999, a Lei de Processo Administrativo determinou que a Administração, sempre que possível, convalide seus atos ao invés de os anular. Também a Lei de Controle de Constitucionalidade definiu que, "em vista razões de segurança jurídica ou de excepcional interesse social", o STF pode restringir os efeitos da declaração e, assim, preservar atos praticados à luz da legislação inconstitucional. Também a Lei de Mediação e o Código de Processo Civil incentivam acordos como solução para conflitos com a Administração Pública. Mas a cereja do bolo é a Lei de Introdução – a LINDB, que autoriza compromissos para "eliminar irregularidade, incerteza jurídica ou situação contenciosa na aplicação do direito público".

A legalidade vigente nos dias de hoje nos diz que a Administração Pública não pode simplesmente anular seus próprios atos, nem mesmo os "eivados de vícios que os tornam ilegais". Ao contrário: deve envidar os melhores esforços para sanear, convalidar e assumir compromissos. Já se passou o tempo da Administração não igualitária, repressiva e subordinada ao passado. O direito não aceita decisões que contrariem a boa-fé, a confiança legítima e a segurança jurídica. Mesmo se o ato for nulo, dele podem advir soluções que criem valor – e não só problemas, como naqueles casos julgados há mais de 50 anos. Está na hora de dizer adeus, com todas as honras e glórias, à Súmula nº 473.

Informação bibliográfica deste texto, conforme a NBR 6023:2018 da Associação Brasileira de Normas Técnicas (ABNT):

MOREIRA, Egon Bockmann. Súmula nº 473: é hora de dizer adeus – Ela cumpriu seu papel, mas hoje traz problemas. In: SUNDFELD, Carlos Ari; JORDÃO, Eduardo; MOREIRA, Egon Bockmann; MARQUES NETO, Floriano de Azevedo; BINENBOJM, Gustavo; CÂMARA, Jacintho Arruda; MENDONÇA, José Vicente Santos de; JUSTEN FILHO, Marçal; MONTEIRO, Vera. *Publicistas: direito administrativo sob tensão*. Belo Horizonte: Fórum, 2022. p. 105-106. ISBN 978-65-5518-311-5.

ROMPER COM O DIREITO ADMINISTRATIVO ESTÁVEL? – PARA MELHORAR A GESTÃO PÚBLICA, O CAMINHO É MODERNIZAR A ESTABILIDADE

CARLOS ARI SUNDFELD

A discussão sobre o fim da estabilidade dos servidores voltou. Autoridades cogitam emenda constitucional para acabar com ela, em todas ou em algumas carreiras. A polêmica está fervendo.

Servidores e muitos juristas defendem a estabilidade. O argumento é forte: proteger servidores impede perseguições, garante a imparcialidade e o interesse público. Já a crítica é comum entre pessoas do setor privado e economistas, também com ótimo argumento: a estabilidade afeta a imparcialidade. Servidores protegidos priorizam os próprios interesses, acomodam-se e não assumem risco pessoal em nome do interesse público.

Quem tem razão? Difícil dizer. O tema é perfeito para inaugurar a Coluna Publicistas, para a qual também estão confirmados os profs. Eduardo Jordão (FGV-RJ), Egon Bockmann Moreira (UFPR), Floriano de Azevedo Marques Neto (USP), Gustavo Binenbojm (UERJ), Jacintho Arruda Câmara (PUC-SP), José Vicente Santos de Mendonça (UERJ),

Marçal Justen Filho e Vera Monteiro (FGV-SP). Acadêmicos que, mesmo amigos, brigam bastante por suas ideias.

Se há tanta oferta nas redes, por que tentar mais uma coluna semanal eletrônica sobre direito administrativo? É que há coisas interessantes acontecendo em nossa área. E professores gostam de expor enfoques, provocar – por vezes até ouvir os outros. Isso justifica a coluna, que terá artigos curtos e diretos, cada autor com seu próprio estilo, visão e interesses. O desafio não é forçar unidade de opinião. Ao contrário, é gerar debates quentes, se possível. Se houver divergência, mais divertido.

No meu caso, o sonho é participar da invenção coletiva de um direito administrativo aberto. Gostaria de ser capaz de olhar para os assuntos pela ótica experimentalista, longe das ortodoxias e do principismo, atento a problemas da realidade e buscando soluções. Suspeito que alguns de meus colegas pensarão diferente ou terão receios. Melhor.

Quanto ao debate sobre os servidores públicos, o que sugere uma visão jurídica aberta? Que, ao invés do contra ou a favor, se valorize a discussão sobre o possível espaço para modernizar o conceito e o regime da estabilidade. Dá para fazer isso sem mudar normas constitucionais.

Exemplo. A Constituição não impõe que a aquisição da estabilidade ao fim do estágio probatório seja garantida a todos que alcancem desempenho suficiente. Uma nova lei pode reservá-la só aos melhores da turma, estendendo ao estágio a lógica competitiva do concurso, com a vantagem de se medir atividade concreta dos servidores.

Outro exemplo. A demissão é regulada nas leis, não na Constituição. São leis construídas há décadas com visão individualista, quase penal. Por que não rever isso, com base na moderna experiência com a gestão de pessoas? Com visão funcional, dá para criar outras causas de demissão (como a má adaptação ao cargo) e melhorar muito a eficiência dos processos de demissão. Mas, para construir soluções inovadoras, é preciso abandonar dogmas, ousar, conviver com a incerteza e experimentar soluções. Vamos juntos?

Informação bibliográfica deste texto, conforme a NBR 6023:2018 da Associação Brasileira de Normas Técnicas (ABNT):

SUNDFELD, Carlos Ari. Romper com o direito administrativo estável? – Para melhorar a gestão pública, o caminho é modernizar a estabilidade. *In*: SUNDFELD, Carlos Ari; JORDÃO, Eduardo; MOREIRA, Egon Bockmann; MARQUES NETO, Floriano de Azevedo; BINENBOJM, Gustavo; CÂMARA, Jacintho Arruda; MENDONÇA, José Vicente Santos de; JUSTEN FILHO, Marçal; MONTEIRO, Vera. *Publicistas*: direito administrativo sob tensão. Belo Horizonte: Fórum, 2022. p. 107-108. ISBN 978-65-5518-311-5.

PANDEMIA E CONCESSÕES: A CRIAÇÃO DE UMA ÁLEA "MUITO" EXTRAORDINÁRIA? – REPARTIÇÃO DE CUSTOS ENTRE AS PARTES DA CONCESSÃO NÃO É SOLUÇÃO JUSTA

EDUARDO JORDÃO

Até pouco tempo, uma pandemia como evento atinente à álea extraordinária, cujos impactos sobre contratos de concessão deveriam ser suportados pelo Poder Concedente, era o chamado "exemplo de manual", tão didático quanto óbvio, na linha do art. 65, II, "d", da Lei nº 8.666/93. Mas foi só ele se materializar para que alguns questionassem o entendimento estabelecido, pontificando "não ser justo" o poder público arcar "sozinho" com custos tão relevantes.

A solução, digamos, engenhosa seria as partes repartirem esses custos. Acaba-se, assim, por criar novo conceito: além das áleas ordinária e extraordinária, previstas na legislação, passaria a existir a álea "muito extraordinária", cujos riscos precisariam ser divididos entre as partes, por uma suposta questão de *justiça*.

Acontece que a "justiça" desta solução *ad hoc* é ilusória e aparente.

Primeiro porque ignora tudo que *antecede* a pandemia, querendo julgar com olho na foto e não no filme. Agora parece injusto que apenas o Poder Concedente arque com os custos do evento incerto? Mas a obrigação de manter o serviço sempre foi dele, por determinação constitucional. Então, não é da concessão, mas da titularidade do serviço, que decorrem os custos que o Poder Concedente terá de suportar. Além disso, se as partes não afastaram a solução da legislação, por cláusula expressa, este risco específico *se manteve* com o Poder Público. O particular não o precificou, nem avaliou a conveniência e viabilidade de assumi-lo ao firmar o contrato.

Segundo porque negligencia tudo que dela advirá como consequência *para o futuro*. A solução supostamente justa tenderia a gerar, nas licitações para futuras concessões, um dos três cenários seguintes, todos socialmente inconvenientes: i) os licitantes *precificam* este risco que passa a ser-lhes atribuído. Assim, incluem em sua proposta margem para enfrentá-lo, passando para a sociedade os custos eventuais deste evento não apenas se ele se materializar, mas *sempre; se* o risco não se materializar, a margem incluída na proposta para enfrentar o evento acaba sendo assimilada pelo empresário como lucro adicional; ii) num segundo cenário, mais provável, os licitantes têm dificuldade de precificar o risco que lhe foi atribuído, gerando competição desigual entre licitantes que disputam não no que é essencial para a prestação de um serviço adequado, mas na capacidade que detêm para lidar com incertezas; iii) no último cenário, esta nova atribuição de risco favorece licitante aventureiro e propenso a altos riscos, que deixa de precificar o evento futuro e incerto nas suas propostas e apenas aposta na sua não ocorrência.

A magnitude dos custos da pandemia tem sensibilizado alguns juristas, que supõem ser necessária solução *ad hoc* para a sua justa alocação entre as partes de uma concessão. Análise mais completa – retrospectiva e prospectiva –, no entanto, mostra que a justiça, no caso, está em honrar a solução legal e contratual atribuindo os custos deste evento extraordinário ao Poder Concedente.

Informação bibliográfica deste texto, conforme a NBR 6023:2018 da Associação Brasileira de Normas Técnicas (ABNT):

JORDÃO, Eduardo. Pandemia e concessões: a criação de uma álea "muito" extraordinária? – Repartição de custos entre as partes da concessão não é solução justa. In: SUNDFELD, Carlos Ari; JORDÃO, Eduardo; MOREIRA, Egon Bockmann; MARQUES NETO, Floriano de Azevedo; BINENBOJM, Gustavo; CÂMARA, Jacintho Arruda; MENDONÇA, José Vicente Santos de; JUSTEN FILHO, Marçal; MONTEIRO, Vera. *Publicistas*: direito administrativo sob tensão. Belo Horizonte: Fórum, 2022. p. 109-110. ISBN 978-65-5518-311-5.

O MITO DAS CLÁUSULAS EXORBITANTES – VALE A PENA ALIMENTÁ-LO NA NOVA LEI DE CONTRATAÇÕES PÚBLICAS?

JACINTHO ARRUDA CÂMARA

Está em discussão no Congresso uma nova lei de contratações públicas. O texto mantém a afirmação de que os contratos do mundo público devem assegurar poderes especiais à Administração, as tais cláusulas exorbitantes. Fomos educados com base nessa lição, quase um dogma: as prerrogativas contratuais públicas fortalecem a Administração, dando-lhe vantagens que, de tão extraordinárias, não são admitidas no direito privado. Porém, isso é uma miragem.

O que a legislação de contratações públicas trata como "prerrogativa" da Administração não passa da assimetria normal que existe entre contratante e contratado, algo comum também nas contratações do mundo privado. O proclamado regime exorbitante é, na verdade, comum e identificável nas relações contratuais privadas.

O exemplo dos contratos de empreitada revela a simetria de regimes jurídicos, encoberta pela narrativa exagerada da Lei de Contratações Públicas. Veja-se:

- *Modificação unilateral*: no mundo privado, contratante de obra privada também pode alterar o projeto inicialmente contratado com seu empreiteiro. A mudança demandará repactuação de preço, assim como nas contratações de obras públicas. Mas o poder de negociação do contratante de obra privada é maior, já que não está preso ao equilíbrio econômico-financeiro original ou a limites de variação no valor do contrato.
- *Rescisão unilateral*: o contrato de obra do mundo privado pode ser resilido por vontade do contratante, que será obrigado a indenizar o empreiteiro pelos danos e lucros cessantes. No contrato de obra pública, a mesma obrigação é imposta pelo STJ à Administração, quando o rescinde motivada pelo interesse público.
- *Sanção*: o contratante de obra no mundo privado também pode proscrever o empreiteiro de seu "cadastro de fornecedores", algo como uma declaração privada de inidoneidade. Com a vantagem de não precisar abrir processo administrativo nem correr o risco da revisão judicial.

Deve-se pôr em xeque a excepcionalidade das prerrogativas da Administração. As prerrogativas contratuais públicas não dão à Administração posição excepcional efetiva, se comparada à dos contratantes privados. A prática demonstra que o contratante do mundo privado possui faculdades com eficácia equiparável ou superior à das conferidas à Administração nos contratos do mundo público. É inadequado insistir na ideia de que a Administração é fortalecida por cláusulas exorbitantes. Além de não refletir a realidade, o mito fomenta a tendência de, em contrapartida, admitir compensações exageradas aos fornecedores.

A eventual nova lei de contratações públicas poderia acabar com o mito, mas continua a alimentá-lo. Maior benefício seria inibir algo que tem, de fato, comprometido o sistema: a facilidade com que a Administração descumpre o que contrata.

Informação bibliográfica deste texto, conforme a NBR 6023:2018 da Associação Brasileira de Normas Técnicas (ABNT):

CÂMARA, Jacintho Arruda. O mito das cláusulas exorbitantes – Vale a pena alimentá-lo na nova lei de contratações públicas? *In*: SUNDFELD, Carlos Ari; JORDÃO, Eduardo; MOREIRA, Egon Bockmann; MARQUES NETO, Floriano de Azevedo; BINENBOJM, Gustavo; CÂMARA, Jacintho Arruda; MENDONÇA, José Vicente Santos de; JUSTEN FILHO, Marçal; MONTEIRO, Vera. *Publicistas*: direito administrativo sob tensão. Belo Horizonte: Fórum, 2022. p. 111-112. ISBN 978-65-5518-311-5.

A REVOLUÇÃO SECRETA NOS CONTRATOS PÚBLICOS – COMO A CULTURA DA ARBITRAGEM MUDA A VINCULAÇÃO AOS CONTRATOS

MARÇAL JUSTEN FILHO

A arbitragem não é apenas um meio diverso para composição de conflitos em contratos administrativos. Não é só a troca do magistrado pelo árbitro privado. Os critérios de julgamento tendem a ser diversos. Com o tempo, as arbitragens em contratos administrativos produzirão outros efeitos além da ausência de atuação do Poder Judiciário. Acarretarão a valorização das regras contratuais e da conduta das partes durante a execução do contrato.

Para o Judiciário e os órgãos de controle externo, as normas legais prevalecem sobre o contrato. As prerrogativas extraordinárias sobrepõem-se ao edital. Na execução do contrato, as decisões administrativas gozam de presunção de legitimidade. Em muitos casos, decide-se como se essa presunção fosse absoluta.

Essa situação será radicalmente alterada com a difusão da arbitragem.

A cultura da arbitragem privilegia o contrato, cujas regras são a fonte primordial para disciplinar o relacionamento entre as partes. Os árbitros não ignoram nem desconhecem a lei, mas priorizam o contrato. A decisão arbitral raramente desconsidera o contrato, que prevalece como vontade concreta das partes em face das cogitações abstratas do legislador.

E a arbitragem examina com minúcia a conduta das partes. Rejeita o *venire contra factum proprium* e exige a coerência nas decisões adotadas.

A arbitragem não negará a existência das competências anômalas da Administração, mas exigirá a comprovação dos pressupostos concretos para as decisões administrativas. Não afastará a presunção de legitimidade dos atos administrativos, mas avaliará a observância do devido processo legal, do contraditório e da ampla defesa.

A difusão da arbitragem produzirá a substituição dos critérios decisórios nos litígios entre Administração e particular. A ausência de documentação das decisões administrativas e a omissão em decisão tempestiva criarão o risco de derrota da Administração. A invocação de princípios abstratos ("interesse público", por exemplo) poderá ser insuficiente para superar defeitos na conduta administrativa.

Há um grande potencial para a mutação do direito dos contratos administrativos. Prevalecerão novas interpretações, sem alteração na redação da lei. O direito dos contratos administrativos se aproximará das práticas difundidas entre os demais agentes econômicos.

A Administração tem se preocupado em qualificar seus defensores para atuar em arbitragem. Isso é necessário, mas insuficiente. Porque é essencial preparar inclusive os agentes administrativos que atuam nas fases anteriores ao litígio.

Decisões impensadas, exigências não documentadas e omissões de fiscalização não podem ser superadas pela advocacia pública, por mais qualificada que seja.

A Administração necessita preparar os seus próprios *claims*, acautelar-se para o futuro litígio, registrar adequadamente as falhas do contratado.

O resultado pode ser muito positivo, muito melhor do que hoje. Ou alguém acha que a contratação pública é perfeita e não necessita de mudanças radicais?

Informação bibliográfica deste texto, conforme a NBR 6023:2018 da Associação Brasileira de Normas Técnicas (ABNT):

JUSTEN FILHO, Marçal. A revolução secreta nos contratos públicos – Como a cultura da arbitragem muda a vinculação aos contratos. *In*: SUNDFELD, Carlos Ari; JORDÃO, Eduardo; MOREIRA, Egon Bockmann; MARQUES NETO, Floriano de Azevedo; BINENBOJM, Gustavo; CÂMARA, Jacintho Arruda; MENDONÇA, José Vicente Santos de; JUSTEN FILHO, Marçal; MONTEIRO, Vera. *Publicistas*: direito administrativo sob tensão. Belo Horizonte: Fórum, 2022. p. 113-114. ISBN 978-65-5518-311-5.

QUEM TEM MEDO DAS AUTORIZAÇÕES NO SERVIÇO PÚBLICO? – A ADOÇÃO DE AUTORIZAÇÕES NO SETOR FERROVIÁRIO EXPÕE O DESCOMPASSO ENTRE A REALIDADE E LIÇÕES GENERALISTAS

JACINTHO ARRUDA CÂMARA

A MP n° 1.065, editada no último 30 de agosto, disciplinou a exploração do transporte ferroviário por meio de autorizações. Para muitos, associar autorização com serviços públicos desta magnitude seria uma heresia.

Eis uma reação típica de quem tem pouco contato prático com o tema. O repúdio está escorado na idealização da concessão como única forma para delegação de serviço público a particulares, por ser dotada de regime jurídico de direito público, capaz de oferecer ao poder concedente instrumentos fortes de intervenção sobre o concessionário (dever de continuidade, regime tarifário, reversibilidade de bens).

Nesta concepção, as autorizações, nos serviços públicos, só caberiam como instrumentos precários, destinadas a atender a situações pontuais, transitórias. Elas seriam mesmo talhadas para a livre iniciativa, em regime de direito privado, supostamente por conferir maior liberdade aos agentes (preço livre, propriedade sobre bens afetados aos serviços). Daí criticarem a autorização para serviços públicos relevantes. Algo que, além da incorreção técnica, prejudicaria o interesse público. A ordem jurídica contemporânea contradiz essa narrativa. As concessões se notabilizam por proporcionar robusta proteção ao investimento privado. Sua lei de regência tece complexa teia normativa capaz de conferir segurança e condições especiais de recuperação do investimento privado: direito à preservação do equilíbrio econômico-financeiro, pagamento de indenização pelos investimentos não amortizados ao final da concessão, por exemplo. Essa proteção especial se justifica para atrair investimento privado em serviços públicos.

Em certos serviços públicos, porém, investidores estão dispostos a assumir riscos maiores. A legislação, para esses casos, tem admitido a autorização. Nesse contexto as autorizações são estáveis, não têm nada de precárias. O modelo preserva o poder da regulação estatal, mas reduz a proteção econômica ao investimento privado. Isso tem ocorrido há décadas em segmentos abertos à competição, como telecomunicações, portos, produção de energia elétrica e, mais recentemente, ferrovias.

Autorizações de serviço público vêm sendo adotadas nos últimos 25 anos, sem que se sinta falta de maior intervenção estatal. Exemplo ilustrativo de sua viabilidade vem das telecomunicações. Redes de fibra óptica e de telefonia móvel, por exemplo, foram criadas com base em autorizações. As empresas assumem os riscos do empreendimento sem garantias econômicas típicas da concessão. A disputa pelo mercado tem assegurado a expansão dos serviços e a prática de preços razoáveis.

O setor ferroviário buscou essa inspiração: criar possibilidades de investimento privado com menor exposição a risco do Poder Público. Oxalá a alternativa promova o desenvolvimento aguardado. O sucesso do modelo depende da comprovação da existência de interessados. Mas fiquemos tranquilos, o interesse público não ficará desamparado com o regime de autorização.

Informação bibliográfica deste texto, conforme a NBR 6023:2018 da Associação Brasileira de Normas Técnicas (ABNT):

CÂMARA, Jacintho Arruda. Quem tem medo das autorizações no serviço público? – A adoção de autorizações no setor ferroviário expõe o descompasso entre a realidade e lições generalistas. In: SUNDFELD, Carlos Ari; JORDÃO, Eduardo; MOREIRA, Egon Bockmann; MARQUES NETO, Floriano de Azevedo; BINENBOJM, Gustavo; CÂMARA, Jacintho Arruda; MENDONÇA, José Vicente Santos de; JUSTEN FILHO, Marçal; MONTEIRO, Vera. Publicistas: direito administrativo sob tensão. Belo Horizonte: Fórum, 2022. p. 115-116. ISBN 978-65-5518-311-5.

PARTE IV
REFORMA COMO FUNÇÃO PÚBLICA PERMANENTE

CORRUPÇÃO NÃO É GUIA PARA REFORMAS – O COMBATE BUROCRÁTICO À CORRUPÇÃO NÃO PODE ORIENTAR AS REFORMAS DA ADMINISTRAÇÃO PÚBLICA

JACINTHO ARRUDA CÂMARA

A corrupção prejudica a nação e precisa ser combatida. Esse é um dos mantras do debate público brasileiro ao longo da história. Os prejuízos mais evidentes estão nos desvios de recursos, mas há outras perdas, tão significativas quanto, nem sempre percebidas. Destaco uma: a corrupção atrapalha o aprimoramento da gestão pública do país.

Leis que deveriam conferir dinamismo e eficiência à Administração – como as leis de licitações, de parcerias com o terceiro setor e das empresas estatais – apostaram em formas e procedimentos fixos, na expectativa de bloquear desvios. A eficiência ficou em plano secundário, chegando a ser abandonada em favor de mais formalismo.

A orientação burocrática no combate à corrupção também contamina a aplicação do direito posto. Para "fechar portas à corrupção", costuma-se extrair interpretações sempre restritivas das competências dos gestores públicos. Ideias para aprimorar a gestão são abandonadas diante da primeira suspeita de que, com a inovação, se possa "abrir espaço à corrupção". Com o mesmo propósito, interpretações ampliativas procuram alargar poderes dos controladores. Essa tendência, embora forte nos últimos anos, não tem se mostrado útil para inibir a corrupção. O senso comum acredita que o caminho é limitar com mais burocracia a atuação dos gestores e ampliar os poderes do controle. Não há boas razões para apostar nisso. A literatura especializada mostra que excesso de regras burocráticas, ao invés de afastar, estimula a corrupção. O cipoal burocrático é o ambiente dos sonhos para vendedores de facilidades. É nele que proliferam gestores e empresários inescrupulosos, capazes de assumir os riscos de eventual punição em troca de vantagens escusas.

Inócua contra desvios, a rigidez procedimental excessiva prejudica a gestão. Regras restritivas dificultam a ação e inibem soluções criativas e eficientes. A postura inquisitorial do controle é outro fator a desestimular práticas inovadoras, pois induz o gestor a temer variações sobre práticas já referendadas pelo controle, para não ser tomado como corrupto. É o apagão das canetas.

Nesse cenário, novas oportunidades de reforma correm o risco de perder o foco. Um dos gargalos do setor de infraestrutura, por exemplo, é a contratação de projetos. Ao invés de se buscar meios ágeis e eficientes para escolha dos melhores, insiste-se na adoção de procedimentos rígidos. A modernização da gestão de pessoal também esbarra na retórica burocrática do combate à corrupção. Para impedir a implantação de mecanismos de estímulo à produtividade do servidor, costuma-se apontar o risco de, com eles, abrir-se espaço para pressões indevidas que maculariam o exercício da função pública. Em suma, não é raro que o aprimoramento da gestão seja abandonado por causa da crença ingênua na rigidez como remédio contra desvios.

A corrupção, nefasta por drenar recursos públicos, será ainda pior se, a pretexto de combatê-la, forem deixadas de lado reformas necessárias à Administração Pública.

Informação bibliográfica deste texto, conforme a NBR 6023:2018 da Associação Brasileira de Normas Técnicas (ABNT):

CÂMARA, Jacintho Arruda. Corrupção não é guia para reformas – O combate burocrático à corrupção não pode orientar as reformas da Administração Pública. In: SUNDFELD, Carlos Ari; JORDÃO, Eduardo; MOREIRA, Egon Bockmann; MARQUES NETO, Floriano de Azevedo; BINENBOJM, Gustavo; CÂMARA, Jacintho Arruda; MENDONÇA, José Vicente Santos de; JUSTEN FILHO, Marçal; MONTEIRO, Vera. Publicistas: direito administrativo sob tensão. Belo Horizonte: Fórum, 2022. p. 119-120. ISBN 978-65-5518-311-5.

QUANDO REFORMAS DÃO CERTO? – SEM LÍDERES QUE LEVEM O DIREITO A SÉRIO, NENHUMA REFORMA ADMINISTRATIVA VAI FUNCIONAR

CARLOS ARI SUNDFELD

A vida de professor me envolveu desde cedo com reformas do direito público. Das que entraram no papel, com o tempo, uma parte virou mais do mesmo. Outra deu frutos incríveis. Por quê?

Reformas públicas de verdade, que vão durar, têm lideranças que investem fundo no jurídico. Na prática, isso exige se envolver fisicamente com a *função reforma*, do começo ao fim, não a abandonar com qualquer um depois do discurso. Sérgio Motta, ministro de FHC, formatou o modelo das agências reguladoras, revolucionou o direito das telecom e fez nascer o pregão, que mudaria as licitações. Delegava muito, mas passava horas entendendo a experiência e os institutos jurídicos e dando palpite – depois convencia os colegas de ministério. Era engenheiro.

Joaquim Levy, secretário do tesouro, fez acontecer a Lei de PPP. Anos após, já ministro da fazenda, deu o impulso que levaria ao Programa de Parcerias de Investimento – PPI. Mesmo nas tensões que viveu como ministro, Levy, outro engenheiro, priorizou coisas jurídicas, como o novo processo para modelar concessões (a *colação*, redescoberta há pouco).

Esses líderes sabiam: não adianta sonhar com mudanças cuja essência passa pelo direito, mas desprezar a experiência jurídica. Eles priorizavam esse mundo. Parece óbvio. Mas conheci outros para quem advogados públicos são redatores de juridiquês, para entrar na sala quando a decisão já saiu.

Francisco Gaetani, que não é jurista, fez girar uma roda que daria na nova LINDB. Foi ele quem, 10 anos antes, no Ministério do Planejamento, entendera ser jurídico o desafio de inventar controles e arranjos institucionais novos para a gestão pública. Levou o direito a sério.

Ary Oswaldo Mattos Filho criou a FGV Direito SP, com formas mais coletivas de fazer direito. Karla Bertocco, administradora pública, renovou as parcerias e a inovação no governo paulista, fazendo valer leis que já existiam. Em ambos vi a tática dos líderes que põem o jurídico em marcha: procuram gente jovem que vibre, olham experiências que deram certo ou errado, misturam juristas de cabeça aberta com outros profissionais. Em suma: para cuidar das coisas, montam uma oficina plural com reformadores jurídicos.

Juliana Palma coordena uma oficina assim: o Grupo Público da Sociedade Brasileira de Direito Público + FGV, cujo Observatório do TCU, liderado por André Rosilho, ajuda a reformar o controle externo, e a Escola de Formação Pública, liderada por Mariana Vilella e Yasser Gabriel, gera lideranças jurídicas para a inovação.

Em 2011, a Lei do RDC – Regime Diferenciado de Contratações deu espaço para licitações inovadoras, mas faltaram líderes e oficinas jurídicas que concluíssem a reforma lá na ponta. Em 2016, a Lei das Estatais abriu outra brecha. Só que as estatais vêm fazendo regulamentos com mais do mesmo e tudo vai ficando igual (a descoberta é da dissertação de Pedro Peixoto – Ebape/FGV).

Agora, há uma reforma administrativa na pauta. Para imaginá-la e fazê-la viver, cadê os líderes que dão valor à experiência e os advogados públicos inovadores?

Informação bibliográfica deste texto, conforme a NBR 6023:2018 da Associação Brasileira de Normas Técnicas (ABNT):

SUNDFELD, Carlos Ari. Quando reformas dão certo? – Sem líderes que levem o direito a sério, nenhuma reforma administrativa vai funcionar. In: SUNDFELD, Carlos Ari; JORDÃO, Eduardo; MOREIRA, Egon Bockmann; MARQUES NETO, Floriano de Azevedo; BINENBOJM, Gustavo; CÂMARA, Jacintho Arruda; MENDONÇA, José Vicente Santos de; JUSTEN FILHO, Marçal; MONTEIRO, Vera. *Publicistas*: direito administrativo sob tensão. Belo Horizonte: Fórum, 2022. p. 121-122. ISBN 978-65-5518-311-5.

A REFORMA ADMINISTRATIVA JÁ ESTÁ EM CURSO E NÃO É O QUE VOCÊ PENSA! – É URGENTE A AVALIAÇÃO DE DESEMPENHO DO SERVIDOR QUE TRABALHA A DISTÂNCIA

MARÇAL JUSTEN FILHO

No serviço público, a providência mais adotada para enfrentar a pandemia foi a redução da presença física nas repartições, com a implantação do trabalho a distância por via eletrônica. Mas tão importante quanto combater a Covid-19 é assegurar que as necessidades existenciais fundamentais, coletivas e individuais, continuem a ser atendidas pelo Estado. É para isso que ele existe.

Logo, somente é admissível o trabalho a distância quando a presença física de um agente estatal for realmente dispensável. Ocorre que uma parcela da atividade burocrática ainda não foi adequadamente digitalizada. Em muitas repartições, o papel continua a prevalecer. Portanto, uma providência indispensável, a ser implantada com toda urgência, é a migração da integralidade da atividade administrativa para o espaço virtual. Por outro lado, é preciso que o servidor disponha de recursos tecnológicos para trabalhar em casa. Sem isso, o trabalho a distância não assegurará o cumprimento dos fins do Estado.

Além disso, é fundamental adotar padrões de controle sobre a atividade administrativa a distância. O agente estatal deve "trabalhar" em casa e não simplesmente "ficar" em casa. Determinar que o servidor trabalhe no domicílio é uma solução para o coronavírus, mas não assegura necessariamente a satisfação das necessidades coletivas e individuais. O modelo clássico de controle, relacionado à presença física do servidor na repartição, tornou-se obsoleto (ainda mais agora).

A solução é adotar padrões objetivos de avaliação do desempenho a distância do servidor. Esse controle é muito mais simples no ambiente digital e se faz em vista do atingimento de metas determinadas. A carga de trabalho de cada agente precisa ser estabelecida de modo específico, com a fixação de prazos para atendimento e a adoção de critérios para avaliar o atendimento efetivo.

Isso deve envolver inclusive mecanismos de avaliação da satisfação do cidadão quanto aos resultados atingidos – tal como se passa de modo crescente no setor privado.

Se o trabalho em domicílio produzir resultados satisfatórios, sem necessidade de comparecimento físico a uma repartição pública, teremos uma revolução radical nos serviços estatais. Haverá ganho de eficiência na exploração dos recursos públicos e privados, com redução do trânsito nas cidades e com eliminação de despesas inúteis – especialmente para o cidadão. Serão reduzidos os custos de funcionamento do Estado e não haverá a necessidade de contínua ampliação das instalações físicas das repartições. E os resultados serão possivelmente muito melhores do que os produzidos atualmente.

Essa reforma administrativa "oculta e involuntária" não afastará a necessidade de medidas de outra ordem. Mas poderá produzir resultados benéficos muito relevantes. Em qualquer caso, o que não podemos admitir é o Estado desertar o cidadão de serviços públicos satisfatórios precisamente quando o restante do mundo parece esfarelar-se.

Informação bibliográfica deste texto, conforme a NBR 6023:2018 da Associação Brasileira de Normas Técnicas (ABNT):

JUSTEN FILHO, Marçal. A Reforma Administrativa já está em curso e não é o que você pensa! – É urgente a avaliação de desempenho do servidor que trabalha a distância. *In*: SUNDFELD, Carlos Ari; JORDÃO, Eduardo; MOREIRA, Egon Bockmann; MARQUES NETO, Floriano de Azevedo; BINENBOJM, Gustavo; CÂMARA, Jacintho Arruda; MENDONÇA, José Vicente Santos de; JUSTEN FILHO, Marçal; MONTEIRO, Vera. *Publicistas*: direito administrativo sob tensão. Belo Horizonte: Fórum, 2022. p. 123-124. ISBN 978-65-5518-311-5.

A REFORMA ADMINISTRATIVA NÃO COMEÇOU BEM – O CONGRESSO TENTA MELHORAR A MEDIDA PROVISÓRIA SOBRE CONTRATOS TEMPORÁRIOS NA ADMINISTRAÇÃO

CARLOS ARI SUNDFELD

Vínculos de trabalho com prazo são indispensáveis na área pública. Eles atendem a situações eventuais (como emergências e impedimento do pessoal) e necessidades recorrentes. Na saúde, os grandes hospitais públicos acolhem médicos residentes remunerados, que ajudam no atendimento enquanto completam sua formação; eles não podem ser efetivos pois têm de ir para as organizações sociais ou privadas. No setor educacional, em que vínculos temporários são volumosos, as escolas estão vivendo uma transição demográfica e daqui a poucos anos terão de dispensar muitos dos professores do ensino infantil; não dá para admiti-los hoje por 35 ou 40 anos.

O trabalho temporário não é bem compreendido pelo direito administrativo. Doutrina e jurisprudência têm culpa nisso: idealizam demais os vínculos efetivos (e os concursos tradicionais) e veem com suspeita tudo o mais. As leis federal, estaduais e municipais não ajudam:

são colagens de improvisos, sem preocupações com gestão de pessoal. O mundo jurídico tem essas dívidas a resgatar.

A reforma geral do RH público está em debate. No Rio Grande do Sul, boas leis foram aprovadas para valorizar o desempenho dos servidores e impedir vantagens automáticas. O Ministério da Economia promete grandes mudanças, mas projetos ainda não apareceram. Mesmo assim, uma medida provisória foi editada para mudar a lei de 1993 que prevê hipóteses de contratação temporária para a Administração Federal. Piorou a situação: ampliou os casos de contratação, mas não trouxe a solução dos problemas.

A boa notícia é que o Congresso Nacional está se mobilizando. As emendas parlamentares à MPv falam em experimentalismo jurídico responsável, o que ajudará a rejuvenescer esse campo. Propõem o acompanhamento obrigatório de todas as contratações, com avaliação e medição de resultados, além de metas para sua redução gradativa. Há emendas com prazos para a revisão, tanto dos atuais modelos de gestão, quanto da própria lei atual, que seria substituída em 2024.

Outra ideia dos parlamentares é valorizar os contratados, hoje precários. Eles passariam a ser agentes públicos especiais – sem estabilidade, mas com avaliação anual de desempenho para fins de remuneração e de prorrogação dos contratos. Os processos seletivos passariam por radical evolução: meios digitais avaliando habilidades e competências, cadastro permanente de profissionais para admissão imediata etc. Várias proibições coibiriam o nepotismo e as indicações políticas.

É importante também que o Legislativo pense na aplicação subsidiária dessas novas regras a estados e municípios. Eles têm sido cobrados, em ações civis públicas ou de inconstitucionalidade, a dar fim às contratações temporárias, o que é exagero. Mas é preciso moralizá-las e modernizá-las; o caminho é a gestão de qualidade, o que depende da renovação nacional do direito público dos recursos humanos. O Congresso Nacional pode dar a largada.

Informação bibliográfica deste texto, conforme a NBR 6023:2018 da Associação Brasileira de Normas Técnicas (ABNT):

SUNDFELD, Carlos Ari. A Reforma Administrativa não começou bem – O Congresso tenta melhorar a medida provisória sobre contratos temporários na Administração. In: SUNDFELD, Carlos Ari; JORDÃO, Eduardo; MOREIRA, Egon Bockmann; MARQUES NETO, Floriano de Azevedo; BINENBOJM, Gustavo; CÂMARA, Jacintho Arruda; MENDONÇA, José Vicente Santos de; JUSTEN FILHO, Marçal; MONTEIRO, Vera. *Publicistas*: direito administrativo sob tensão. Belo Horizonte: Fórum, 2022. p. 125-126. ISBN 978-65-5518-311-5.

O QUE ESPERAR DA REFORMA ADMINISTRATIVA CONSTITUCIONAL? MUDANÇAS NA CONSTITUIÇÃO NÃO GARANTEM MELHORIAS IMEDIATAS

JACINTHO ARRUDA CÂMARA

Há nova proposta de alteração normativa animando os *webinars* dos publicistas: a reforma administrativa. O que esperar de mais um remendo na nossa Lei Maior?

Já pensaram em instituir novos princípios constitucionais para a Administração Pública, tornando-a mais eficiente? Também seria bom propor algo que fizesse os concursos menos formais, afinal eles deveriam selecionar os melhores servidores e não especialistas em responder provas. Por falar nisso, o que fazer com funcionários públicos que adquirem estabilidade e depois não ligam mais para o trabalho? Uma reforma poderia flexibilizar a estabilidade dos servidores, permitindo a dispensa de quem apresentasse desempenho insatisfatório. Também seria salutar impedir altos salários do funcionalismo. Por que não limitar de verdade os ganhos dos funcionários públicos? A Constituição poderia definir um teto remuneratório rígido, capaz de alcançar todo mundo. Para tanto, seria necessário controlar o total da remuneração percebida pelos servidores, evitando-se que particularidades funcionais acarretem superação do teto. Há solução para isso também. Bastaria determinar que os cargos mais relevantes – aqueles que proporcionam maiores remunerações – passem a remunerar em parcela única. Nada de penduricalhos! Tal reforma decretaria o fim dos supersalários na Administração Pública. Mas não é só: é preciso assegurar que o aparato administrativo dê resultados efetivos à população. A arrecadação não pode servir apenas para pagar salário e aposentadoria de servidores. Para solucionar este outro grave problema poderia ser fixado limite de gasto com pessoal.

Seria sonhar demais?

O leitor atento deve ter percebido que esta reforma constitucional foi aprovada há muito tempo. Essas medidas estão previstas na Emenda Constitucional nº 19, de 1998. Mesmo com ela não se percebeu grande mudança na Administração Pública brasileira. Para se ter uma ideia, o dispositivo que permite o desligamento de servidor estável mal avaliado sequer foi regulamentado. Passados 20 anos, o limite de remuneração está mais para peneira do que para teto, tantas são as interpretações que permitem a sua superação. As grandes normas programáticas também ficaram para trás: implantou-se uma Administração gerencial em substituição à burocrática? A Administração ganhou eficiência graças à previsão de novo princípio?

A atual reforma se propõe a resolver problemas semelhantes aos diagnosticados no final dos anos 90. A terapia escolhida também coincide: alterar a Constituição. A experiência nos mostra que não se deve nutrir grandes expectativas dessas medidas, pois elas não afetarão diretamente a realidade. Uma reforma relevante e efetiva da Administração Pública brasileira depende mais de ajustes importantes na legislação ordinária e, principalmente, no modo de aplicá-la. De efeito prático e imediato, a pretendida alteração constitucional incentivará o mercado de *coffee break*, isso se vencermos a pandemia e voltarmos a nos aglomerar para falar de direito.

Informação bibliográfica deste texto, conforme a NBR 6023:2018 da Associação Brasileira de Normas Técnicas (ABNT):

CÂMARA, Jacintho Arruda. O que esperar da Reforma Administrativa Constitucional? Mudanças na Constituição não garantem melhorias imediatas. *In*: SUNDFELD, Carlos Ari; JORDÃO, Eduardo; MOREIRA, Egon Bockmann; MARQUES NETO, Floriano de Azevedo; BINENBOJM, Gustavo; CÂMARA, Jacintho Arruda; MENDONÇA, José Vicente Santos de; JUSTEN FILHO, Marçal; MONTEIRO, Vera. *Publicistas:* direito administrativo sob tensão. Belo Horizonte: Fórum, 2022. p. 127-128. ISBN 978-65-5518-311-5.

COMO MEXER NA CONSTITUIÇÃO PARA MELHORAR O RH DO ESTADO – PARA CRIAR CONFIANÇA E MUDAR AOS POUCOS, O CAMINHO É DESCONSTITUCIONALIZAR SEM REVOGAR

CARLOS ARI SUNDFELD

Começou a tramitar a PEC n° 32, elaborada pelo Governo. O desejo é melhorar a Administração Pública reformando o RH do Estado direto na Constituição.

Não quero ser estraga-prazer. Mas lembro que mais e mais normas constitucionais, como quer a PEC, costumam matar qualquer reforma. Cedo ou tarde, essas normas vão sair pela culatra.

O bom pressuposto das reformas públicas é descomplicar o direito público. Logo, mudança constitucional útil para o RH do Estado é desconstitucionalizar temas e normatizações. Isso abre espaço para, após, reformas serem negociadas com vagar no plano legal.

O preço político sobe muito quando, ao contrário, se quer fechar na própria Constituição as soluções sobre RH. Mesmo parlamentares reformistas ficam cautelosos com novidades. E cedem às mitigações e exceções, por onde entram benefícios para corporações fortes.

Aí está o problema. Como meia dose de vacina não previne doenças, essas meias novidades constitucionais acabam fracassando.

Já as complicações de interesse só corporativo permanecerão firmes na Constituição. E, para tirá-las, serão necessários 3/5 da Câmara dos Deputados e do Senado, em 2 turnos. Bem difícil.

A experiência sugere outro caminho. O governo FHC fez 2 grupos de mudanças na Constituição: a desconstitucionalização econômica de 1995 (ECs nºs 5 a 9) e a reforma administrativa de 1998 (EC nº 19). Os resultados da primeira foram enormes. A segunda deu em nada.

Qual a diferença? A primeira só tirou normas da Constituição. As mudanças dos modelos regulatórios ficaram para as leis. Elas viriam aos poucos. Nesses 25 anos, o saldo foi positivo. Reformas por meio de leis viabilizaram negociação, equilíbrio e cuidado nos detalhes. Facilitaram que leis posteriores corrigissem recuos, fracassos e desvios. E, democraticamente, ampliaram o espaço para os ciclos eleitorais influírem nas regras.

Já a reforma administrativa de 1998 pôs um monte de complicações na Constituição. As leis de regulamentação ficaram amarradas e não saíram. Mas as complicações constitucionais ainda estão lá. Vamos repetir o erro?

Como opção à PEC nº 32, a saída é desconstitucionalizar sem revogar. Isso pode gerar confiança e evitar complicações. Depois, muda-se aos poucos o RH do Estado: por meio de leis, com mais negociação e qualidade.

O que é desconstitucionalizar sem revogar? É tirar o *status* constitucional da regra (ou de parte dela), mas a manter em vigor como lei complementar nacional. A regra antiga vigorará até ser alterada com o quórum de lei complementar (metade absoluta do Congresso).

A redução do quórum para reformas de conteúdo facilita sua posterior aprovação. Uma vantagem. Os parlamentares, ao apenas reduzirem o nível normativo de uma regra, não tiram direitos de ninguém e não se comprometem com o conteúdo das reformas futuras – que ninguém sabe a quem vão agradar ou contrariar.

Logo, o ônus político de desconstitucionalizar sem revogar é mais baixo do que aprovar as complicações da PEC nº 32. É o caminho pró-negociação. Vantagem decisiva.

Informação bibliográfica deste texto, conforme a NBR 6023:2018 da Associação Brasileira de Normas Técnicas (ABNT):

SUNDFELD, Carlos Ari. Como mexer na Constituição para melhorar o RH do Estado – Para criar confiança e mudar aos poucos, o caminho é desconstitucionalizar sem revogar. *In*: SUNDFELD, Carlos Ari; JORDÃO, Eduardo; MOREIRA, Egon Bockmann; MARQUES NETO, Floriano de Azevedo; BINENBOJM, Gustavo; CÂMARA, Jacintho Arruda; MENDONÇA, José Vicente Santos de; JUSTEN FILHO, Marçal; MONTEIRO, Vera. *Publicistas: direito administrativo sob tensão*. Belo Horizonte: Fórum, 2022. p. 129-130. ISBN 978-65-5518-311-5.

CONTRATAÇÃO TEMPORÁRIA NO SERVIÇO PÚBLICO – POR UMA LEI GERAL DE ÂMBITO NACIONAL

VERA MONTEIRO

Sem acordo entre as lideranças partidárias, a MP n° 922 caducou no final de junho. Ela dispunha sobre a contratação temporária no serviço público, alterando a Lei federal n° 8.745, de 1993.

O esforço realizado pela Aliança (rede com quatro organizações do terceiro setor – Fundação Brava, Fundação Lemann, Instituto Humanize e República.org) não foi, todavia, em vão. Ela tem se dedicado ao tema da gestão de pessoas no setor público e promoveu qualificado debate que culminou com boas ideias que se transformaram em emendas parlamentares apresentadas durante a tramitação da MP.

O debate é pela modernização dos recursos humanos no serviço público. Criado na década de 1930, ele se mantém intocado até hoje, impactando na qualidade dos serviços de educação, saúde, segurança e assistência social. A remuneração dos servidores que prestam esses serviços é baixa e revela a distorção sistêmica. Centenas de carreiras têm garantia de remuneração independentemente da qualidade dos serviços prestados. Muitas se beneficiam de mecanismos de progressão e promoção automática. O único desafio na vida funcional parece se resumir a passar no concurso público.

O fetiche em torno do regime de cargo efetivo, como se fosse o único e o melhor para toda e qualquer situação, tem colocado a contratação por tempo determinado no banco dos réus. Ela vem sendo tratada com desconfiança, em especial, pelo Ministério Público e Judiciário. Mas ambos os modelos têm previsão constitucional (incs. I e IX do art. 37 da CF) e a gestão eficiente de RH do setor público depende da modernização desses dois regimes.

A tramitação da MP gerou mobilização inédita, com qualificada participação do Ministério da Economia, dos deputados, em especial aqueles da Frente Parlamentar Mista da Reforma Administrativa, da academia e das Secretarias Estaduais de Educação (Consed) e de Administração (Consad). Houve consenso quanto à necessidade de lei nacional estabelecer regime mínimo e uniforme de contratação temporária para estados e municípios. Eles precisam de norma geral que dê segurança jurídica em torno de suas contratações. O fundamento está no art. 22, inc. XXVI da Constituição.

Há necessidade de atender a necessidades excepcionais, muitas delas decorrentes da transição demográfica e seus efeitos no planejamento dos serviços públicos (em especial, na área da educação). Desenhar o processo seletivo simplificado também é urgente. Estruturar sistema de governança e controle interno das contratações temporárias é fundamental para responder às críticas dos órgãos de controle. Coisas óbvias, como a aplicação dos direitos constitucionais do trabalhador aos contratados por tempo determinado, também é papel dessa lei de âmbito nacional.

Importante é que foi dado o passo inicial para a sua edição, cujo objetivo é dar segurança jurídica a esses contratos.

Informação bibliográfica deste texto, conforme a NBR 6023:2018 da Associação Brasileira de Normas Técnicas (ABNT):

MONTEIRO, Vera. Contratação temporária no serviço público – Por uma lei geral de âmbito nacional. *In*: SUNDFELD, Carlos Ari; JORDÃO, Eduardo; MOREIRA, Egon Bockmann; MARQUES NETO, Floriano de Azevedo; BINENBOJM, Gustavo; CÂMARA, Jacintho Arruda; MENDONÇA, José Vicente Santos de; JUSTEN FILHO, Marçal; MONTEIRO, Vera. *Publicistas: direito administrativo sob tensão*. Belo Horizonte: Fórum, 2022. p. 131-132. ISBN 978-65-5518-311-5.

O COMBATE AOS SUPERSALÁRIOS NA ADMINISTRAÇÃO – NOVAS INICIATIVAS NO CONGRESSO ANUNCIAM A PRÓXIMA TEMPORADA DA SAGA

JACINTHO ARRUDA CÂMARA

Fosse um seriado, o combate aos supersalários na Administração Pública brasileira seria desses longos e enfadonhos. Teria começado com a promulgação da Constituição de 1988 e com toda a expectativa criada com a primeira eleição direta para presidente da República depois de quase 30 anos. Ganhou o *caçador de marajás*. Expectativa: fim das mordomias. Desfecho: retórica vazia e medidas espetaculosas não eliminaram os supersalários.

A segunda etapa da saga apresentou-se com ares de embate definitivo. Pouco antes de completar uma década de vigência, a Constituição foi reformada e incorporou regras rígidas para aniquilar o inimigo. O teto remuneratório foi reforçado. Ele deixou de atingir apenas o valor nominal a ser pago pelo exercício de cada cargo ou função, passando a limitar toda a remuneração percebida pelos servidores, inclusive os chamados *penduricalhos* (designação vulgar de qualquer acréscimo à remuneração base). Nenhum servidor poderia ganhar mais do que percebesse ministro do STF. A reforma incorporou nova arma no combate aos supersalários: o *subsídio*. Cargos mais elevados da estrutura estatal passariam a ser remunerados por parcela única. Esperava-se eliminar *penduricalhos* de contracheques polpudos.

Seguiu-se temporada arrastada, ao longo da qual foi possível observar a luta pela sobrevivência dos supersalários. A reviravolta ganhou corpo com discreta fissura no teto remuneratório. Em 2005 foi aprovada emenda constitucional que excluiu do teto "as parcelas de caráter indenizatório" pagas aos servidores. Com isso, paulatinamente, os supersalários passaram a incorporar variadas "indenizações" para compensar gastos corriqueiros com moradia, educação privada de filhos, indumentária, entre outros pretextos. Teses mirabolantes para furar o teto foram lançadas contra o teor literal da Constituição e assimiladas por Cortes Superiores. Seguiram-se inúmeros episódios de sangria aos cofres públicos, sem a graça de Tarantino. A sequência se encerra com a descoberta, em plena pandemia, de que a maioria dos membros de impoluta categoria recebera acima do teto.

Nova temporada acaba de ser lançada, com a abertura de duas frentes legislativas para reprimir supersalários. Mais uma proposta de emenda constitucional para evitar práticas identificadas com tais distorções. Sensação de *déjà vu*. Simultaneamente caminha projeto de lei que busca impedir abusos na concessão de verbas indenizatórias a servidores. O uso de lei nacional como arma contra supersalários é inédito.

A audiência está farta da narrativa pendular. Normas de maior concretude podem escapar de interpretações negacionistas. O projeto de lei tem foco e contempla regras detalhadas, como a fixação de limite percentual para certas verbas indenizatórias. Para que a saga termine, contudo, é necessário neutralizar inimigo poderoso. A elite beneficiária de supersalários tem poder para interpretar e até modificar regras de contenção. É a sabotagem à eficácia dessas regras que nos prende a esse indesejado *looping*.

Informação bibliográfica deste texto, conforme a NBR 6023:2018 da Associação Brasileira de Normas Técnicas (ABNT):

CÂMARA, Jacintho Arruda. O combate aos supersalários na Administração – Novas iniciativas no Congresso anunciam a próxima temporada da saga. *In*: SUNDFELD, Carlos Ari; JORDÃO, Eduardo; MOREIRA, Egon Bockmann; MARQUES NETO, Floriano de Azevedo; BINENBOJM, Gustavo; CÂMARA, Jacintho Arruda; MENDONÇA, José Vicente Santos de; JUSTEN FILHO, Marçal; MONTEIRO, Vera. *Publicistas*: direito administrativo sob tensão. Belo Horizonte: Fórum, 2022. p. 133-134. ISBN 978-65-5518-311-5.

# NOVO CALOTE AOS PRECATÓRIOS: A DEMONSTRAÇÃO DA INEFICÁCIA DO DIREITO BRASILEIRO – AS DIFICULDADES COMPROVAM TAMBÉM A FALHA DOS SISTEMAS DE CONTROLE

MARÇAL JUSTEN FILHO

Cogita-se de um calote no pagamento dos precatórios. Mais um! Periodicamente, o Poder Público promove a suspensão e o parcelamento, se não a redução do valor, dos precatórios.

Descumprir o dever de pagar dívida resultante de condenação judicial transitada em julgado é um despropósito, uma ofensa ao Estado de direito. De que vale o regime de direito administrativo, as limitações ao poder do Estado e as garantias aos cidadãos se grande parte das sentenças judiciais não é cumprida?

A multiplicação de normas não produz o aperfeiçoamento da Administração Pública brasileira. Essas normas são continuamente infringidas. Os particulares recorrem ao Judiciário. Milhões de processos, apreciados por milhares de magistrados, resultam em condenações de bilhões de reais. Condenações que são ignoradas. O Estado de direito é um simulacro.

Muitas vezes, o descumprimento ao precatório nem é justificado formalmente. Há casos em que o esforço de cumprir as metas fiscais conduz à mudança da regra do jogo: adiar o pagamento, parcelar as dívidas, reduzir os valores, apropriar-se dos depósitos judiciais e por aí afora.

Essas medidas não resolvem o problema. A cada ano, surgem mais milhares de decisões condenatórias e o passivo só aumenta.

Não vale dizer que as dívidas judiciais atingiram valor tão elevado que se tornaram impagáveis. O argumento é inaceitável porque legitima a violação ao direito.

O problema dos precatórios é uma demonstração de que o direito não é cumprido pelo Estado brasileiro, que promove ações revestidas no manto do interesse público, mas que se revelam tão somente como ilícitas.

A primeira providência para enfrentar os precatórios é reduzir as condenações futuras. Para isso, é necessário que os agentes públicos passem a cumprir a lei. Simples assim! A violação a direitos e interesses privados deve constituir uma exceção muito rara.

A segunda providência envolve mudança da mentalidade dos órgãos de controle. Dar calote, descumprir contratos, nada tem de interesse público. Muita vez a defesa dos interesses dos particulares representa a proteção do interesse de toda a sociedade. Os interesses gerais são amesquinhados não apenas pela corrupção, mas também a violação dos direitos privados. A pretensão do particular violado demandará correção judicial. Não cumprida, todo o sistema passa a ser desacreditado.

De que adianta o juiz denegar liminar invocando a presunção de legitimidade do ato administrativo e, depois, condenar o Estado a indenizar os danos derivados dos atos ilícitos?

No fundo, o problema é a concepção não democrática que entranha o exercício do poder público no Brasil. Se você não sabe do que estou falando, formule qualquer pleito em uma repartição pública. É provável que você seja obrigado a ajuizar uma ação de ressarcimento. Se obtiver sentença favorável, acabará como parte interessada no calote dos precatórios. E, sentindo o problema na pele, vai compreender o profundo despropósito desse tipo de prática.

Informação bibliográfica deste texto, conforme a NBR 6023:2018 da Associação Brasileira de Normas Técnicas (ABNT):

JUSTEN FILHO, Marçal. Novo calote aos precatórios: a demonstração da ineficácia do direito brasileiro – As dificuldades comprovam também a falha dos sistemas de controle. In: SUNDFELD, Carlos Ari; JORDÃO, Eduardo; MOREIRA, Egon Bockmann; MARQUES NETO, Floriano de Azevedo; BINENBOJM, Gustavo; CÂMARA, Jacintho Arruda; MENDONÇA, José Vicente Santos de; JUSTEN FILHO, Marçal; MONTEIRO, Vera. *Publicistas: direito administrativo sob tensão*. Belo Horizonte: Fórum, 2022. p. 135-136. ISBN 978-65-5518-311-5.

REFORMA TRIBUTÁRIA: O DIREITO ADMINISTRATIVO TEM ALGO A DIZER – ENTE ADMINISTRATIVO NEUTRO DARIA VIABILIDADE À INTEGRAÇÃO TRIBUTÁRIA DE ESTADOS E MUNICÍPIOS

CARLOS ARI SUNDFELD

O Senado estuda emenda constitucional (PEC nº 110) para unir o ISS dos municípios com o ICMS dos estados, criando o IBS, cobrado unificadamente e distribuído entre esses entes. A proposta simplifica de modo correto a gestão tributária, para contribuintes e Administração Pública. Algo necessário ao desenvolvimento, objetivo fundamental do Brasil (CF, art. 3º, II).

O desafio é articular as competências legislativas e administrativas dos estados e municípios quanto a esse imposto, sem alterar a "forma federativa", cláusula pétrea (CF, art. 60, § 4º).

A forma federativa não foi criada para descentralizar competências tributárias. Ao contrário: foi a descentralização tributária que surgiu como meio prático de garantir autonomia financeira. A própria Constituição previu outro meio: a participação compulsória em recursos arrecadados centralizadamente (do FPE e FPM). Logo, é viável que a PEC altere o meio de prover a estados e municípios também os recursos dos atuais ISS e ICMS. Alteração constitucionalmente ortodoxa.

Importante é eles não perderem a segurança jurídica de que vão recebê-los, nem a autonomia para aplicá-los. Quanto à *competência legislativa*, ela pode ficar com o Congresso Nacional, por lei complementar – solução ortodoxa, pois ele já faz normas gerais tributárias.

Para construir a segurança – e gerar confiança política – as *competências administrativas* tributárias unificadas não devem ficar com agentes sem neutralidade. A PEC terá de criar novo ente administrativo, neutro e de natureza fiducial, para integrar interesses dos estados e municípios.

Aqui a ortodoxia também se mantém: tal solução foi justamente a que o Supremo Tribunal Federal considerou correta, em face de nosso regime federativo, para integrar competências de entes autônomos que não possam ser exercidas individualmente (caso do saneamento básico na região metropolitana – ADI nº 1.842).

O ente neutro terá de editar regulamentos unificados e interpretações administrativas vinculantes, com total autonomia técnica; arrecadar e distribuir a receita do imposto; e dirimir, na esfera administrativa, conflitos com contribuintes. Seu conselho superior deverá ter mandato. Entes com tal perfil são conhecidos em nosso direito desde a criação do Banco Central em 1964. A novidade será só o caráter interfederativo – mas esse desafio já foi vencido pela experiência dos consórcios públicos.

Há pelo menos três decisões que estados e municípios, por seus representantes, terão de tomar coletivamente quanto ao ente neutro: a eleição do conselho, a aprovação do orçamento anual e as medidas do controle externo (nesse caso, com pareceres dos respectivos tribunais de contas em auxílio aos votos).

Nos assuntos ordinários dos entes federativos, essas decisões políticas vêm da interação entre executivos e legislativos. No ente neutro, terão de vir do conjunto de representantes dos estados e municípios. É solução natural na integração até de países que se mantêm soberanos (como na União Europeia). Ainda mais natural que a emenda constitucional a adote na integração tributária parcial de nossos entes federativos.

Informação bibliográfica deste texto, conforme a NBR 6023:2018 da Associação Brasileira de Normas Técnicas (ABNT):

SUNDFELD, Carlos Ari. Reforma Tributária: o direito administrativo tem algo a dizer – Ente administrativo neutro daria viabilidade à integração tributária de estados e municípios. *In*: SUNDFELD, Carlos Ari; JORDÃO, Eduardo; MOREIRA, Egon Bockmann; MARQUES NETO, Floriano de Azevedo; BINENBOJM, Gustavo; CÂMARA, Jacintho Arruda; MENDONÇA, José Vicente Santos de; JUSTEN FILHO, Marçal; MONTEIRO, Vera. *Publicistas: direito administrativo sob tensão*. Belo Horizonte: Fórum, 2022. p. 137-138. ISBN 978-65-5518-311-5.

AS TECNOLOGIAS DISCRETAS QUE REVOLUCIONARAM O DIREITO ADMINISTRATIVO – MENOS DISRUPÇÃO FESTIVA, MAIS MÃO NA MASSA

JOSÉ VICENTE SANTOS DE MENDONÇA

Já leu o artigo sobre a disrupção tecnológica da última semana? A inteligência artificial da Suécia que escreve editais. O algoritmo que redige ofícios. O robô-servidor-público com seu cafezinho aquecido *e* sem se importar com feriados. Em 2019, há certo encantamento na contação de histórias tecnológicas.

As maiores disrupções, ocorridas e ainda a ocorrer no direito administrativo, não possuem, porém, tanto charme *hightech*. Apesar disso, modernizaram nosso cotidiano. Melhor: ainda há espaço para mudanças úteis.

O primeiro elemento disruptivo do direito administrativo das pequenas coisas é (i) o *formulário-padrão, a minuta de contrato, o .doc do edital*. Poupam tempo, automatizam tarefas. São o algoritmo da vida real. Com o tempo, no entanto, a solução vira problema. A repetição vira inércia, e só se realizam mudanças cosméticas. Uma ideia seria adotá-los por prazo determinado, apagando-os após. Seja como for, o modelão é boa parte da revolução.

Outro mecanismo de baixa sofisticação tecnológica, e que mudou o direito administrativo, é (ii) o *copiar e colar dos processadores de texto*. Ele tornou os textos – legais, doutrinários, decisórios – mais longos, e, talvez, mais desfocados. Trazem vantagens e riscos. Uma alternativa seria restringir seu uso. A tendência seria, ao escrever menos, dizer mais.

Outra mudança, nem tão sofisticada, foi (iii) a *criação de sites de pesquisa de jurisprudência e de legislação*. Você já pensou que um dos maiores poderes de transformação do direito está na indexação de documentos, a serem replicados, estudados, e, afinal, aplicados? Hoje, o segredo da efetividade da norma está na facilidade com que pode ser encontrada em pesquisas na internet.

Aqui, há muito espaço para avanço. Entes subnacionais têm sites de pesquisa de normas de baixa qualidade. *Sites* com acesso intuitivo e confiável a normas em vigor em municípios e estados – englobando todos os atos de secretarias, autarquias, fundações e estatais – seriam revolucionários. Minha sugestão: condicionar a vigência das normas ao cadastramento nos *sites*. Não é ideia que faria bonito num seminário de teoria do direito, mas concretizaria a segurança jurídica melhor do que muito princípio.

Não podemos esquecer o impacto da (iv) *digitalização dos processos administrativos*. A maioria de nossos problemas não é teórica, mas desgraçadamente prática. E, na prática, há enorme dificuldade no acesso a processos: guias a pagar, requerimentos a fazer, autoridades a deferir. Digitalizar todos os processos, franqueando acesso, seria inovação óbvia e útil.

Enfim: a narrativa dos laboratórios de inovação e da parede de tijolinhos tem sua graça, mas a maioria dos problemas do direito administrativo exige tecnologias menos vistosas do que a automação radical. Um pouco menos de disrupção festiva, um pouco mais de mão na massa.

Informação bibliográfica deste texto, conforme a NBR 6023:2018 da Associação Brasileira de Normas Técnicas (ABNT):

MENDONÇA, José Vicente Santos de. As tecnologias discretas que revolucionaram o direito administrativo – Menos disrupção festiva, mais mão na massa. *In*: SUNDFELD, Carlos Ari; JORDÃO, Eduardo; MOREIRA, Egon Bockmann; MARQUES NETO, Floriano de Azevedo; BINENBOJM, Gustavo; CÂMARA, Jacintho Arruda; MENDONÇA, José Vicente Santos de; JUSTEN FILHO, Marçal; MONTEIRO, Vera. *Publicistas*: direito administrativo sob tensão. Belo Horizonte: Fórum, 2022. p. 139-140. ISBN 978-65-5518-311-5.

A TECNOLOGIA REALIZARÁ A PROMESSA QUE O DIREITO ADMINISTRATIVO NÃO CUMPRIU? – COMO A IMPLANTAÇÃO DO *BLOCKCHAIN* AFETARÁ OS PROCEDIMENTOS ADMINISTRATIVOS

MARÇAL JUSTEN FILHO

A Constituição e as leis impõem a prática pela Administração de um procedimento. Isso significa a sucessão predeterminada de atos, logicamente compatíveis entre si, de modo a evitar o arbítrio e o improviso. A evolução do procedimento produz a redução progressiva da autonomia decisória. A validade da decisão administrativa final depende da sua compatibilidade com os eventos anteriores.

No mundo real, a observância do procedimento é mais aparente do que efetiva. Há casos em que todos os atos são produzidos simultaneamente. Em outros, a autoridade decide sem qualquer procedimento. A determinação legal de um procedimento formal é mais um exemplo de ineficácia do direito administrativo.

Mas essa situação pode ser alterada em vista dos recursos tecnológicos, especialmente do *blockchain*.

Blockchain é um protocolo que conjuga a criptografia, o arquivamento de atos em número indeterminado de computadores e a exigência de vínculo entre o ato posterior e o anterior. Isso gera uma "corrente" indissociável de arquivos, um bloco encadeado de atos... ou seja, um procedimento! Em termos práticos, a existência do *blockchain* significa que um novo ato somente será completado se estiver encadeado com o ato anterior. Todos são objeto de criptografia indecifrável e arquivados em computadores ao redor do mundo. Ninguém consegue eliminar nem alterar atos consumados. Anote-se que a tecnologia do *blockchain* está disponível no mercado e a sua utilização não envolve maiores dificuldades.

A generalização da formalização eletrônica para a atividade administrativa permite a aplicação do protocolo de *blockchain*. Significa que a sucessão encadeada de atos, típica do instituto do procedimento, será institucionalizada na dimensão digital. Mas isso se fará de modo compulsório, com a eliminação de desvios, falhas ou inovações arbitrárias. Cada ato administrativo inicial desencadeará um bloco encadeado de arquivos. A prática do ato posterior dependerá do vínculo com o anterior. Isso permitirá identificar a data e a autoria de cada ato, inviabilizando o acréscimo superveniente das informações essenciais e a tentativa de correção *a posteriori* de eventuais defeitos ou insuficiências. Nenhuma decisão final será produzida sem a preexistência de um procedimento, entendida a expressão tanto na acepção jurídica como tecnológica.

A repercussão dessas inovações será significativa, impondo a observância compulsória da disciplina legal e facilitando o controle quanto à regularidade da atuação dos agentes estatais e sujeitos privados. Contribuirá com a transparência e tempestividade.

O grande obstáculo consiste na resistência dos órgãos administrativos quanto à implantação de procedimentos eletrônicos. No âmbito do Judiciário, o processo eletrônico prevalece amplamente. Isso nem sempre ocorre na Administração. É necessário implantar as novas tecnologias, especialmente quando relevantes para o cumprimento das garantias constitucionais.

Informação bibliográfica deste texto, conforme a NBR 6023:2018 da Associação Brasileira de Normas Técnicas (ABNT):

JUSTEN FILHO, Marçal. A tecnologia realizará a promessa que o direito administrativo não cumpriu? – Como a implantação do blockchain afetará os procedimentos administrativos. *In*: SUNDFELD, Carlos Ari; JORDÃO, Eduardo; MOREIRA, Egon Bockmann; MARQUES NETO, Floriano de Azevedo; BINENBOJM, Gustavo; CÂMARA, Jacintho Arruda; MENDONÇA, José Vicente Santos de; JUSTEN FILHO, Marçal; MONTEIRO, Vera. *Publicistas*: direito administrativo sob tensão. Belo Horizonte: Fórum, 2022. p. 141-142. ISBN 978-65-5518-311-5.

DESAPROPRIAÇÕES NÃO EXPROPRIATÓRIAS – A LEI MUDOU PARA A DESAPROPRIAÇÃO SER MAIS NEGOCIAL E O DIREITO PÚBLICO MENOS AUTORITÁRIO

FLORIANO AZEVEDO MARQUES NETO

Há alguns anos o MPF processou por improbidade um reitor de universidade federal. O ilícito: ele teria realizado uma desapropriação amigável, sem recorrer à ação judicial. Nenhuma alegação de pagamento a maior. Nem de favorecimento. Mesmo havendo expressa autorização legal para a desapropriação amigável, a improbidade só foi afastada em segunda instância. Mesmo assim em decisão não unânime.

É frequente os manuais darem a desapropriação como exemplo de poder exorbitante estatal. Como se ela não se aproximasse bastante de uma compra e venda, só que sem necessidade de manifestação de vontade do vendedor.

Recente mudança na lei de desapropriações reforçou a possibilidade de o poder público adquirir bens móveis e imóveis negociando com o particular desapropriado. Sem recorrer à impositividade. O acordo, antes mera possibilidade, passa a ser amplamente incentivado.

A prescrição, antes vaga, agora vem regulada em detalhe. Editado o decreto de utilidade pública, torna-se obrigatória a notificação do proprietário com a oferta do valor a que se tenha chegado por avaliação. Havendo concordância, a operação será concluída, transferindo-se de vez posse e domínio ao Poder Público.

Caso haja interesse do particular em negociar, mas não acordo sobre o preço, admite-se agora, com preferência ao processo judicial, a mediação ou a arbitragem. Se a mediação for infrutífera, caberá levar o conflito ao Judiciário. Porém, se o Poder Público e o desapropriado escolherem a via arbitral, então somente os árbitros poderão decidir o valor da indenização. A cláusula arbitral implicará renúncia à jurisdição judiciária. A nova regra desafia a fórmula tradicional de, nas arbitragens, só discutir direitos disponíveis. E pode induzir o Poder Público a levar mais a sério a avaliação e, com isso, se apossar mais rapidamente do bem.

Além de agilizar os processos, as mudanças legislativas indicam mais uma inflexão na direção de um direito administrativo não autoritário. Durante muito tempo se entendeu que ele só poderia se afirmar mediante instrumentos impositivos, verticais. O interesse geral, uno e inconstratável, só se revelaria na manifestação soberana da autoridade. As leis nunca afirmaram isso. Mas doutrina – e, infelizmente, ora e vez, jurisprudência – repisou este mantra até a exaustão. Ao ponto de haver incautos acusando de ímprobo o gestor conciliador. Com isso, conseguimos ter uma Administração a um só tempo ineficiente e autoritária (sem ser necessariamente proba).

Ao se admitir a mediação em torno da desapropriação, conciliando-se valor, forma de pagamento e tempo da imissão na posse, relativiza-se o caráter autoritário do instituto. Evita-se que a desapropriação se transforme em expropriação. E avança-se para superar o direito administrativo do século XIX. Já não sem tempo.

Informação bibliográfica deste texto, conforme a NBR 6023:2018 da Associação Brasileira de Normas Técnicas (ABNT):

MARQUES NETO, Floriano de Azevedo. Desapropriações não expropriatórias – A lei mudou para a desapropriação ser mais negocial e o direito público menos autoritário. *In*: SUNDFELD, Carlos Ari; JORDÃO, Eduardo; MOREIRA, Egon Bockmann; MARQUES NETO, Floriano de Azevedo; BINENBOJM, Gustavo; CÂMARA, Jacintho Arruda; MENDONÇA, José Vicente Santos de; JUSTEN FILHO, Marçal; MONTEIRO, Vera. *Publicistas*: direito administrativo sob tensão. Belo Horizonte: Fórum, 2022. p. 143-144. ISBN 978-65-5518-311-5.

O IMPÉRIO DO DIREITO ADMINISTRATIVO – NÃO É UMA QUESTÃO DE PODER, NEM TERRITÓRIO OU PROCESSO

EGON BOCKMANN MOREIRA

O debate sobre mutações do direito administrativo não é de hoje. Mas existe algo de novo no ar. O antigo tipo ideal de Estado-Administração, orientado por paradigmas consolidados nos séculos 19 e 20, encontra-se sob pressão diferenciada.

A aceleração desse movimento não vem puramente do mundo acadêmico, mas da modificação, brutal, a golpes de pandemia, do papel e do funcionamento do Estado. O direito administrativo persiste a disciplinar o exercício da função administrativa e das relações entre pessoas e Estado. Porém, só essa constatação não exprime tudo o que se passa na realidade.

Isso porque a transformação não está no conceito, mas em suas premissas e aplicações. Ou, melhor, em sua atitude: como o direito administrativo deve se posicionar na vida prática, a repercutir de forma imediata em sua compreensão. Três pistas nos revelam o estado atual dessas mutações.

A primeira é a de que o modelo pautado pelas abstrações da legalidade executiva e supremacia do interesse público produziu efeito adverso ao imaginado. Ao invés de paz social e estabilidade, instalou insegurança, abuso de poder, irresponsabilidade e controle desmedido. Se esse for o paradigma, não funciona.

A segunda confirma o direito administrativo integrado à sua dimensão histórico-cultural. Antes, teorias dissociavam o objeto de estudo (a vida administrativa) de sua análise acadêmica, só se pautando pelo passado distante. A pretensão do universal e perene, uma ciência dura e pesada, dissociada do utilitarismo de um direito quiçá descartável. Isso não funciona. É bem verdade que sem história o direito administrativo não existe, mas ele não é só história nem é imutável.

A terceira pista está na multiplicidade de fontes. Afinal, se ele não é legalidade executiva nem eco de um passado remoto, onde nasce o direito administrativo? Constituição, tratados, leis, costumes ou regulamentos? Ou será que, à moda do juiz Hughes, ele é "aquilo que os juízes dizem que é"? Mas quem são esses julgadores? Supremo Tribunal, tribunais de contas ou agências reguladoras? Estamos diante de um sistema de fontes dinâmicas: tudo ao mesmo tempo agora.

Em suma, parte daquilo que se entendeu por direito administrativo está ultrapassado. Especialmente quanto à sua vida real. Precisamos refletir, revelar e propor; descobrir, expor e, mais uma vez, renovar o debate. Nada de estável, como um dia talvez tenha sido.

Quem sabe nos ajude uma paráfrase da exortação lançada por Ronald Dworkin no último capítulo do *Law's empire*: o que é o direito administrativo? O império do direito administrativo se define pela atitude, não pelo território, pelo poder ou pelo processo – uma atitude interpretativa, autorreflexiva e contestadora. Esforçar-se por ver o direito administrativo em sua melhor luz. A atitude aqui pretendida é, ainda parafraseando Dworkin, tentar mostrar o caminho para o futuro melhor, mantendo a lealdade com o passado.

Informação bibliográfica deste texto, conforme a NBR 6023:2018 da Associação Brasileira de Normas Técnicas (ABNT):

MOREIRA, Egon Bockmann. O império do direito administrativo – Não é uma questão de poder, nem território ou processo. *In*: SUNDFELD, Carlos Ari; JORDÃO, Eduardo; MOREIRA, Egon Bockmann; MARQUES NETO, Floriano de Azevedo; BINENBOJM, Gustavo; CÂMARA, Jacintho Arruda; MENDONÇA, José Vicente Santos de; JUSTEN FILHO, Marçal; MONTEIRO, Vera. *Publicistas:* direito administrativo sob tensão. Belo Horizonte: Fórum, 2022. p. 145-146. ISBN 978-65-5518-311-5.

PARTE V

LICITAÇÕES E CONTRATOS ADMINISTRATIVOS: ENTRE O NOVO E O VELHO

A NOVA LEI DE LICITAÇÕES E A ILUSÃO DO "GOVERNO DOS SERES HUMANOS"

MARÇAL JUSTEN FILHO

Consumou-se mais um capítulo na tragédia do direito das contratações públicas no Brasil: foi aprovada a Nova Lei de Licitações. Por que tragédia? Porque prevalece a crença de que a "lei é boa, o problema são os seres humanos". Especialmente no tocante às contratações públicas. Muitos defendem que a Lei nº 8.666 é um diploma excelente, cuja insuficiência é consequência de alguns agentes (públicos e privados) corruptos e incapazes. Pensam que, "se as pessoas mudarem, desaparecerão os problemas das contratações administrativas!".

Ora, a civilização exige o governo das leis, não dos seres humanos. A tragédia é a falta de compreensão de que, se uma lei não funciona, o problema é a própria lei. Não é possível mudar os seres humanos. A tragédia reside em que a alteração da lei não eliminará os problemas e o Brasil vai manter a trajetória de desperdício de recursos públicos.

E como falar em Nova Lei de Licitações? O projeto aprovado é uma composição de dispositivos das leis nºs 8.666, 10.520 e 12.462, incrementada com a incorporação da jurisprudência do TCU, norteada pela compulsão da tutela ao interesse público. A nova lei amplia a burocracia, multiplica os controles e exige novas e maiores formalidades.

Uma breve imagem da nova lei: o art. 5º consagrou *vinte e dois* princípios norteadores da licitação. A Lei nº 8.666 se contentara com oito. Alguém imagina seriamente que acrescentar catorze princípios vai resolver o problema?

O pior são as soluções de boa vontade, cujos efeitos práticos podem ser muito nocivos. Por exemplo, as propostas inferiores a 75% do valor orçado (que é sigiloso) serão consideradas como inexequíveis. Isso cria um magnífico incentivo à corrupção: quem souber o valor orçado pela Administração formulará a proposta vencedora. Quanto vale a informação?

Outro exemplo: o seguro-garantia continuará em vigor mesmo se o prêmio não tiver sido pago. Qual seguradora se disporá a fornecer seguro-garantia em tais condições? Quais os efeitos sobre os custos do seguro?

Não há respostas para essas indagações porque a nova lei pressupõe que os operadores serão pessoas sérias e honestas. É a preservação da nossa desgraça nacional.

Não significa que a lei não contemple inovações positivas. O problema é o defeito de modelo da lei, que mantém as concepções do século passado. Os aperfeiçoamentos não resolverão as dificuldades estruturais das contratações públicas.

Como disse o famoso censor do direito brasileiro, o pior é adiar por trinta anos a perspectiva de uma lei de licitações decente.

Uma lei decente reconheceria a ineficácia de soluções mirabolantes, a insuficiência da boa vontade do legislador e a irrelevância do agravamento das sanções. Reconheceria que os seres humanos são falhos e imperfeitos e buscaria a solução mais simples: a efetiva abertura do mercado público para a competição.

Até que isso ocorra, o nosso compromisso é tentar fazer funcionar no futuro aquilo que falhou no passado. Quantos esforços e recursos desperdiçados!

Informação bibliográfica deste texto, conforme a NBR 6023:2018 da Associação Brasileira de Normas Técnicas (ABNT):

JUSTEN FILHO, Marçal. A Nova Lei de Licitações e a ilusão do "governo dos seres humanos". *In*: SUNDFELD, Carlos Ari; JORDÃO, Eduardo; MOREIRA, Egon Bockmann; MARQUES NETO, Floriano de Azevedo; BINENBOJM, Gustavo; CÂMARA, Jacintho Arruda; MENDONÇA, José Vicente Santos de; JUSTEN FILHO, Marçal; MONTEIRO, Vera. *Publicistas*: direito administrativo sob tensão. Belo Horizonte: Fórum, 2022. p. 149-150. ISBN 978-65-5518-311-5.

LICITAÇÃO INIBE MESMO OS CARTÉIS EM CONTRATOS PÚBLICOS? – OCDE PUBLICOU RELATÓRIO SOBRE O CASO BRASILEIRO

VERA MONTEIRO

A OCDE avaliou, à luz das suas recomendações e diretrizes, e junto com o Cade, o sistema federal de contratações públicas. O relatório final, publicado em maio, concluiu que a existência de cartéis em licitação tem a ver com o desenho legal e com a dificuldade na aplicação das normas.

Vale ler na íntegra. Nele há boa avaliação sobre o modelo de contratação brasileiro. Dez boas recomendações chamaram a atenção:
1. É fundamental profissionalizar os agentes públicos envolvidos nas contratações públicas e evitar a rotatividade nessa área, que é causada por baixa remuneração, alto risco de responsabilidade pessoal e falta de apoio institucional. É preciso colocar em prática os novos arts. 7º a 10 da Lei nº 14.133/21.
2. A detecção de práticas anticompetitivas deve ser incentivada. A OCDE sugere prêmios aos gestores diligentes, além da inclusão dessa habilidade na avaliação de seus desempenhos.
3. Treinamento para prevenir erros é fundamental. Devem ser revistas as sanções a gestores por simples falhas procedimentais em processos licitatórios. É preciso alterar a lógica dos

controladores, que têm de atuar na melhoria das unidades de compras e na correção de falhas sistêmicas, ao invés de focar em sanções individuais.
4. Disponibilizar procedimentos padrão e divulgar boas práticas é o caminho para garantir coerência na interpretação das normas. É necessário ter um órgão para guiar as administrações públicas em matéria de licitações e contratos.
5. A avaliação do funcionamento do mercado tem de ser profissionalizada na administração. Deve-se considerar informações sobre contratos já executados. Não basta olhar o resultado das licitações. Gestores têm de ser incentivados a usar fontes variadas de dados, além de sua experiência, para adaptar os editais às realidades de mercado. É preciso institucionalizar o compartilhamento das melhores práticas.
6. Contratações diretas, que representam enorme fatia das aquisições, não podem ficar à margem de regras essenciais às contratações públicas.
7. A dificuldade à participação de empresas estrangeiras nas licitações não é um problema de legislação. Depende da revisão e combate de práticas anticompetitivas.
8. Menor preço nem sempre é a melhor solução. É útil estimular que o mercado também possa oferecer melhor qualidade técnica e inovação. Imprescindível que o edital traga critérios claros de avaliação.
9. O estudo técnico preliminar (art. 18, Lei nº 14.133/21) só deveria ser publicizado ao final da licitação. Não é só o orçamento que deve ficar em sigilo.
10. Deve-se criar um *one-stop-shop* para negociação de leniência. Ou, ao menos, um protocolo que estimule o entendimento entre Cade, CGU, AGU e TCU.

O relatório é bem mais abrangente e não se resume a estas dez recomendações. Seu foco é o combate aos cartéis em contratações públicas. Mas acaba sendo uma revisão qualificada de nossas velhas práticas em matéria de licitações.

Informação bibliográfica deste texto, conforme a NBR 6023:2018 da Associação Brasileira de Normas Técnicas (ABNT):

MONTEIRO, Vera. Licitação inibe mesmo os cartéis em contratos públicos? – OCDE publicou relatório sobre o caso brasileiro. *In*: SUNDFELD, Carlos Ari; JORDÃO, Eduardo; MOREIRA, Egon Bockmann; MARQUES NETO, Floriano de Azevedo; BINENBOJM, Gustavo; CÂMARA, Jacintho Arruda; MENDONÇA, José Vicente Santos de; JUSTEN FILHO, Marçal; MONTEIRO, Vera. *Publicistas:* direito administrativo sob tensão. Belo Horizonte: Fórum, 2022. p. 151-152. ISBN 978-65-5518-311-5.

É POSSÍVEL LICITAR PARA INOVAR? – OU: PORQUE GEORGE JETSON NÃO SERIA UM BOM PREGOEIRO

JOSÉ VICENTE SANTOS DE MENDONÇA

A leitora já sabe que a Nova Lei de Licitações dedicou alguma tinta às contratações de inovação. A dispensa para encomendas tecnológicas (art. 75, V) ou transferência de tecnologia (art. 74, III, "d"). A manifestação de interesse voltada a soluções inovadoras (art. 81). Sem falar nas licitações das *startups* (LC nº 182/21). Tudo isso está bem, mas, cá entre nós: licitar para contratar inovações *de verdade* é difícil. Seis razões para tanto.

(1) A licitação é procedimento formal. Uma série de etapas, organizadas no tempo e estabelecidas em lei. Nada mais distante do ambiente cheio de idas e vindas, por vezes caótico, em que surge a inovação.

(2) A exigência de isonomia e de objetividade. Ora, soluções inovadoras são diferentes entre si e diferentes do que existe. Há um problema de incomensurabilidade, e, quem sabe, um viés retroativo na escolha. O futuro dos *Jetsons* é o de carros sessentistas voadores; nele não constam tecnologias comuns em 2021, como telas *touchscreen* e internet.

(3) As preferências legais. Leis de licitações se tornaram veículo de internalização de externalidades. Se isso vale à pena para além da sinalização eleitoral é algo a se pesquisar. Em todo caso, selecionar propostas inovadoras e, ao mesmo tempo, cumprir catálogo de desigualações materiais torna mais confuso um processo que nunca foi fácil.

(4) Quem a realiza e controla são servidores públicos. Servidores públicos tendem, na média, a manifestar maior aversão ao risco do que agentes privados. Tais servidores estarão responsáveis pela seleção de projetos cuja essência é o risco. Embora a dificuldade não seja insuperável, pode haver algum desalinhamento aí.

(5) Espera-se solução inovadora. Mas, na maioria das vezes, percebe-se a inovação quando ela *já produz efeitos*. No início, aviões eram invencionices excêntricas. Exigir soluções desde logo inovadoras é incentivar soluções performativamente "disruptivas". A inovação não saliente, ou de concretização em longo prazo, é preterida.

(6) Só se inova depois de muito erro. Sabemos de duas espécies de pessoas que têm medo: o goleiro diante do pênalti e o gestor honesto. Como vão se comportar os controladores diante de inovações fracassadas? Quem inova flerta ativamente com o erro. Nada mais distante de nosso direito administrativo do medo.

Mas nem tudo está perdido. Parece haver duas soluções: ou aproveitar o nome "licitação" e descarná-la – licitação vira algum procedimento competitivo associado a uma noção fraca de isonomia –, ou deixar *tout court* de exigi-la. Mas deixar *mesmo*, porque contratação direta "desde que comprovada a vantajosidade" é a famosa licitação dentro do armário. Claro: isso não é o mesmo que contratar a sugestão do lobbista amigo, mas avaliar projetos com seriedade e transparência.

Enfim: não é fácil inovar, e é ainda mais difícil inovar por meio de contratação licitada. Que tenhamos inovado assim é o triunfo da sorte sobre a norma.

Informação bibliográfica deste texto, conforme a NBR 6023:2018 da Associação Brasileira de Normas Técnicas (ABNT):

MENDONÇA, José Vicente Santos de. É possível licitar para inovar? – Ou: porque George Jetson não seria um bom pregoeiro. In: SUNDFELD, Carlos Ari; JORDÃO, Eduardo; MOREIRA, Egon Bockmann; MARQUES NETO, Floriano de Azevedo; BINENBOJM, Gustavo; CÂMARA, Jacintho Arruda; MENDONÇA, José Vicente Santos de; JUSTEN FILHO, Marçal; MONTEIRO, Vera. *Publicistas:* direito administrativo sob tensão. Belo Horizonte: Fórum, 2022. p. 153-154. ISBN 978-65-5518-311-5.

POR UMA NOVA COMPREENSÃO DAS "NORMAS GERAIS DE LICITAÇÃO" – ESTÁ NA HORA DE RECONHECER A AMPLITUDE DO CONCEITO

EGON BOCKMANN MOREIRA

Desde a publicação da Lei n° 14.133, no anedótico 1°.4.2021, eu tenho lido artigos acadêmicos, escritos por pessoas que respeito imensamente, sobre as "normas gerais de licitação". A compreensão é tradicional-restritiva, inclusive defendendo a inconstitucionalidade de alguns dispositivos.

O núcleo do tema está na competência privativa da União para legislar sobre "normas gerais de licitação e contratação, em todas as modalidades", para as administrações públicas federal, estaduais, distritais e municipais (Constituição, art. 22, inc. XXVII). Os debates foram intensos na Lei n° 8.666, sobretudo com o julgamento, ainda em 1993, da ADI n° 927-MC. Muito se pautou no Código Tributário Nacional (Lei n° 5.172/1966), cuja lógica e efeitos são absolutamente distintos, eis que envolvem competências mais duras, limitadoras de direitos fundamentais, a ser interpretadas restritivamente.

Houve alguma polêmica, mas se assentou o conteúdo material restritivo da "generalidade", preservando-se, de modo impreciso, a autonomia legislativa dos entes subnacionais. As normas de licitações serão gerais desde que não desçam a minúcias e não agridam a independência das pessoas políticas. O que, a bem da verdade, não resolve o problema, mas o multiplica, eis que instala escolhas. A tese transfere para a avaliação, artigo por artigo, parágrafo por parágrafo, inciso por inciso, tanto da lei geral nacional quanto das estaduais, distritais e municipais. Trocou-se uma solução por vários problemas: 5.570 municipais, 26 estaduais e 1 distrital.

A minha percepção é a de que essa ideia material-fechada de normas gerais, construída imediatamente após a promulgação da Constituição, não subsiste. O tempo passou, e nem o direito administrativo nem o constitucional ficaram parados, mas se renovaram. Pensemos nos consórcios públicos positivados no art. 241 pela EC n° 19/1998 – e a nova configuração do federalismo cooperativo. Mais: reflitamos a respeito do papel da Agência Nacional de Águas – ANA no novo marco do saneamento e o racional das diretrizes e normas de referência. Lembremo-nos da recente uniformização dos prazos decadenciais para a anulação de atos administrativos (STF, ADI n° 6.019).

Se, em 1988, fazia sentido bloquear a competência legislativa da União, hoje não faz mais. A ideia de normas gerais necessita acolher significado mais simples e conforme à atual Constituição, bem como à dinâmica do direito administrativo contemporâneo. Ao fixar a competência privativa da União num cenário que demanda homogeneidade e harmonia nacionais, o art. 22 circunscreve e submete as competências dos estados, Distrito Federal e municípios. O critério classificatório é subjetivo: normas gerais são aquelas destinadas a todas as pessoas federativas. Simples assim. Inverte-se a lógica pretérita: todos os dispositivos da Lei n° 14.133/2021 são, *a priori*, normas gerais. Apenas as particularidades dos demais entes poderão autorizar normas infranacionais especiais – e o ônus legislativo/argumentativo é dos estados, Distrito Federal e municípios.

Vamos ao debate.

Informação bibliográfica deste texto, conforme a NBR 6023:2018 da Associação Brasileira de Normas Técnicas (ABNT):

MOREIRA, Egon Bockmann. Por uma nova compreensão das "normas gerais de licitação" – Está na hora de reconhecer a amplitude do conceito. *In*: SUNDFELD, Carlos Ari; JORDÃO, Eduardo; MOREIRA, Egon Bockmann; MARQUES NETO, Floriano de Azevedo; BINENBOJM, Gustavo; CÂMARA, Jacintho Arruda; MENDONÇA, José Vicente Santos de; JUSTEN FILHO, Marçal; MONTEIRO, Vera. *Publicistas*: direito administrativo sob tensão. Belo Horizonte: Fórum, 2022. p. 155-156. ISBN 978-65-5518-311-5.

CONTRATAÇÃO X CONTRATO – A COMPETÊNCIA LEGISLATIVA DA UNIÃO É PARA NORMAS GERAIS EM MATÉRIA DE LICITAÇÃO E CONTRATAÇÃO OU PARA LICITAÇÃO E CONTRATOS?

VERA MONTEIRO

Qual é a competência da União Federal para legislar sobre contratos com a Administração Pública? Neste aspecto, o PL n° 4.253, de 2020, traz sutil diferença em relação à Lei n° 8.666. Ao invés de afirmar que "esta lei estabelece normas gerais de licitação e *contratos* [...]", se aprovada, a nova lei estabelecerá "normas gerais de licitação e *contratação* [...]".

Desde o Decreto n° 2.300/86, administrativistas buscam critérios para apartar "normas gerais em matéria de licitação e contratos", aplicáveis a todas as pessoas políticas, das normas federais, de aplicabilidade restrita. Mesmo com a abrangência e literalidade da Lei n° 8.666, a doutrina reconhece um restrito campo de competência federal, sempre enaltecendo competências legislativas estaduais e municipais (a partir do §1° do art. 24 da CF, cuja aplicação ao art. 22 nunca foi bem esclarecida). Porém, sobretudo em matéria de licitação, vários autores buscaram identificar na própria lei o que seria ou não norma geral. Esse esforço não encontrou eco no STF. Quase sempre que foi chamado a decidir, sobre a constitucionalidade de normas locais à luz da Lei nº 8.666, evitou cravar regras fortes e fugiu o quanto pôde da chave "norma geral x norma específica" em suas decisões. Arrisco até a dizer que, na sua jurisprudência sobre licitações, esta distinção inexiste. Sua construção sobre norma geral em matéria de licitação é casuística e, por isso, ajuda pouco na análise dos limites da competência legislativa da União.

Já o tema contratual não recebeu a mesma atenção da doutrina e jurisprudência. Fernando Dias Menezes de Almeida foi quem alertou, há alguns anos, que o art. 22, XXVII, da CF reservou à União competência legislativa privativa para editar normas gerais de licitação e *contratação*, e não de *contratos*. Para ele, são coisas distintas. "Contratação é a ação de contratar. Contrato é o objeto dessa ação". Tipos contratuais, cláusulas necessárias e regime jurídico próprio seriam aspectos estruturais dos contratos; já a contratação diria respeito a normas de regência do ato de contratar, como a necessidade de previsão de recursos orçamentários, respeito ao resultado do procedimento licitatório e controles externos e internos pertinentes (ALMEIDA, Fernando Dias Menezes de. Contratos administrativos. *In*: PEREIRA JR., Antônio Jorge; JABUR, Gilberto Haddad (Coord.). *Direito dos contratos II*. [s.l.]: [s.n.], 2008. p. 193-216).

Por um lado, é fato que lei nacional tem definido conteúdo contratual e fixado distinções estruturais entre tipos contratuais. Por outro, não há impedimento para estados e municípios criarem novo tipo contratual sem prévia norma geral nacional.

É um debate novo e uma boa notícia para Minas Gerais, que editou norma sobre estímulo ao desenvolvimento de *startups* e tratou do *contrato público para solução inovadora* (Lei nº 23.793, de 14.1.2021). E também um alerta para o PLP nº 249/2020 (marco legal federal das *startups*), objeto de minha última coluna Publicistas. Há risco de ele não acrescentar nada de útil a este contrato e ainda atrapalhar quem fez melhor.

Informação bibliográfica deste texto, conforme a NBR 6023:2018 da Associação Brasileira de Normas Técnicas (ABNT):

MONTEIRO, Vera. Contratação x contrato – A competência legislativa da União é para normas gerais em matéria de licitação e contratação ou para licitação e contratos?. *In*: SUNDFELD, Carlos Ari; JORDÃO, Eduardo; MOREIRA, Egon Bockmann; MARQUES NETO, Floriano de Azevedo; BINENBOJM, Gustavo; CÂMARA, Jacintho Arruda; MENDONÇA, José Vicente Santos de; JUSTEN FILHO, Marçal; MONTEIRO, Vera. *Publicistas*: direito administrativo sob tensão. Belo Horizonte: Fórum, 2022. p. 157-158. ISBN 978-65-5518-311-5.

A INTERPRETAÇÃO DA FUTURA LEI DE LICITAÇÕES – A NOVA LEI É UMA COLCHA DE RETALHOS

MARÇAL JUSTEN FILHO

Concordo com a advertência do Egon: devemos evitar a interpretação retroativa, que mantém para o futuro as previsões das leis revogadas. Aprovada a nova Lei de Licitações, deveremos interpretá-la sem vinculação com as leis revogadas. Mas os desafios são enormes.

Primeiro exemplo: a manutenção da vigência das leis atuais, que serão revogadas dois anos após publicada a nova lei. Até lá, os dois sistemas normativos coexistirão. A Administração escolherá qual aplicar. Dá para imaginar a confusão?

Segundo: a manutenção do passado com nova denominação. O projeto prevê a contratação "semi-integrada", em que a licitação se baseia em projeto básico e o contratado elabora o projeto executivo. A Lei n° 8.666 admite essa solução (art. 7°, §1°). A novidade é a institucionalização de prática nociva, com nome diverso. Quando a Administração licita objeto desconhecido, a contratação é desastrosa e muito mais onerosa. É previsível que a Administração passe a optar somente por contratação integrada (em que nem projeto básico existe) ou semi-integrada. É necessário estabelecer requisitos técnicos para a escolha, o que a lei nova não faz.

Terceiro: a nova lei é uma colcha de retalhos composta a partir da Lei nº 8.666, da Lei do Pregão, da Lei do RDC e do Decreto nº 7.581/2011. Um exemplo: o *caput* do art. 41 do projeto dispõe sobre produto similar ao de marca. O inc. IV alude à "carta de solidariedade". A previsão não faz sentido. O erro é identificado pela comparação com a lei anterior. O inc. IV do art. 7º da Lei do RDC autorizou, previu a carta de solidariedade. Dito art. 7º foi transcrito quase literalmente como o §4º do art. 41 do projeto – menos o inc. IV, que foi integrado no *caput* do mesmo artigo. Um defeito no copia e cola! Esse erro é identificado pela comparação entre o projeto e a Lei do RDC. O intérprete é obrigado a consultar a legislação anterior para entender a nova lei.

Na maior parte, o projeto reitera as leis atuais. É uma espécie de "Consolidação das Leis de Licitação". Como evitar a mesma interpretação adotada anteriormente quando o texto da lei nova é idêntico ao de lei precedente?

Existem inovações positivas, mas são pontuais. A melhor delas é a imposição das diretrizes de gestão por competência, de governança pública e de segregação de funções. Outra inovação relevante é o regime da invalidação dos atos e contratos.

Cabe aos intérpretes transformar essa colcha de retalhos em um conjunto ordenado, de modo a que os atributos da totalidade condicionem a interpretação de cada dispositivo. A dificuldade reside na ausência de uma identidade própria, de uma filosofia norteadora, de um conjunto de concepções sobre o relacionamento entre a Administração Pública e os particulares. É mais fácil aplicar a lei antiga, tal como se não existisse a nova.

O grande risco é as boas inovações da lei acabarem ignoradas em virtude da inércia burocrática. Nós, intérpretes, teremos de nos esforçar para evitar isso.

Informação bibliográfica deste texto, conforme a NBR 6023:2018 da Associação Brasileira de Normas Técnicas (ABNT):

JUSTEN FILHO, Marçal. A interpretação da futura Lei de Licitações – A nova lei é uma colcha de retalhos. *In*: SUNDFELD, Carlos Ari; JORDÃO, Eduardo; MOREIRA, Egon Bockmann; MARQUES NETO, Floriano de Azevedo; BINENBOJM, Gustavo; CÂMARA, Jacintho Arruda; MENDONÇA, José Vicente Santos de; JUSTEN FILHO, Marçal; MONTEIRO, Vera. *Publicistas*: direito administrativo sob tensão. Belo Horizonte: Fórum, 2022. p. 159-160. ISBN 978-65-5518-311-5.

A FUTURA LEI DE LICITAÇÕES: O DESAFIO DE SUA INTERPRETAÇÃO AUTÔNOMA – A NOVA LEI DE NADA ADIANTARÁ SE LIDA COM OS OLHOS NO PASSADO

EGON BOCKMANN MOREIRA

Bastante se tem escrito e falado a respeito da futura lei de licitações e contratos (cujo projeto de lei está em vias de ser enviado para sanção presidencial). Mas fato é que muitos começam a interpretá-la como se fosse a Lei n° 8.666/1993 revisitada. Ou como se estivéssemos diante de adaptação da Lei do Pregão (n° 10.520/2002) ou do Regime Diferenciado de Contratações (Lei n° 14.462/2011). Todavia, interpretações retrospectivas em nada colaboram para a eficácia das mudanças. Ao contrário: congelam o passado e impedem que a futura lei seja mesmo algo de novo.

Talvez isso se explique pelo hábito. Mal nasceu, a Lei n° 8.666 foi alterada por dezenas de medidas provisórias e leis. Não seria exagero dizer que houve mais de uma centena de modificações. Outras espécies normativas – como o Pregão e o RDC – invadiram o ecossistema da Lei n° 8.666 e a acuaram, inibindo incidências. Mais ainda: há quem pense que ela seria o eixo central em torno do qual gravitaria a hermenêutica de todas as contratações públicas brasileiras (como se estivesse entre a Constituição e a legislação ordinária). Mas, se tudo isso já era (só) errado, com a nova lei deve ser terminantemente proibido. Isso devido a duas razões. Por um lado, a futura lei de licitações e contratos criará microssistema normativo, a disciplinar autonomamente certas contratações da Administração Pública. Ela congrega, unifica e dá significado sistemático ao outrora fragmentado regime. Ao derrogar as leis anteriores, exige interpretação como a única lei que disciplina determinadas licitações e contratos. Atividade que deverá ser feita a partir dela mesma – e não com fundamento em leis inexistentes.

Por outro, a nova lei subverte muito da lógica das anteriores, tornando-a sem sentido. Tem-se comentado que ela prestigiaria a "inversão de fases" (preço antes, habilitação depois). Ora, isso só faz sentido se pensarmos na "versão" positivada pela Lei nº 8.666: na futura lei inverteu-se essa racionalidade e as fases serão naturalmente vertidas de outro modo. O mesmo se diga da ideia de quais contratos ela rege (o art. 88 do projeto suprimiu o adjetivo "administrativos"); na lógica da negociação para a solução de controvérsias (arts. 60 e 150) e na importância atribuída ao fiscal de contrato (arts. 7º e 116). Mas são exemplos pontuais, que demonstram o óbvio: a lei exigirá interpretação historicamente autônoma.

Ora, uma coisa é alterar detalhes, circunstâncias ou campos de incidência de certa lei. Outra, completamente diferente, é a revogação absoluta de várias leis e a criação de diploma congregador, com características de verdadeira lei geral. Interpretar a futura lei de licitações e contratos à luz da Lei nº 8.666, ou de qualquer outra já revogada, seria o mesmo que defender a incidência do Código Civil de 1916 diante daquele promulgado em 2002. Ou a lógica de 1973 para interpretar o atual Código de Processo Civil. Os resultados, já se pode antever com nitidez, serão desastrosos.

Informação bibliográfica deste texto, conforme a NBR 6023:2018 da Associação Brasileira de Normas Técnicas (ABNT):

MOREIRA, Egon Bockmann. A futura lei de licitações: o desafio de sua interpretação autônoma – A nova lei de nada adiantará se lida com os olhos no passado. *In*: SUNDFELD, Carlos Ari; JORDÃO, Eduardo; MOREIRA, Egon Bockmann; MARQUES NETO, Floriano de Azevedo; BINENBOJM, Gustavo; CÂMARA, Jacintho Arruda; MENDONÇA, José Vicente Santos de; JUSTEN FILHO, Marçal; MONTEIRO, Vera. *Publicistas*: direito administrativo sob tensão. Belo Horizonte: Fórum, 2022. p. 161-162. ISBN 978-65-5518-311-5.

A APLICABILIDADE IMEDIATA DA LEI Nº 14.133 – HÁ DISPOSITIVOS AUTOAPLICÁVEIS CUJA OBSERVÂNCIA É FUNDAMENTAL

MARÇAL JUSTEN FILHO

O art. 194 da Lei nº 14.133 determinou a sua vigência imediata. Mas o art. 193, inc. II, previu que as leis de licitação anteriores permaneceriam em vigor por mais dois anos. Durante esse período, o art. 191 admitiu que a licitação e a contratação fossem realizadas pela nova lei ou pela legislação anterior.

A Administração não recebeu autonomia para deixar de aplicar a totalidade da Lei nº 14.133. O art. 191 abrange apenas o processo de licitação e contratação. As normas da lei sobre outros temas são vinculantes, exigindo observância imediata. Por exemplo, é obrigatório aplicar as normas sobre governança (art. 11).

Mas há outras questões relevantes. Nem todos os dispositivos da Lei nº 14.133 são autoaplicáveis. Podem ser diferenciados três grupos.

Uma parcela das normas da Lei nº 14.133/2021 é autoaplicável. As regras sobre a fase interna, sobre a governança pública e a organização da atividade administrativa têm aplicabilidade imediata. São autoaplicáveis inclusive as normas sobre contratação direta, se observada a disciplina sobre o processo de contratação (o que compreende a etapa preparatória).

O segundo grupo é composto pelos casos em que há necessidade de solução material específica, consistente na implantação do Portal Nacional de Contratações Públicas – PNCP.

O terceiro grupo refere-se aos casos dependentes de regulamentação, cuja enumeração é problemática. Os mais relevantes envolvem o procedimento licitatório. Admite-se que o edital disponha sobre essas questões, mas seria mais seguro editar normas regulamentares gerais e abstratas.

Poderia admitir-se a recepção de regulamentos anteriores, mas a solução exige cautela. Normas regulamentares versam sobre minúcias e refletem as peculiaridades das normas regulamentadas. Quanto mais detalhada for a norma regulamentar, menos cabível será o seu aproveitamento. E aplicar generalizadamente os regulamentos anteriores desencadearia controvérsias intermináveis. Também aqui a prudência recomenda novos regulamentos.

A única alternativa é manter a aplicação da legislação anterior para futuras licitações e contratações (vigente até 4.4.2023), em matérias disciplinadas por dispositivos não autoaplicáveis da Lei nº 14.133. Mas não se admite a criação de um regime licitatório inovador, composto por parcelas da legislação anterior e da nova.

A autonomia de escolha do regime de contratação, a existência de normas destituídas de aplicabilidade imediata e os obstáculos materiais à aplicação da lei não autorizam negar eficácia aos dispositivos legais plenamente autoaplicáveis. A Administração está vinculada a exercitar o dever de planejamento, a promover a gestão por competências, a implantar a governança pública e a respeitar a segregação de funções. O desafio da aplicação da nova lei precisa ser enfrentado desde logo, especialmente porque o Brasil não pode esperar por dois anos para a implantação das medidas de modernização.

Informação bibliográfica deste texto, conforme a NBR 6023:2018 da Associação Brasileira de Normas Técnicas (ABNT):

JUSTEN FILHO, Marçal. A aplicabilidade imediata da Lei nº 14.133 – Há dispositivos autoaplicáveis cuja observância é fundamental. In: SUNDFELD, Carlos Ari; JORDÃO, Eduardo; MOREIRA, Egon Bockmann; MARQUES NETO, Floriano de Azevedo; BINENBOJM, Gustavo; CÂMARA, Jacintho Arruda; MENDONÇA, José Vicente Santos de; JUSTEN FILHO, Marçal; MONTEIRO, Vera. *Publicistas:* direito administrativo sob tensão. Belo Horizonte: Fórum, 2022. p. 163-164. ISBN 978-65-5518-311-5.

OUTRA BOA NOVIDADE DA NOVA LEI DE CONTRATAÇÕES PÚBLICAS – EM MEIO A MAIS DO MESMO, LEI INOVA AO PREVER PERÍODO DE ISENÇÃO DE INÍCIO CONTRATUAL

FLORIANO AZEVEDO MARQUES NETO

Sigo a convocação feita por Egon Bockmann e já aceita por Jacintho Câmara na sua última coluna. O projeto de Nova Lei de Contratações Públicas não tem só a consolidação de regras passadas. Olhando com atenção, há pontos de avanço, boas ideias com potencial transformador.

Exemplo é o período de isenção de início de execução em empreendimentos de grande vulto. O §2º do art. 92 do texto aprovado no Congresso determina que contratos com objeto e regime de execução complexos deverão prever um prazo em que a execução ficará suspensa até que se ultimem providências (liberação de áreas, licenças, autorizações) necessárias a que o empreendimento flua sem maiores percalços. Tive a oportunidade de propor a ideia em dois momentos no Congresso, durante a longa tramitação do projeto. A ideia constou da proposta que apresentamos em 2018 em seminário na FGV/RJ.

Um dos desafios a superar é fazer as contratações públicas efetivamente vincularem as partes. Acostumamo-nos com um regime em que se licita algo para ser alterado totalmente depois de assinado o contrato. Uma das razões é que, muitas vezes, se contratam empreendimentos complexos que não podem ser executados como imaginado. Faltam imissão na posse de áreas, licenças, autorizações, detalhamentos técnicos. É comum o contratado se mobilizar, mas não poder iniciar integralmente seu escopo. Ou, iniciado este, ter de interromper ou aceitar alterações por óbices que se poderiam evitar com a prévia conclusão de providências. No passado isso foi oportunidade para o particular ampliar seus ganhos. Com o aumento do controle, tornou-se grande fonte de obras inacabadas, de desperdício de recursos.

A nova previsão determina que, antes de se gastar dinheiro, providências preliminares sejam ultimadas. Se elas tornarem inviável o objeto, o contrato poderá ser encerrado, sem causar prejuízos ao privado ou à Administração. Bem-sucedidas as providências preliminares, pode-se iniciar a execução em bases realistas e com a evolução assegurada.

O dispositivo, entendo, é impositivo. O texto determina que "o contrato conterá" tal previsão, não que poderá conter. Sempre que providências prévias forem necessárias, o contratado (pela nova lei o particular será sempre contratado) terá direito subjetivo público a se negar a receber ordem de início se não cumpridas tais preliminares.

A norma, porém, enfrentará resistências. Editais a desprezarão, ferindo a lei. Gestores pressionarão para se desconsiderar a suspensão, de olho no término dos mandatos. Órgãos de controle se oporão a este direito em favor do privado. Importante, então, que se compreenda a relevância da norma. E que ela seja interpretada não pela lógica da exorbitância, mas da racionalidade econômica. Se assim for, daremos um importante passo na eficiência das contratações públicas.

Informação bibliográfica deste texto, conforme a NBR 6023:2018 da Associação Brasileira de Normas Técnicas (ABNT):

MARQUES NETO, Floriano de Azevedo. Outra boa novidade da Nova Lei de Contratações Públicas – Em meio a mais do mesmo, lei inova ao prever período de isenção de início contratual. In: SUNDFELD, Carlos Ari; JORDÃO, Eduardo; MOREIRA, Egon Bockmann; MARQUES NETO, Floriano de Azevedo; BINENBOJM, Gustavo; CÂMARA, Jacintho Arruda; MENDONÇA, José Vicente Santos de; JUSTEN FILHO, Marçal; MONTEIRO, Vera. *Publicistas*: direito administrativo sob tensão. Belo Horizonte: Fórum, 2022. p. 165-166. ISBN 978-65-5518-311-5.

O "MENOR PREÇO" NÃO É MAIS O MESMO – NOVA LEI PERMITE MODERNIZAR O JULGAMENTO DOS PREÇOS NA LICITAÇÃO

JACINTHO ARRUDA CÂMARA

A Nova Lei de Licitações gerou certa frustração no meio jurídico. Esperava-se que a substituição da icônica Lei n° 8.666 produzisse uma revolução. A futura lei, contudo, está mais para instrumento de sistematização de práticas já conhecidas do que para celeiro de novidades.

Esse clima talvez encubra alterações relevantes incorporadas discretamente no texto. Segui a sugestão lançada pelo Professor Egon Bockmann Moreira em sua última coluna dos Publicistas e reli a futura lei tentando evitar que o passado prejudicasse a interpretação do novo regime. O exercício me provocou algumas reflexões. Compartilharei uma que considero relevante e ainda pouco comentada. Ela diz respeito ao critério de julgamento das licitações.

Numa primeira e rápida leitura, pareceu-me que nada de relevante mudaria na matéria. Afinal, a nova lei mantivera o *menor preço* como critério predominante. A releitura, porém, me fez perceber que o *menor preço* que se aprovou é bem diferente daquele do passado.

No antigo modelo de menor preço, qualquer outra característica do objeto licitado só poderia ser considerada requisito para aceitação da proposta. Se o objetivo fosse comprar produto com baixo consumo de energia elétrica, por exemplo, seria possível fixar um padrão mínimo, mas esse atributo não poderia ser levado em conta na comparação das propostas; atendido o mínimo, as propostas só poderiam ser comparadas pelo menor preço. Essa característica do produto seria critério de admissão e não de classificação das propostas.

A nova lei, embora preserve a terminologia do passado (menor preço), admite que a escolha considere critérios diferentes do valor nominal da proposta. A flexibilização se deve à regra que inclui a avaliação do *menor dispêndio* para a Administração. Ela vale para todos os critérios de julgamento, inclusive o de menor preço. O *menor dispêndio* abrange custos indiretos que seriam suportados pela Administração, como os "relacionados com as despesas de manutenção, utilização, reposição, depreciação e impacto ambiental do objeto licitado, entre outros fatores vinculados ao seu ciclo de vida".

A regra não é inédita. Já havia sido prevista, sem causar grande impacto, no RDC (Lei nº 12.462, de 2011). A novidade é que o menor dispêndio passa a ter aplicação generalizada. Contratações sobre as quais incidia a rígida bitola do menor preço poderão ser julgadas levando-se em consideração outras características do objeto licitado.

A medida dependerá de regulamentação e de esforço dos gestores na elaboração de editais. O desafio é fixar critérios objetivos que permitam ponderar o preço com essas novas variáveis relacionadas aos custos indiretos gerados pelo objeto ofertado. Embora não se possa prever o prazo ou o impacto dessa mudança normativa, é importante reconhecer que a nova lei proporcionou uma oportunidade de mudança e abriu maior espaço para a atuação do gestor. Tomara que esse potencial inovador seja transposto para a prática e aumente a eficiência nas contratações públicas.

Informação bibliográfica deste texto, conforme a NBR 6023:2018 da Associação Brasileira de Normas Técnicas (ABNT):

CÂMARA, Jacintho Arruda. O "menor preço" não é mais o mesmo – Nova lei permite modernizar o julgamento dos preços na licitação. *In*: SUNDFELD, Carlos Ari; JORDÃO, Eduardo; MOREIRA, Egon Bockmann; MARQUES NETO, Floriano de Azevedo; BINENBOJM, Gustavo; CÂMARA, Jacintho Arruda; MENDONÇA, José Vicente Santos de; JUSTEN FILHO, Marçal; MONTEIRO, Vera. *Publicistas*: direito administrativo sob tensão. Belo Horizonte: Fórum, 2022. p. 167-168. ISBN 978-65-5518-311-5.

O CONCURSO NÃO É MAIS O MESMO – NOVA LEI DE LICITAÇÕES MODERNIZOU O CONCURSO

VERA MONTEIRO

Também aceitei o desafio do Professor Egon Bockmann Moreira em sua última coluna dos Publicistas e, assim como o Professor Jacintho Arruda Câmara, reli o texto da Nova Lei de Licitações e notei mais uma boa novidade. Ela diz respeito à modalidade de concurso.

O nome continua o mesmo, mas a modalidade de licitação por concurso é bem diferente daquela do passado. Mudou para melhor.

No modelo da década de 90, a finalidade do concurso era escolher o melhor trabalho de natureza técnica, científica ou artística já pronto e disponível, pagando-se prêmio ou remuneração ao vencedor, previamente estipulado no edital. Ele não foi pensado para permitir interação entre o público e o privado durante a elaboração do trabalho, nem trazia a lógica da remuneração do contrato de prestação de serviços, que envolve pagamento por etapas concluídas e produtos entregues.

Era difícil usar o concurso para contratar privado para elaborar produto sob as ordens da Administração Pública. Não obstante alguns entes ousaram em algumas ocasiões. É o caso do Laboratório de

Inovação Aberta Mobilab, da Prefeitura do Município de São Paulo, que desenvolveu um concurso de projetos, cuja característica era justamente usar o concurso para escolher aquele que tinha melhor capacidade intelectual para a prestação de serviços.

A Nova Lei de Licitações, n° 14.133, de 1°.4.2021, mantém a terminologia do passado ao definir a modalidade. As hipóteses de cabimento seguem iguais (trabalho técnico, científico ou artístico). Ainda reproduz a característica de pagar prêmio ou remuneração previamente definido no edital ao vencedor, sem ter relação com a proposta vencedora. Afora isso, traz três novidades.

A primeira, relacionada ao critério de julgamento. Há a previsão de que será o de melhor técnica ou conteúdo artístico. Uma banca irá avaliar exclusivamente as propostas técnicas ou artísticas apresentadas pelos licitantes. É bom chamar a atenção para o fato de que, na nova lei, o julgamento por melhor técnica não tem mais proposta de preço a ser considerada na decisão final.

A segunda novidade é que a lei passa a expressamente permitir que o concurso também sirva para elaboração de projeto. Isto permitirá que o ente público estabeleça etapas prévias de entrega e contribua, interagindo com o privado, para que o produto final atinja os objetivos almejados.

Por fim, o vencedor, tal como no modelo antigo, ainda deverá ceder à Administração Pública todos os direitos patrimoniais relativos ao projeto e autorizar a sua execução livremente por ela. Porém, a Administração poderá deixar de exigir a cessão desses direitos quando o objeto da contratação envolver atividade de pesquisa e desenvolvimento de caráter científico, tecnológico ou de inovação. A turma que trabalha com a Lei de Inovação festejou.

Informação bibliográfica deste texto, conforme a NBR 6023:2018 da Associação Brasileira de Normas Técnicas (ABNT):

MONTEIRO, Vera. O concurso não é mais o mesmo – Nova Lei de Licitações modernizou o concurso. *In*: SUNDFELD, Carlos Ari; JORDÃO, Eduardo; MOREIRA, Egon Bockmann; MARQUES NETO, Floriano de Azevedo; BINENBOJM, Gustavo; CÂMARA, Jacintho Arruda; MENDONÇA, José Vicente Santos de; JUSTEN FILHO, Marçal; MONTEIRO, Vera. *Publicistas: direito administrativo sob tensão*. Belo Horizonte: Fórum, 2022. p. 169-170. ISBN 978-65-5518-311-5.

CONDIÇÕES PARA LICITAR NÃO SE CONFUNDEM COM REQUISITOS DE HABILITAÇÃO – AS CONDIÇÕES DE PARTICIPAÇÃO COMPREENDEM EXIGÊNCIAS MUITO DIVERSAS

MARÇAL JUSTEN FILHO

A Lei nº 14.133 admite exigências cujo preenchimento é indispensável para participar da licitação, mas que não se configuram como requisito de habilitação.

Requisitos de habilitação destinam-se a demonstrar a capacitação para executar o contrato e seu atendimento deve ocorrer durante o procedimento licitatório. O requisito de habilitação é proporcional às condições da futura contratação. Somente é válido aquele que se revelar adequado e necessário para assegurar um mínimo de segurança quanto à aptidão do licitante para execução satisfatória do contrato. A ausência do requisito de habilitação acarreta a inabilitação do licitante.

Não se configuram como requisitos de habilitação exigências a serem cumpridas durante a execução do contrato. É o caso do percentual mínimo de mão de obra composto por mulheres vítimas de violência doméstica e de oriundos ou egressos do sistema prisional. A infração ao requisito contratual conduz ou à desclassificação da proposta ou à configuração de inadimplemento.

Enquadram-se como requisitos de habilitação essencialmente as previsões (e somente algumas delas) relacionadas à qualificação técnica e à qualificação econômico-financeira. Muitas das exigências da Lei nº 14.133 não são requisitos de habilitação, ainda que sejam incluídas na categoria. Essas condições, tal como ocorre com as exigências quanto à qualificação jurídica e à habilitação fiscal, social e trabalhista, não externam aptidão para executar o contrato. Respeitar a reserva de cargos para pessoas com deficiência (art. 63, inc. IV) não demonstra qualificação quanto ao desempenho contratual, mas atende aos objetivos de uma política pública.

Há outros exemplos. O edital deve dispor sobre a participação de consórcios e de cooperativas. O art. 58 autoriza garantia da proposta, "como requisito de pré-habilitação". O sancionamento ao licitante (ou a pessoas jurídicas a que se vincular) pode acarretar vedação à participação no certame. O credenciamento perante o provedor do sistema é uma condição de participação nas licitações eletrônicas.

Essas exigências são imposições relacionadas a outras finalidades, inclusive pertinentes a políticas públicas, e não à demonstração da qualificação para executar objeto contratual. Essas condições de participação, entendidas em sentido restrito, são subordinadas a critérios de validade diversos dos requisitos de habilitação. O seu dimensionamento não é proporcional à prestação contratual. Os limites de validade a serem observados no caso concreto são de natureza distinta.

Em geral, a lei dispõe sobre a condição de participação em sentido restrito. Em outros, a lei atribui ao edital tratar do tema. Mas não se admitem condições de participação não previstas, ainda que implicitamente, pela lei ou que infrinjam a Constituição.

A complexidade da Lei nº 14.133 exige instrumentos jurídicos mais sofisticados. A diferenciação proposta reduz confusões e facilita o controle das soluções discricionárias estabelecidas no edital.

Informação bibliográfica deste texto, conforme a NBR 6023:2018 da Associação Brasileira de Normas Técnicas (ABNT):

JUSTEN FILHO, Marçal. Condições para licitar não se confundem com requisitos de habilitação – As condições de participação compreendem exigências muito diversas Título. In: SUNDFELD, Carlos Ari; JORDÃO, Eduardo; MOREIRA, Egon Bockmann; MARQUES NETO, Floriano de Azevedo; BINENBOJM, Gustavo; CÂMARA, Jacintho Arruda; MENDONÇA, José Vicente Santos de; JUSTEN FILHO, Marçal; MONTEIRO, Vera. *Publicistas*: direito administrativo sob tensão. Belo Horizonte: Fórum, 2022. p. 171-172. ISBN 978-65-5518-311-5.

A LEI Nº 14.133/2021 E A SEGURANÇA JURÍDICA NOS CONTRATOS ADMINISTRATIVOS – INOVAÇÕES PONTUAIS DA NOVA LEI PODEM AUMENTAR PREVISIBILIDADE E ESTABILIDADE NAS RELAÇÕES CONTRATUAIS DA ADMINISTRAÇÃO PÚBLICA

GUSTAVO BINENBOJM

A Nova Lei de Licitações e Contratos Administrativos não representa ruptura abrupta com o regime anterior. Ao contrário, a opção clara foi por continuidade, consolidação de leis esparsas e inclusão de inovações pontuais, como soluções incrementais para velhos problemas. Algumas delas são vocacionadas à melhoria da segurança jurídica nas contratações públicas.

Inicio pelo art. 103, *caput* e seu §1º, que prevê a alocação de riscos entre o Poder Público e o contratado, bem como daqueles a serem compartilhados, levando em conta a lógica do contrato, a natureza do risco e a capacidade de cada parte para melhor gerenciá-lo. Não faz sentido que o legislador engesse uma específica matriz de riscos para todos os contratos, como fazia a Lei nº 8.666/93, sem dar espaço para a busca de maior eficiência em cada caso.

O art. 123 traz a salutar – embora um tanto pleonástica – previsão de que a Administração tem o dever de emitir decisões explícitas sobre todas as solicitações e reclamações relacionadas à execução contratual, no prazo máximo de 30 dias, salvo outro fixado em lei ou no contrato. Também positivo o art. 130, que exige que o reequilíbrio econômico-financeiro contratual seja restabelecido no mesmo termo aditivo no qual materializada a alteração unilateral pela Administração.

Na linha da redução dos riscos de inadimplemento, o art. 137, §2º, inc. IV, reduz para dois meses o prazo de tolerância à mora administrativa. Após isso o particular optará entre a rescisão contratual ou a exceção do contrato não cumprido. O ideal teria sido prever a escolha motivada quanto à inclusão ou não das cláusulas exorbitantes, conforme a necessidade de cada caso. Assim seria possível ao administrador *dosar* o grau de exorbitância com o aumento do risco – e consequentemente do preço – gerado para o particular. Tal solução não foi acolhida pelo legislador de modo expresso. O tema fica à espera de solução interpretativa adequada. O art. 142 faculta a inclusão de disposição expressa no edital ou no contrato prevendo o pagamento em conta vinculada ou pela efetiva comprovação do fato gerador. Já o art. 143 assegura ao particular o recebimento da parcela incontroversa do pagamento, caso haja alguma discussão sobre a execução de suas obrigações.

O art. 151 prevê a possibilidade de uso de meios alternativos (tratados modernamente como meios *adequados*) de prevenção e resolução de controvérsias nas contratações públicas, como conciliação, mediação, *dispute boards* e arbitragem. É boa a ideia de *desjudicializar* essas demandas, como técnica de redução de custos de transação nos contratos públicos. Teria sido dispensável aludir a "direitos patrimoniais disponíveis". A restrição, além de já prevista na Lei de Arbitragem, tem gerado mais dúvidas do que certezas no direito público.

Enfim, a Lei nº 14.133/2021 não é uma lei que promoverá uma revolução nas contratações públicas brasileiras. Caberá a seus intérpretes encontrarem nela as melhores soluções e não a reincidência em velhos erros.

Informação bibliográfica deste texto, conforme a NBR 6023:2018 da Associação Brasileira de Normas Técnicas (ABNT):

BINENBOJM, Gustavo. A Lei nº 14.133/2021 e a segurança jurídica nos contratos administrativos – Inovações pontuais da nova lei podem aumentar previsibilidade e estabilidade nas relações contratuais da Administração Pública. In: SUNDFELD, Carlos Ari; JORDÃO, Eduardo; MOREIRA, Egon Bockmann; MARQUES NETO, Floriano de Azevedo; BINENBOJM, Gustavo; CÂMARA, Jacintho Arruda; MENDONÇA, José Vicente Santos de; JUSTEN FILHO, Marçal; MONTEIRO, Vera. *Publicistas:* direito administrativo sob tensão. Belo Horizonte: Fórum, 2022. p. 173-174. ISBN 978-65-5518-311-5.

INVALIDAÇÃO DE CONTRATOS PÚBLICOS NA NOVA LEI: UM EXEMPLO DE CONSEQUENCIALISMO – A INVALIDAÇÃO DE CONTRATOS NÃO PODE CONTRARIAR O INTERESSE PÚBLICO

JACINTHO ARRUDA CÂMARA

A futura lei de contratações públicas deve fixar o interesse público como requisito para a invalidação dos contratos administrativos. Se invalidar ou suspender a execução de contrato prejudicar o interesse público, a medida não deve ser adotada (art. 146).

O reconhecimento de que o interesse público não pode ser prejudicado pela invalidação de atos ou contratos administrativos não é novidade. Seabra Fagundes, no clássico *O controle dos atos administrativos pelo Poder Judiciário*, difundiu exemplo no qual, para proteção do interesse público, ato ilegal não fora invalidado. Tratava-se de licenciamento irregular de loteamento, preservado para não prejudicar famílias de baixa renda já assentadas. A LINDB, com os acréscimos da Lei nº 13.655, de 2018, aponta para o mesmo sentido ao impor à decisão que invalidar ato ou contrato o ônus de indicar as condições para sua regularização "sem prejuízo aos interesses gerais" (art. 21, parágrafo único).

A Lei de Contratações Públicas cria balizas para se avaliar a compatibilidade da invalidação do contrato com o interesse público. Elas são um misto de critérios políticos, econômicos e sociais, variando de "impactos econômicos e financeiros decorrentes do atraso na fruição dos benefícios" previstos para o contrato a "riscos sociais, ambientais e à segurança da população local decorrentes do atraso na fruição" desses benefícios. O exame também pode considerar a "motivação social e ambiental do contrato", o "custo da deterioração ou da perda das parcelas executadas"; a "despesa necessária à preservação das instalações e dos serviços já executados", o "fechamento de postos de trabalho diretos e indiretos em razão da paralisação", o "custo para realização de nova licitação ou celebração de novo contrato", entre outros. A lista é exemplificativa. A invalidação deve ser preterida quando for incompatível com qualquer interesse público que imponha a preservação do contrato.

Essa avaliação será obrigatória. Não basta constatar ilegalidade para expurgar um contrato administrativo; será necessário avaliar se invalidá-lo é compatível com o interesse público (art. 147). Se, para atender ao interesse público, a avença for preservada, a irregularidade poderá gerar apenas indenização por perdas e danos, além da responsabilização de quem lhe tiver dado causa (art. 146, parágrafo único).

Adotou-se postura consequencialista. A invalidação só se justificará se seus efeitos atenderem ao interesse público. Como o Judiciário aplicará tais critérios? Essa decisão não deve ser mera manifestação de vontade ou de impressões subjetivas; o julgador precisará ampliar seu repertório, de modo a analisar os impactos econômicos e político-sociais das contratações impugnadas. E os tribunais de contas? Eles também deverão se adaptar. Embora sem competência para invalidar ou sustar contratos, devem adotar os novos parâmetros em suas recomendações, apontando quando contratações irregulares devam ou não ser invalidadas em função do interesse público.

Informação bibliográfica deste texto, conforme a NBR 6023:2018 da Associação Brasileira de Normas Técnicas (ABNT):

CÂMARA, Jacintho Arruda. Invalidação de contratos públicos na nova lei: um exemplo de consequencialismo – A invalidação de contratos não pode contrariar o interesse público. In: SUNDFELD, Carlos Ari; JORDÃO, Eduardo; MOREIRA, Egon Bockmann; MARQUES NETO, Floriano de Azevedo; BINENBOJM, Gustavo; CÂMARA, Jacintho Arruda; MENDONÇA, José Vicente Santos de; JUSTEN FILHO, Marçal; MONTEIRO, Vera. *Publicistas*: direito administrativo sob tensão. Belo Horizonte: Fórum, 2022. p. 175-176. ISBN 978-65-5518-311-5.

CONTRATO PÚBLICO PARA SOLUÇÃO INOVADORA – NÃO PRECISAMOS DE LEI COMPLEMENTAR PARA ISSO

VERA MONTEIRO

Tenho acompanhado o tema da contratação de inovação por governo. Sou mentora dos ciclos aceleração de *startups* da BrazilLab e vi de perto experiências como o Pitch Sabesp e o Pitch Gov. Sempre digo aos meus mentorados que não existe uma rota certeira que garanta a contratação de inovação por governo. Depende do produto ou serviço que se quer vender, do mercado no qual ele está inserido, do modelo de negócio e das características do vendedor e do comprador.

Em outubro o Ministério da Economia apresentou o *marco legal das startups* via Projeto de Lei Complementar – PLP n° 249/2020 (apensado ao PLP n° 146/2019, em tramitação).

A proposta cria o *Contrato Público para Solução Inovadora* (CPSI), a ser celebrado por licitação "na modalidade especial" para *testar* soluções inovadoras. Sua vigência foi limitada a 12 meses (prorrogável pelo mesmo período). O valor máximo a ser pago à contratada não poderá ser superior a R$1,6 milhão. Encerrado o CPSI, o ente público poderá celebrar, sem licitação, contrato para fornecimento do objeto testado com vigência de até 24 meses, prorrogável pelo mesmo período. Nenhum fornecimento (incluídas as prorrogações) poderá superar R$8 milhões.

Pelo PLP nº 249, a licitação é especial porque o edital poderá se restringir à indicação do problema a ser resolvido, dos resultados esperados e dos desafios tecnológicos a serem superados. O critério de julgamento é flexível porque adequável à avaliação do desafio. A habilitação poderá ser dispensada

A ideia do experimentalismo é boa. Mas por que licitar o teste? Por que a solução do PLP nº 249 seria melhor do que a do regulamento da Sabesp que previu o chamamento público e o termo de cooperação para testar inovação de cunho tecnológico? Por que lei para regular a contratação de teste?

Talvez porque não superamos o mito de que a formalidade previne a corrupção. Mas essa estratégia não apenas falhou, como aumenta a desconfiança com a discricionariedade administrativa.

Lei não tem valor mágico. O que é preciso é implementar e fazer gestão do processo de compra. O caminho é exigir motivação na decisão, pautada por critérios adequados ao mercado das startups de inovação. Atrair a Lei nº 8.666/93 ("no que couber") para esse ambiente é um pesadelo. A Administração Pública não precisa de autorização legal específica para contratar. Criar tipo contratual por lei complementar é má técnica legislativa. Em matéria contratual pública, a Administração pode contratualizar tudo que não seja proibido.

Não é por falta de lei de licitação e contratos que a Administração tem dificuldade de contratar inovação. Mais eficiente do que fixar em lei dado procedimento licitatório ou tipo contratual seria dotar a Administração de organismo normatizador e executor de contratações públicas, dotado de carreiras próprias que propiciassem a especialização em inovação e gestão pública (Nota Técnica nº 47 do Ipea, de 2019 e Texto para Discussão Ipea nº 1990, de 2014).

Informação bibliográfica deste texto, conforme a NBR 6023:2018 da Associação Brasileira de Normas Técnicas (ABNT):

MONTEIRO, Vera. Contrato público para solução inovadora – Não precisamos de lei complementar para isso. *In*: SUNDFELD, Carlos Ari; JORDÃO, Eduardo; MOREIRA, Egon Bockmann; MARQUES NETO, Floriano de Azevedo; BINENBOJM, Gustavo; CÂMARA, Jacinto Arruda; MENDONÇA, José Vicente Santos de; JUSTEN FILHO, Marçal; MONTEIRO, Vera. *Publicistas:* direito administrativo sob tensão. Belo Horizonte: Fórum, 2022. p. 177-178. ISBN 978-65-5518-311-5.

O QUE É CONTRATO DE IMPACTO SOCIAL (CIS)? – GESTORES PÚBLICOS PODEM INOVAR E EXPERIMENTAR EM MATÉRIA CONTRATUAL

VERA MONTEIRO

CIS é *contrato* celebrado entre o Poder Público e o agente privado que fica responsável pela prestação de *serviço de impacto social*, no qual são previstos pagamentos condicionados ao atingimento de *metas*. Quanto maior o impacto positivo sobre a população-alvo, maior a remuneração do contratado. A inspiração é o *social impact bond* dos ingleses.

Não sendo atingidas as metas sociais, os investidores não recebem contrapartida e o governo não precisará pagar pelo serviço. O contrato atribui margem de liberdade para o privado atingir os resultados contratados. Interessam os resultados e apontar o que não é permitido que o privado faça para chegar lá.

Em suma, CIS é *contrato de resultado social*.

Em geral, eles são medidos por método comparativo, entre um grupo de tratamento e um de controle, associado a testes estatísticos para detectar o impacto do contrato. Há também exemplos de medição com base em dados históricos ou em outros métodos mais diretos de monitoramento de indicadores.

Quanto mais bem estruturado o contrato, maior a chance de atração de capital privado em busca de retorno. O CIS, portanto, é um estímulo à participação de *investidores de impacto* em negócios públicos de natureza social com fins lucrativos. Quem seriam esses investidores? Os que aceitam remuneração abaixo dos padrões de mercado, com disposição para aceitar menor retorno quando o negócio tem ênfase em atividade socioambiental. E os agentes privados? Pessoas jurídicas com ou sem finalidade lucrativa.

A premissa é que as intervenções possam simultaneamente gerar impacto social positivo; retorno financeiro ao investidor (que auferirá lucro só na hipótese de sucesso das intervenções sociais, o que justifica que o contrato autorize o investidor a ter governança sobre o contrato); e economia ao Poder Público (que poderá ter custos reduzidos).

Detalhe importante: as normas jurídicas em vigor não preveem o tipo contratual CIS. Mas isso não é um problema.

O tema traz de volta a discussão sobre a liberdade de contratar da Administração Pública. Ela só poderia firmar tipo contratual definido em lei, com cláusula nela autorizada? Haveria necessidade de autorização em lei para contratar? Essa concepção da legalidade é correta em matéria penal e tributária, mas não quando se trata de contratos, cuja celebração é ato de administração ordinária do Poder Público. A autorização geral para contratar (regra de competência) e para realizar despesa (lei orçamentária) viabiliza que o gestor faça uso de qualquer meio negocial. Noutras palavras, em matéria contratual pública, a Administração pode contratualizar tudo que não seja proibido.

O estado de São Paulo tentou o modelo em 2017. Propôs CIS para diminuir a evasão e a reprovação escolar de alunos do ensino médio, o qual, por razões políticas, não vingou. Em outubro de 2019, o Ministério da Economia usou a lógica do CIS para contratar serviço de qualificação profissional de 800 jovens desempregados. O caminho é mesmo esse: inovar e experimentar.

Informação bibliográfica deste texto, conforme a NBR 6023:2018 da Associação Brasileira de Normas Técnicas (ABNT):

MONTEIRO, Vera. O que é contrato de impacto social (CIS)? – Gestores públicos podem inovar e experimentar em matéria contratual. *In*: SUNDFELD, Carlos Ari; JORDÃO, Eduardo; MOREIRA, Egon Bockmann; MARQUES NETO, Floriano de Azevedo; BINENBOJM, Gustavo; CÂMARA, Jacintho Arruda; MENDONÇA, José Vicente Santos de; JUSTEN FILHO, Marçal; MONTEIRO, Vera. *Publicistas*: direito administrativo sob tensão. Belo Horizonte: Fórum, 2022. p. 179-180. ISBN 978-65-5518-311-5.

PARTE VI
CONTROLES PÚBLICOS EM TRANSIÇÃO

DECIDINDO COMO DECIDIR (PARTE I) – PADRÕES DECISÓRIOS NO CONTROLE DA ADMINISTRAÇÃO PÚBLICA PROMOVERIAM MAIS COERÊNCIA, EFICIÊNCIA E SEGURANÇA JURÍDICA

GUSTAVO BINENBOJM

O direito processual penal tem padrões decisórios consolidados para situações de incerteza: *in dubio pro societate*, em favor do recebimento da denúncia, no início do processo; *in dubio pro reo*, quando do julgamento final. Há uma definição sobre como juízes criminais devem decidir, em distintas situações processuais. Os *trade offs* estão postos à mesa com franqueza: na instauração da ação penal, prefere-se correr o risco de processar suposto inocente a inocentar, desde logo, possível culpado; no veredito definitivo, havendo dúvida razoável, prefere-se inocentar eventual culpado a condenar virtual inocente. Advogados de defesa e promotores de justiça se digladiam sobre os fatos e seu enquadramento, mas as categorias jurídicas estão lá para nortear as decisões de abertura e encerramento dos processos.

Há clara decisão de segunda ordem (uma metadecisão) que precede as decisões em cada caso. Razões de ordens distintas foram levadas em consideração para a formulação do padrão: a limitação de meios para coligir provas; a utilidade social da resposta penal; a possibilidade de produção de provas, por acusação e defesa, no processo; a falibilidade cognitiva dos seres humanos (juízes, inclusive) na apreciação de fatos passados; a intolerância social superlativa à condenação e estigmatização de possíveis inocentes.

E no direito administrativo? Há padrões decisórios consolidados sobre o comportamento a ser observado por juízes e demais controladores em situações de incerteza? A resposta parece ser negativa. Neste particular, a indefinição é o nosso regime. Respondemos ao problema da incerteza normativa – sério desafio para qualquer Estado de direito – com ainda maior incerteza institucional.

Apresso-me em esclarecer que não disponho de pesquisa empírica com valor científico que comprove a hipótese. Trata-se de mera percepção tomada por amostragem ao longo de 25 anos de vida profissional, aqui, ali e acolá. *Aqui*, juízes ativistas proclamam a controlabilidade do outrora intangível mérito administrativo, aplicando o dever de proporcionalidade. *Ali*, tribunais conservadores adotam postura de maior autocontenção, sendo deferentes a escolhas ou interpretações administrativas. *Acolá* (em Brasília, inclusive), cortes judiciárias e administrativas se recusam a decidir como questões administrativas devem ser decididas *ex ante*: depende do caso, dizem. Depende mesmo. Mas como os controladores devem lidar com casos controvertidos, sem descambar para o voluntarismo ou a pura loteria?

É preciso criar um padrão decisório vinculante para o Judiciário e a Administração controladora, como parte essencial do trabalho de uniformização da interpretação do direito. Trata-se de compreender a construção do processo decisório como escolha institucional prévia à interpretação e aplicação do direito a casos concretos, e condição *sine qua non* à coerência, eficiência e segurança do sistema jurídico. Precisamos decidir como decidir.

Na Parte II deste artigo, pretendo apresentar modelos decisórios adotados em outras jurisdições e discutir alternativas possíveis para o Brasil.

Informação bibliográfica deste texto, conforme a NBR 6023:2018 da Associação Brasileira de Normas Técnicas (ABNT):

BINENBOJM, Gustavo. Decidindo como decidir (Parte I) – Padrões decisórios no controle da Administração Pública promoveriam mais coerência, eficiência e segurança jurídica. *In*: SUNDFELD, Carlos Ari; JORDÃO, Eduardo; MOREIRA, Egon Bockmann; MARQUES NETO, Floriano de Azevedo; BINENBOJM, Gustavo; CÂMARA, Jacinto Arruda; MENDONÇA, José Vicente Santos de; JUSTEN FILHO, Marçal; MONTEIRO, Vera. *Publicistas*: direito administrativo sob tensão. Belo Horizonte: Fórum, 2022. p. 183-184. ISBN 978-65-5518-311-5.

DECIDINDO COMO DECIDIR (PARTE II) – O CONTROLE DA ADMINISTRAÇÃO PÚBLICA DEVE ENVOLVER ESCOLHAS REALISTAS E ESQUEMAS DECISÓRIOS FACTÍVEIS

GUSTAVO BINENBOJM

A dicotomia clássica entre vinculação e discricionariedade é falsa. Tornou-se obsoleta e inútil como parâmetro de mediação entre inafastabilidade do controle judicial e separação de poderes, entendida como prerrogativa de decidir por último. Quando não se quer controlar, invoca-se a divisão de funções estatais; quando se quer, supera-se a intangibilidade do mérito administrativo. Ora, um padrão que serve para motivar qualquer decisão não se presta a motivar decisão alguma.

Uma fina ironia perpassa hoje a contraposição entre os dois modelos de controle jurisdicional da Administração. Na Europa continental, prevalece a jurisdição administrativa fundada na concepção de que "julgar a Administração ainda é administrar". Quer-se *blindar* atos administrativos contra a interferência do Judiciário. Já na *common law* prevalece o *judicial review*, baseado na ideia de que a independência judicial seria a melhor forma de proteger direitos e impor aos agentes da Administração a fidelidade ao direito.

A ironia: esses modelos evoluíram para posturas metodológicas distintas e de certa forma contrárias à sua inspiração original. Em ambos, há controle *a priori* do cumprimento de normas pela Administração. A distinção se dá em situações de incerteza, quando surge espaço para *interpretação* ou *escolha* administrativa. Nas jurisdições europeias, verifica-se tendência a controles mais intensos, seja pela interpretação de conceitos jurídicos indeterminados, seja pela aplicação de princípios. No mundo jurídico anglo-saxão, há maior deferência do Judiciário às decisões administrativas, observadas certas condições.

Eduardo Jordão (em *Controle judicial de uma Administração Pública complexa*, Malheiros, 2016) especula que a retração da força do controle do Judiciário norte-americano e canadense se deve à permeabilidade das escolas de direito e da cultura desses países ao realismo jurídico e a estudos interdisciplinares. Salvo nos casos de inobservância chapada a regras jurídicas, o papel do controlador não é o de oferecer *a resposta certa*, mas apenas checar se o gestor seguiu os procedimentos, apreciou os fatos relevantes, e se motivou adequadamente sua decisão. Trata-se de um controle procedimental e *negativo*, de exclusão das decisões incongruentes ou insustentáveis.

No Brasil, proponho que o STF eleja um caso que sirva de paradigma vinculante para todos os juízes e tribunais do país, como modelo de controle *jurídico institucionalmente adequado*. O modelo sugerido: (I) quanto mais objetiva a norma aplicável ao caso, mais intenso o controle; (II) em casos de incerteza normativa, o controlador deve se limitar à exclusão de decisões incongruentes ou insustentáveis, sendo deferente à interpretação ou escolha administrativa desde que observados os requisitos procedimentais (devido processo, participação, consideração dos fatos e motivação adequada). A decisão sobre como decidir casos de direito administrativo envolve, sobretudo, reconhecer os limites do direito na busca das melhores escolhas para a sociedade.

Informação bibliográfica deste texto, conforme a NBR 6023:2018 da Associação Brasileira de Normas Técnicas (ABNT):

BINENBOJM, Gustavo. Decidindo como decidir (Parte II) – O controle da Administração Pública deve envolver escolhas realistas e esquemas decisórios factíveis. *In*: SUNDFELD, Carlos Ari; JORDÃO, Eduardo; MOREIRA, Egon Bockmann; MARQUES NETO, Floriano de Azevedo; BINENBOJM, Gustavo; CÂMARA, Jacintho Arruda; MENDONÇA, José Vicente Santos de; JUSTEN FILHO, Marçal; MONTEIRO, Vera. *Publicistas*: direito administrativo sob tensão. Belo Horizonte: Fórum, 2022. p. 185-186. ISBN 978-65-5518-311-5.

POR MODELOS DISTINTOS DE CONTROLE DA ADMINISTRAÇÃO – AO CONTRÁRIO DO BRASIL, ALGUNS PAÍSES CONTAM EXPLICITAMENTE COM MODELOS DE INTENSIDADES DIFERENTES

EDUARDO JORDÃO

A ideia de que, em algumas circunstâncias, é conveniente que os órgãos de controle *prestem deferência* às decisões da Administração Pública é cada vez mais aceita e difundida tanto na doutrina, como na jurisprudência brasileiras.

Para sua implementação efetiva, no entanto, essa ideia se beneficiaria bastante da *existência explícita*, no direito brasileiro, de modelos distintos e bem definidos de controle, de intensidades diferentes.

Assim é em vários outros países. Na França, os juízes administrativos têm à sua disposição os modelos de controle "normal" e "restrito" (*contrôle normal et contrôle restreint*). No Canadá, os juízes podem aplicar os modelos de "correção" e de "razoabilidade" (*correctness standard or reasonableness standard*). Os primeiros são tipos de controle ilimitados (não deferentes à Administração Pública); os segundos são tipos de controle limitados (deferentes).

Os modelos de controle distinguem-se entre si em função do tipo de operação intelectual que deve ser realizada pelo controlador para *avaliar a licitude* da ação administrativa sob controle. Assim, no exemplo didático do sistema canadense, a depender das características da decisão administrativa sob controle e da instituição administrativa que a prolatou, pode o controlador aplicar (i) um controle não deferente, no qual avalia sem limites "a correção" da decisão administrativa, anulando-a sempre que considerar que aquela não era *a decisão correta* a ser tomada no caso concreto; e um (ii) controle deferente, no qual avalia apenas a *razoabilidade* da decisão administrativa, devendo mantê-la ainda que ela não corresponda àquela que ele, controlador, considera a mais correta.

Os modelos de controle podem ser criados pela lei ou pela jurisprudência. Aqueles mencionados acima foram criados pelo Conselho de Estado francês e pela Suprema Corte Canadense. Mas os Estados Unidos, por exemplo, têm modelos de controle previstos explicitamente na legislação.

Entendo que seria possível e desejável que se diferenciassem explicitamente no Brasil, pela via jurisprudencial ou legislativa, modelos de controle deferente e não deferente – aos quais conviria dar um nome, pegando de empréstimo as didáticas denominações canadenses ou criando originais brasileiras.

A rigor, a existência explícita de um modelo de controle deferente não é condição necessária para a limitação casuística do controle. Tanto assim que um controle restrito já é tradicionalmente aplicado, entre nós, aos casos de discricionariedade administrativa.

Mas esta explicitação tenderia a produzir as seguintes vantagens: (i) deixaria mais evidente a existência de formas diferentes de controlar a Administração Pública, a depender das circunstâncias do caso concreto; (ii) imporia a discussão específica sobre a quais casos se aplicam cada um dos modelos; e (iii) esclareceria qual o juízo intelectual que se espera do controlador em cada caso, para fins de avaliação da licitude da atuação administrativa.

Informação bibliográfica deste texto, conforme a NBR 6023:2018 da Associação Brasileira de Normas Técnicas (ABNT):

JORDÃO, Eduardo. Por modelos distintos de controle da administração – Ao contrário do Brasil, alguns países contam explicitamente com modelos de intensidades diferentes. *In*: SUNDFELD, Carlos Ari; JORDÃO, Eduardo; MOREIRA, Egon Bockmann; MARQUES NETO, Floriano de Azevedo; BINENBOJM, Gustavo; CÂMARA, Jacintho Arruda; MENDONÇA, José Vicente Santos de; JUSTEN FILHO, Marçal; MONTEIRO, Vera. *Publicistas*: direito administrativo sob tensão. Belo Horizonte: Fórum, 2022. p. 187-188. ISBN 978-65-5518-311-5.

DESCONTROLE JUDICIAL DA ADMINISTRAÇÃO PÚBLICA? – LITIGÂNCIA DE MASSA PODE DESCONTROLAR A AÇÃO ADMINISTRATIVA

CARLOS ARI SUNDFELD

Será que nós, juristas, sabemos mesmo o que se passa nos mundos administrativo e judicial? Estou em dúvida.

Ideias e teorias de direito administrativo não deveriam nascer de abstrações, mas dar conta de problemas reais nas relações com administrações públicas. É assim quando defendemos a necessidade do controle para corrigir arbitrariedades e criticamos os juízes que avocam a discricionariedade administrativa. Essas preocupações – com arbitrariedade administrativa e discricionariedade judicial – foram sugeridas pela prática e são relevantes.

Mas talvez não estejamos percebendo outro risco: o descontrole pela pulverização judicial. Em artigo anterior, referi pesquisa sobre judicialização da saúde, que mostrou a tendência de, na concessão de medicamentos, os juízes desprezarem análises científicas de caráter geral, vindas de órgãos administrativos qualificados, e dar valor a prescrições individuais de médicos desconhecidos.

Outra pesquisa, agora sobre o INSS, ajuda a ver mais longe. O INSS é responsável pelos benefícios previdenciários (aposentadoria, salário-maternidade, auxílios-doença e acidente etc.) e pelo BPC (para pessoas com deficiência ou mais de 65 anos e sem renda). O volume é gigantesco. Entre dezembro de 2018 e dezembro de 2019 foram 9,5 milhões de decisões: 5,5 deferindo e 4 indeferindo pedidos.

O INSS é o maior produtor de processos e atos administrativos do Brasil. Tem mecanismos para manter o mínimo de coerência interna. Frequentemente não funcionam, mas há o esforço.

Só que, em matéria previdenciária, a atuação da Justiça também é gigante. Cerca de 11% dos benefícios são concedidos por ela, contra a avaliação anterior do INSS. O que ela mais defere: auxílio-doença (26% vêm dos juízes) e aposentadoria por invalidez (16%), justamente os processos com questões mais médicas e fáticas do que normativas. Será que, nesses casos, são mesmo os juízes os protagonistas da decisão judicial?

Nos milhões de casos sobre incapacidade para o trabalho, o INSS segue suas perícias internas – que têm muitos problemas, mas ao menos tentam refletir orientações mais gerais. Já a Justiça tende a ser mais individual, por princípio. Juízes parecem desconfiar da administração previdenciária, exageram na independência e não respondem pela coerência geral. Podem decidir liminarmente. E, sem serem especialistas, acabam confiando em peritos que atuam em juízo sem supervisão global.

Em suma: é possível que, em setores massificados como saúde e previdência, a Justiça não esteja controlando a Administração Pública por critérios gerais e estáveis, como gostaria. Sem que perceba, pode estar sendo usada para, nas mãos de terceiros, os critérios administrativos variarem e saírem do controle. Pesquisas mostram manipulações, inclusive de advogados, em outros campos.

Todo cuidado é pouco: a pulverização, que afoga e desnorteia os juízes, pode fazer mais mal que a deferência cega aos atos da Administração Pública. Assim, seria um bom avanço se a Justiça confiasse menos em si.

Informação bibliográfica deste texto, conforme a NBR 6023:2018 da Associação Brasileira de Normas Técnicas (ABNT):

SUNDFELD, Carlos Ari. Descontrole judicial da Administração Pública? – Litigância de massa pode descontrolar a ação administrativa. *In*: SUNDFELD, Carlos Ari; JORDÃO, Eduardo; MOREIRA, Egon Bockmann; MARQUES NETO, Floriano de Azevedo; BINENBOJM, Gustavo; CÂMARA, Jacintho Arruda; MENDONÇA, José Vicente Santos de; JUSTEN FILHO, Marçal; MONTEIRO, Vera. *Publicistas*: direito administrativo sob tensão. Belo Horizonte: Fórum, 2022. p. 189-190. ISBN 978-65-5518-311-5.

UMA VACINA CONTRA O VOLUNTARISMO DO CONTROLADOR – PROPOSTA DE LEI CRIA A EXCEÇÃO ADMINISTRATIVA POR ILEGALIDADE MANIFESTA

EDUARDO JORDÃO

Numa canetada, um juiz do Amapá afastou toda a diretoria da Aneel e do ONS. Alegou, sem demonstrar, risco de interferência na apuração sobre o apagão sofrido por aquele estado.

Dias antes, já havia decidido que, por causa do mesmo apagão, a população do Amapá receberia mais duas parcelas do auxílio emergencial fornecido pelo Governo Federal durante a pandemia.

As decisões são representativas do *modus operandi* de alguns controladores brasileiros. Inspirados por boas intenções e escassa concretude normativa, parecem não conhecer limites além da sua própria imaginação para impor à Administração suas vontades ou leituras do direito.

A AGU correu para contestar a decisão que abre este texto por meio de pedido de suspensão de liminar, ao final acolhido.

Mas a contestação judicial é solução pontual, incerta, eventualmente demorada – e implica ônus para as vítimas das determinações desatinadas.

De que alternativas mais gerais pode cogitar o direito para o voluntarismo do controlador?

A primeira é exigir mais equilíbrio de quem tem tanto poder. Vai por aí a LINDB, ao requerer que os controladores avaliem as consequências de suas decisões e considerem o contexto das ações controladas. Outra opção consiste em responsabilizar controladores que cometerem erros grosseiros. Como os demais mortais, passariam a responder por suas ações. Propostas deste tipo sofrem reações significativas, dado o risco de estes instrumentos serem manejados arbitrariamente – embora o mesmo risco exista nas sanções que os controladores impõem aos gestores.

Uma terceira hipótese inspira proposta de lei que o Prof. Carlos Ari Sundfeld e eu elaboramos e agora submetemos ao debate.

A ideia é conferir ao gestor público papel mais ativo na defesa da ordem jurídica, dando-lhe instrumentos para reagir contra ilegalidades que lhe sejam determinadas – também, mas não exclusivamente, por controladores.

A administração destinatária de ordem, de outra autoridade pública, com impacto sobre suas competências ou ações, poderia suscitar exceção administrativa por ilegalidade manifesta, com imediato e automático efeito suspensivo da ordem recebida (art. 3º).

A proposta limita a competência para usar a exceção, buscando reservá-la a autoridades superiores ou colegiadas (art. 6º). Também especifica o procedimento para adotá-la, com participação de outros atores institucionais (art. 6º, §§2º e 5º).

Prevê ainda imunidades à exceção (art. 5º), vetando seu uso contra decisões de algumas autoridades (em especial colegiadas) ou relativas a algumas matérias, por exemplo.

Partimos da premissa de que há necessidade de reequilibrar a relação gestor-controlador. Atualmente, enquanto um lado age livremente, ao outro, cabem ônus e limites.

A proposta é uma tentativa nesta direção. Mas não é mesmo fácil calibrar – e por isso mesmo é importante discuti-la.

O que faria sentido incluir ou alterar? Um limite ao número de vezes em que o instrumento poderia ser usado? Mais imunidades à exceção? Um procedimento mais rígido?

Vamos pensar juntos?

Informação bibliográfica deste texto, conforme a NBR 6023:2018 da Associação Brasileira de Normas Técnicas (ABNT):

JORDÃO, Eduardo. Uma vacina contra o voluntarismo do controlador – Proposta de lei cria a exceção administrativa por ilegalidade manifesta. *In*: SUNDFELD, Carlos Ari; JORDÃO, Eduardo; MOREIRA, Egon Bockmann; MARQUES NETO, Floriano de Azevedo; BINENBOJM, Gustavo; CÂMARA, Jacintho Arruda; MENDONÇA, José Vicente Santos de; JUSTEN FILHO, Marçal; MONTEIRO, Vera. *Publicistas*: direito administrativo sob tensão. Belo Horizonte: Fórum, 2022. p. 191-192. ISBN 978-65-5518-311-5.

ALGUÉM DEFENDE A LEGALIDADE ADMINISTRATIVA? – PESQUISAS SUGEREM QUE OS CONTROLADORES PÚBLICOS PERDERAM CONEXÃO COM A LEGALIDADE

CARLOS ARI SUNDFELD

A impressionante massa de dados sobre controle judicial da Administração, trazida por pesquisa capitaneada por Daniel Wang (FGV Direito SP) e Natália Pires de Vasconcelos (Insper), divulgada aqui no *Jota*, revelou um desafio.

A legalidade administrativa é a base do Estado de direito. Gestores públicos têm que seguir as leis. Mas o senso comum no Brasil é que, no geral, eles tenderiam à ilegalidade. Ao contrário, controladores públicos agiriam para a defesa das leis. Certo?

Em 2016, só a União forneceu R$1,3 bilhão em medicamentos por ordem judicial. Em dois anos anteriores, 150 mil tratamentos médicos haviam sido pedidos ao Judiciário. Serão tantas assim as ilegalidades? Bem, a pesquisa mostrou que o SUS é processado justamente por quem quer passar por cima das leis que impedem o fornecimento de medicamentos sem o registro sanitário da Anvisa e sem a avaliação científica, econômica e de saúde da Conitec.

E como reage o Judiciário? Eis a conclusão dos pesquisadores, com os dados em mãos:

em matéria de saúde o Judiciário desconsidera as escolhas administrativas, mesmo quando feitas por um corpo técnico especializado e por meio de um procedimento informado por evidência, transparente e aberto à participação social. Esses achados põem em xeque as expectativas daqueles que apostam que a judicialização da saúde pode ser resolvida se o SUS fosse mais rigoroso e transparente na forma como decide. O Judiciário parece não ter interesse em saber como a política da saúde é feita.

Os fatos estão desmentindo o senso comum. Mesmo com leis prestigiando a ciência e a técnica, o Judiciário parece ter perdido o encanto pela legalidade administrativa. O fenômeno pode não estar restrito à saúde pública: é caótica a intervenção judicial também em áreas como previdência, servidores e finanças públicas.

Problema adicional é que controladores desconfiam das discussões sobre seu desempenho e possíveis melhorias. Eles parecem convictos de que os problemas estão todos nas leis e nas administrações públicas. E creem que o remédio seria seguir ampliando os poderes deles próprios. Prova é a reação emocional contra os atuais projetos de mudança na Lei de Improbidade Administrativa. Foi assim também com a nova LINDB, em 2018, atacada – felizmente sem sucesso – por lideranças do controle de contas, do Ministério Público e da magistratura.

O que a realidade sugere? As administrações públicas precisam ter mais meios para proteger a legalidade dos repetidos voluntarismos de controladores – sem, claro, destruir o controle público.

Soluções internas aos controles têm sido insuficientes. Que tal discutir alternativas? Em artigo recente aqui na coluna Publicistas, meu colega Eduardo Jordão divulgou hipótese sobre a qual nós dois temos trabalhado. Será viável reconhecer às administrações públicas um direito à "legítima defesa administrativa da legalidade", em certos casos de "ilegalidade manifesta" dos que deveriam protegê-la? Explorar esse caminho pode nos levar ao equilíbrio.

Informação bibliográfica deste texto, conforme a NBR 6023:2018 da Associação Brasileira de Normas Técnicas (ABNT):

SUNDFELD, Carlos Ari. Alguém defende a legalidade administrativa? – Pesquisas sugerem que os controladores públicos perderam conexão com a legalidade. In: SUNDFELD, Carlos Ari; JORDÃO, Eduardo; MOREIRA, Egon Bockmann; MARQUES NETO, Floriano de Azevedo; BINENBOJM, Gustavo; CÂMARA, Jacintho Arruda; MENDONÇA, José Vicente Santos de; JUSTEN FILHO, Marçal; MONTEIRO, Vera. *Publicistas*: direito administrativo sob tensão. Belo Horizonte: Fórum, 2022. p. 193-194. ISBN 978-65-5518-311-5.

LEVANDO A DEFERÊNCIA A SÉRIO – É PRECISO EVITAR QUE A POPULARIZAÇÃO DA IDEIA DE DEFERÊNCIA IMPLIQUE A SUA TRIVIALIZAÇÃO

EDUARDO JORDÃO

Decisões polêmicas tomadas em meio às crises sanitária e política colocaram o controle da administração no centro do debate nacional. Talvez por força da polarização política, os clamores usuais por *mais e mais controle* passaram a conviver com pedidos de autorrestrição do controlador e deferência às escolhas administrativas.

Mas se é positivo que a deferência tenha enfim entrado no vocabulário corrente do direito pátrio, é preciso evitar que sua popularização implique sua *trivialização*. Atualmente, a mera alusão à necessidade de deferência parece ser entendida como justificativa suficiente para impedir todo tipo de controle.

Duas lições centrais, extraídas da teoria e da jurisprudência brasileira e estrangeira, vêm sendo negligenciadas.

(i) A deferência do controlador não implica necessariamente a manutenção da decisão controlada. Ela corresponde a uma *orientação respeitosa*, a uma atitude de autorrestrição, ante as ponderações realizadas pelo controlado. Mas esta atitude pode não ser suficiente para evitar a intervenção. Deferência não é incompatível com controle.

(ii) A *intensidade* da deferência varia.

Primeiro, em função da *indeterminação* do direito. Ela é tanto mais devida quanto menos clara for a solução que o direito impõe (se é que ela impõe alguma) ao aspecto controvertido. Quer-se evitar que *escolhas* da entidade controlada (a quem a lei atribui a competência *prima facie*) realizadas num cenário de indeterminação normativa sejam substituídas por outras escolhas, preferidas pelo controlador. Mas se o direito é claro, ele deve ser aplicado, com afastamento da decisão administrativa que não lhe é conforme.

Segundo, em função da natureza da decisão e as características das instituições envolvidas. Pretende-se alocar poder decisório à instituição que detém maior *aptidão* para "criar a solução" para o caso concreto, dada a indeterminação do direito. Assim, a deferência variará em atenção às características tanto do controlador, como do controlado. Se a decisão controlada tem natureza *política*, demandará menos deferência do Congresso do que dos tribunais, visto que a legitimidade política daquele é maior do que a destes. Se a decisão é *técnica*, merecerá maior deferência quando tenha sido emitida por agência reguladora (dada sua especialização) do que pela administração central.

Terceiro, em função da *razoabilidade* da decisão controlada. A indeterminação do direito não importa que todas as escolhas sejam igualmente válidas. Algumas podem ser particularmente irrazoáveis, a ponto de justificar a intervenção.

Num país que venera controladores e encoraja seus excessos, o fortalecimento da ideia de deferência é um alento. Bem utilizada, ela pode sofisticar o discurso do controle, reconhecer a incompletude do direito e propiciar importantes considerações institucionais.

Mas é preciso cuidar para que, a exemplo do que aconteceu com o princípio da proporcionalidade, a deferência não seja importada para o direito brasileiro na sua expressão mais trivial e menos útil.

Informação bibliográfica deste texto, conforme a NBR 6023:2018 da Associação Brasileira de Normas Técnicas (ABNT):

JORDÃO, Eduardo. Levando a deferência a sério – É preciso evitar que a popularização da ideia de deferência implique a sua trivialização. *In*: SUNDFELD, Carlos Ari; JORDÃO, Eduardo; MOREIRA, Egon Bockmann; MARQUES NETO, Floriano de Azevedo; BINENBOJM, Gustavo; CÂMARA, Jacintho Arruda; MENDONÇA, José Vicente Santos de; JUSTEN FILHO, Marçal; MONTEIRO, Vera. *Publicistas*: direito administrativo sob tensão. Belo Horizonte: Fórum, 2022. p. 195-196. ISBN 978-65-5518-311-5.

A LEITURA E AS "LEITURAS" DO ART. 5º, XXXV, DA CF – QUÃO OBRIGATÓRIO É, DE FATO, O CONTROLE JURISDICIONAL NO DIREITO BRASILEIRO?

EDUARDO JORDÃO

Um curioso fenômeno do direito brasileiro se desenvolve em dois passos: (i) o intérprete lê um dispositivo normativo específico e saca dele um princípio abstrato; (ii) aí se vale deste princípio para produzir novas normas jurídicas, com pouca ou nenhuma aderência ao dispositivo original que lhes serviu de fundamento.

Um exemplo: o art. 5º, XXXV, da CF. Na sua redação: "a lei não excluirá da apreciação do Poder Judiciário lesão ou ameaça a direito". Mas este comando foi "traduzido" e é largamente conhecido como "princípio da inafastabilidade do controle jurisdicional".

Pois bem. O que se deu na sequência é que os intérpretes passaram a aplicar não a letra do dispositivo, mas este signo (mais amplo) que pretendeu traduzi-lo. A consequência: a ideia de que a mínima contenção do controle jurisdicional seria constitucionalmente vedada.

Tenho defendido a *possibilidade* de o juiz brasileiro modular a intensidade do seu controle em função das características da decisão administrativa controlada, na esteira do que é feito em jurisdições estrangeiras. Decisão técnica ou política tomada por autoridade administrativa especializada, por exemplo, poderia ser controlada de modo "fraco", limitando-se o juiz a anulá-la caso seja *irrazoável* (mas não só por ela diferir da decisão que o próprio juiz tomaria).

Há quem objete que esta modulação não seria possível no direito brasileiro, por força do "princípio da inafastabilidade do controle jurisdicional". Mas não é assim. A "leitura" do art. 5°, XXXV, como proibidor de qualquer limitação do controle judicial, realizada por qualquer instituição, é exagerada e equivocada. Nos termos do referido dispositivo, o que de fato se veda é que (i) a *lei* (ii) *exclua da apreciação* do Poder Judiciário lesão ou ameaça de direito.

Primeira conclusão literal: o dispositivo se dirige ao legislador. É um limite ao que *a lei* pode fazer. Não há nele nenhum comando específico para juízes ou tribunais. Regula-se apenas a relação entre dois poderes, restringindo a interferência de um sobre outro. No caso: o *Poder Legislativo* não excluirá da apreciação do *Poder Judiciário* lesão ou ameaça de direito.

Segunda conclusão literal: o que se veda à lei é que *exclua* algo da apreciação do Poder Judiciário. Não se veda eventual *limitação* desta apreciação a um parâmetro de razoabilidade, por exemplo. Assim, não há, nem mesmo para o Legislativo, vedação a que *restrinja o tanto* da apreciação judicial de lesão ou ameaça de direito, sem excluí-la.

Aliás, é dentro destes limites que vem sendo controlado o mérito de atos discricionários, sem que nunca se tenha cogitado de inconstitucionalidade.

Em definitivo, portanto, não há obstáculo constitucional à limitação do controle jurisdicional e à adoção de postura judicial deferente em relação, por exemplo, a escolhas técnicas ou políticas realizadas por entidade administrativa especializada, nem por determinação legislativa, muito menos por opção jurisprudencial de tribunais superiores.

Informação bibliográfica deste texto, conforme a NBR 6023:2018 da Associação Brasileira de Normas Técnicas (ABNT):

JORDÃO, Eduardo. A leitura e as "leituras" do art. 5°, XXXV, da CF – Quão obrigatório é, de fato, o controle jurisdicional no direito brasileiro?. *In*: SUNDFELD, Carlos Ari; JORDÃO, Eduardo; MOREIRA, Egon Bockmann; MARQUES NETO, Floriano de Azevedo; BINENBOJM, Gustavo; CÂMARA, Jacintho Arruda; MENDONÇA, José Vicente Santos de; JUSTEN FILHO, Marçal; MONTEIRO, Vera. *Publicistas*: direito administrativo sob tensão. Belo Horizonte: Fórum, 2022. p. 197-198. ISBN 978-65-5518-311-5.

PAU QUE BATE EM CHICO, DEVERIA COÇAR FRANCISCO – AO CRITICAR A ATUAÇÃO DA CVM, O TCU OFERECE BOAS TRILHAS PARA REFLEXÃO CRÍTICA SOBRE SI PRÓPRIO

FLORIANO AZEVEDO MARQUES NETO

Decisão recente do TCU sobre a atuação da CVM, ao criticar o regulador do mercado de capitais, enseja uma reflexão crítica sobre o próprio controle.

Para o TCU, a CVM falha em não coibir operações lesivas ao erário em estatais de capital aberto. Essa não é função da CVM, a quem compete regular a fiabilidade do mercado de capitais. Ao TCU isso não importa. Para ele, não há limites de competência para proteção do Estado contra maus negócios. Mesmo quando entes da Administração, inclusive o BNDES, se aventuram aos riscos próprios do mercado e malfadam, haveria uma competência implícita, "criativa", que envolveria todos os reguladores em um "sistema imunológico" de proteção ao erário.

A função da CVM é equilibrar interesses dos que investem no mercado. O Estado controlador de empresas abertas não é merecedor de especial proteção. Quando investidor, ele deve ser tratado como outro qualquer. A Lei nº 13.303 pôs abaixo de vez o tratamento especial ao

Estado como agente econômico. Se a CVM acolher as "recomendações" do TCU, terá o mesmo fim de muitas agências reguladoras que, por pressão do controle, se reduziram a meras cuidadoras dos interesses do fisco, negando sua função primária de regular o setor e equilibrar interesses regulados, não necessariamente em favor do Estado.

Ainda, para o TCU dirigentes advindos do mercado conspurcam a isenção do órgão. A solução: recrutar dirigentes entre servidores de carreira. O TCU abraça aqui um weberianismo um tanto ligeiro. Só haveria ventura na burocracia estatal. Como se ela não tivesse seus próprios interesses. O conhecimento da dinâmica do mercado é vital para bem regular. Fosse correta a visão asséptica do TCU, teriam razão os que criticam o recrutamento dos ministros no Congresso Nacional. Afinal o TCU controla fortemente a atuação de membros de poder. A recomendação, contudo, é útil para aperfeiçoar o próprio Tribunal. Insta pensar em quarentenas de entrada e saída para os ministros, inclusive quanto à atuação partidária ou em cargos eletivos, aproveitando inclusive as normas contidas na Súmula nº 13 do STF.

O TCU também censura a CVM pela sua baixa eficiência e por decisões *ad hoc*, que não levam em conta os precedentes. Mas neste particular a crítica soa como autocrítica. Interessante a inflexão do Tribunal pela previsibilidade, em linha com a nova LINDB. Deve também ele ser mais deferente aos seus precedentes, apostilando-os. Igualmente vital refletir sobre eficiência. Após tantos casos de corrupção desvelados, a atuação do controle não pode ser tida como exemplo de eficiência. Bilhões foram desviados da Petrobras enquanto o TCU se perdia em tertúlias sobre o regime de licitação aplicável. Há casos de fraudes denunciadas antecipadamente, rejeitados pelo Tribunal, com editais validados para, só depois de revelada a fraude, serem censurados.

Um sistema de controle eficiente é fundamental. Mas a soberba é inimiga da contenção. Sem esta, o controlador facilmente cede à tentação do arbítrio.

Informação bibliográfica deste texto, conforme a NBR 6023:2018 da Associação Brasileira de Normas Técnicas (ABNT):

MARQUES NETO, Floriano de Azevedo. Pau que bate em Chico, deveria coçar Francisco – Ao criticar a atuação da CVM, o TCU oferece boas trilhas para reflexão crítica sobre si próprio. *In*: SUNDFELD, Carlos Ari; JORDÃO, Eduardo; MOREIRA, Egon Bockmann; MARQUES NETO, Floriano de Azevedo; BINENBOJM, Gustavo; CÂMARA, Jacintho Arruda; MENDONÇA, José Vicente Santos de; JUSTEN FILHO, Marçal; MONTEIRO, Vera. *Publicistas*: direito administrativo sob tensão. Belo Horizonte: Fórum, 2022. p. 199-200. ISBN 978-65-5518-311-5.

A LEI DA IMPROBIDADE TEM DE MUDAR – TEXTO VIGENTE COMBATE A GESTÃO PÚBLICA, NÃO A CORRUPÇÃO

FLORIANO AZEVEDO MARQUES NETO

No debate público, é comum que se desqualifiquem propostas associando-as a desvios. Foi assim com as alterações na LINDB, taxada como desserviços ao esforço anticorrupção. A lei é de 2018. De lá pra cá o controle só melhorou. Não se viu o então temido "espetáculo da corrupção". Agora, a desqualificação dirige-se às mudanças na Lei da Improbidade Administrativa (LIA). Para os críticos, dariam um salvo conduto ao desvio de dinheiro público. As críticas não se sustentam.

A exigência de dolo ou culpa para condenar por improbidade inviabilizaria punições. É muito falso. Tal comprovação é obrigatória na esfera penal e nunca impediu condenações. Admitir penas, mesmo civis, sem essa comprovação, seria retroceder séculos. A doutrina já firmou entendimento de que, sem ela, não há improbidade. As críticas são mera irresignação com o que deveria ser premissa: a responsabilidade do gestor público não é objetiva (CF, art. 37, §6º).

Critica-se também a retirada de tipos abertos de improbidade, baseados em princípios – um desvio da LIA, cuja ementa promete "sanções aplicáveis aos agentes públicos nos casos de enriquecimento ilícito". Passados 30 anos, é mínima a parcela de condenações baseadas em prova de locupletamento. A maioria se escora no art. 11, em conceitos abertos. Pune-se mais a má gestão que atos de corrupção. Administradores ineptos merecem censura, não penas graves como as da LIA. O que de desonesto há em ferir o princípio da "lealdade das instituições"? A grita contra a atualização da LIA é contrariedade pela perda do poder de censurar opções administrativas das quais se discorda.

A terceira crítica é contra a prescrição. Pressupõe-se que, em prol de um bem maior (punir e ressarcir), condutas devem ser eternamente sindicáveis. Pode-se discutir seu prazo ou as condições para a suspensão da prescrição, mas não se pode aceitar que um agente tenha de responder sobre casos ocorridos décadas antes. Mesmo os crimes deixam de ser puníveis passado um largo tempo. Imprescritibilidade torna o passado incerto para sempre.

Piores são as vociferações contra a limitação de prazo para as investigações. Críticos dizem que um ano é pouco para investigar se há indícios de improbidade. É falacioso. Provas podem ser produzidas em juízo. Defender a ausência de prazo para inquéritos é aceitar sua eternização e movimentação ao alvedrio de quem os preside. Persecução é função pública. Sujeita-se ao dever constitucional de celeridade. A mudança legal não acarretará impunidade. Induzirá à maior seriedade investigativa e inibirá procrastinações deliberadas.

Há, sempre, pontos a melhorar. O debate, porém, parece propositalmente distorcido. No estilo rodrigueano, pode haver interesses corporativos e autoritários sob a retórica moralizante. O que se quer intocável é um regime legal que vulgarizou o conceito de improbidade, não impediu a corrupção e afugenta o bom gestor público. Não é correto dar toda essa discricionariedade a quem deve vigiar e punir. A LIA tem de mudar.

Informação bibliográfica deste texto, conforme a NBR 6023:2018 da Associação Brasileira de Normas Técnicas (ABNT):

MARQUES NETO, Floriano de Azevedo. A Lei da Improbidade tem de mudar – Texto vigente combate a gestão pública, não a corrupção. In: SUNDFELD, Carlos Ari; JORDÃO, Eduardo; MOREIRA, Egon Bockmann; MARQUES NETO, Floriano de Azevedo; BINENBOJM, Gustavo; CÂMARA, Jacintho Arruda; MENDONÇA, José Vicente Santos de; JUSTEN FILHO, Marçal; MONTEIRO, Vera. Publicistas: direito administrativo sob tensão. Belo Horizonte: Fórum, 2022. p. 201-202. ISBN 978-65-5518-311-5.

O QUE O PRESIDENTE DEVERIA VETAR NA NOVA LEI DE IMPROBIDADE ADMINISTRATIVA? O PL N° 2.505/21 AGUARDA SANÇÃO PRESIDENCIAL

VERA MONTEIRO

Dia 6/10 a Câmara aprovou a Nova Lei de Improbidade (PL n° 2.505/21), que agora segue para sanção presidencial. O texto traz muitos avanços no sistema de responsabilização de agentes públicos por improbidade administrativa e, no geral, contribui para o fortalecimento do sistema de combate à corrupção, ao mesmo tempo em que aumenta a segurança jurídica para os gestores públicos.

O combate à corrupção, para ser eficiente, precisa ser feito com base em dados e evidências. O Ministério Público, que passou a ser o único competente para propor ações de improbidade, terá que constantemente acompanhar o resultado da sua atuação e avaliar seus resultados. Ele agora tem prazo para concluir o inquérito para apuração dos atos ilícios praticados por agentes públicos que tenham intencionalmente buscado enriquecer ilicitamente ou causar dano ao patrimônio público (um ano, renovável por mais um ano).

A condenação agora precisa de prova de malícia dos acusados. Não vale mais movimentar o Judiciário e acusar de improbidade por mera discordância sobre a política pública. A autorização da nova lei para que se celebre acordo com o investigado contribui para maior efetividade e celeridade na repressão à improbidade administrativa.

Como disse Floriano de Azevedo Marques Neto em sua última coluna dos Publicistas, quem deve vigiar e punir também precisa de limites. A nova lei os trouxe e está em linha com o preciso voto do Min. Gilmar Mendes na ADI-MC nº 6.678-DF, que, em 1.10.2021, analisou pedido de inconstitucionalidade dos incs. II e III do art. 12 da velha Lei de Improbidade, em ação proposta em fevereiro de 2021 pelo PSB.

Há, porém, dois problemas importantes no projeto da Nova Lei de Improbidade.

Um, é a aplicação das novas regras de prescrição aos processos antigos. Este problema é ainda mais grave porque ele surgiu no modo como a Câmara delibera casos sensíveis. No texto que o Deputado Zarattini levou ao plenário, em junho, havia um dispositivo que dizia que as novas regras de prescrição só valiam dali para frente. O dispositivo sumiu, sem muita explicação. Sem ele, há chance de prescreverem muitas ações de improbidade hoje em andamento, sob o argumento de que as novas regras devem incidir de imediato. Na nova lei a sanção por improbidade prescreverá em 8 anos, contados da ocorrência do fato. Hoje, é de 5 anos, mas contados a partir do término do mandato, no caso de agentes políticos, ou da saída de cargo em comissão ou função de confiança. Ou seja, a contagem do prazo começará antes. Não há veto presidencial que resolva esta manobra.

O outro problema é o exagero na exigência de dolo para se configurar como improbidade a prática de nepotismo por detentores de mandatos eletivos (novo §5º do art. 11). Numa cultura patrimonialista como a do Estado brasileiro, a comprovação do dolo neste caso não vai ajudar a rever a prática. Este dispositivo deveria ser vetado.

Informação bibliográfica deste texto, conforme a NBR 6023:2018 da Associação Brasileira de Normas Técnicas (ABNT):

MONTEIRO, Vera. O que o presidente deveria vetar na Nova Lei de Improbidade Administrativa? O PL nº 2.505/21 aguarda sanção presidencial. *In*: SUNDFELD, Carlos Ari; JORDÃO, Eduardo; MOREIRA, Egon Bockmann; MARQUES NETO, Floriano de Azevedo; BINENBOJM, Gustavo; CÂMARA, Jacintho Arruda; MENDONÇA, José Vicente Santos de; JUSTEN FILHO, Marçal; MONTEIRO, Vera. *Publicistas*: direito administrativo sob tensão. Belo Horizonte: Fórum, 2022. p. 203-204. ISBN 978-65-5518-311-5.

SOBRE AS VIRTUDES DA HIPOCRISIA – NO CONTROLE DOS ATOS ADMINISTRATIVOS, O ELOGIO ANTECEDE A INVALIDAÇÃO

JOSÉ VICENTE SANTOS DE MENDONÇA

Meu colega de coluna Eduardo Jordão costuma afirmar em palestras que, ao contrário da França, da Itália e dos EUA, países que investigou em sua tese de doutorado (Malheiros, 2016), não há critério firme que oriente a revisão judicial dos atos administrativos no Brasil, daí porque não haveria se dedicado a estudá-lo. Isso é verdade, mas há aspecto que identifica as decisões judiciais brasileiras que invalidam atos administrativos. É o que vou chamar, aqui, de *deferência retórica*.

A *deferência retórica* é (i) a referência, na linguagem da decisão, à existência da separação de poderes e/ou do mérito administrativo, e, ato seguinte, à afirmação (ii) de que eles não são absolutos e/ou aquele caso a eles não se sujeita porque as circunstâncias são especiais e/ou aquela decisão ou ato administrativo é desproporcional. Não se trata, é verdade, de *critério* que oriente a *decisão*, mas de *estilo* que *acompanha* a decisão de invalidação. Em todo caso, é corriqueira. Se você trabalha com direito público, você já recorreu, defendeu ou proferiu sentença nestes termos.

Há outra versão da deferência retórica, em que o controlador examina o ato discricionário e vê que o conteúdo deste coincide com seu próprio juízo discricionário. Nesses casos, o controlador primeiro elogia o ato, para, depois, mantê-lo, afirmando modestamente que não pode ingressar no mérito. Ele aqui é, por assim dizer, um ativista *voyeur*.

Mas a deferência retórica é inútil? Trata-se de questão de fato cuja verificação escapa ao direito, mas pertence à psicologia da decisão. É plausível cogitar, contudo, que é melhor que os julgadores se preocupem, ainda que insinceramente, com a separação de poderes, do que venham a ignorá-la *tout court*. Gastar energia de redação com a deferência, e, depois, conviver com a ligeira dissonância cognitiva que representa decidir de modo não deferente pode implicar alguma barreira ao exercício desabrigado da discricionariedade judicial. A hipocrisia é a homenagem da virtude ao vício. A deferência retórica é a homenagem do juízo à separação de poderes e à sua limitação epistêmica. Não é que o juiz saiba de tudo e possa fazer tudo. É que aquele caso – como tantos outros – é especial.

Há outras jurisdições que, possivelmente, também adotam a deferência retórica – a Itália é candidata natural –, mas sua existência indica nível residual de contenção na autorrepresentação de um dos poderes que, nos últimos anos, mais encontrou argumentos para expandir sua força. O Judiciário ainda está preocupado em salvar as aparências. Um cínico diria: não é nada, não é nada. Mas nós, os otimistas, diremos: é verdade que nossa música não tem qualquer melodia; mas nosso ruído de fundo, ah, quanta afinação.

Informação bibliográfica deste texto, conforme a NBR 6023:2018 da Associação Brasileira de Normas Técnicas (ABNT):

MENDONÇA, José Vicente Santos de. Sobre as virtudes da hipocrisia – No controle dos atos administrativos, o elogio antecede a invalidação. *In*: SUNDFELD, Carlos Ari; JORDÃO, Eduardo; MOREIRA, Egon Bockmann; MARQUES NETO, Floriano de Azevedo; BINENBOJM, Gustavo; CÂMARA, Jacintho Arruda; MENDONÇA, José Vicente Santos de; JUSTEN FILHO, Marçal; MONTEIRO, Vera. *Publicistas*: direito administrativo sob tensão. Belo Horizonte: Fórum, 2022. p. 205-206. ISBN 978-65-5518-311-5.

APLICAÇÃO DA LINDB PELO SUPREMO E PELO STJ: O QUE OS DADOS FALAM? – A LINDB COMEÇA A GANHAR TRAÇÃO, MAS É CEDO PARA COMEMORAR

JOSÉ VICENTE SANTOS DE MENDONÇA

Há alguns anos, indiquei dois possíveis futuros em razão das normas trazidas pela alteração da LINDB: uma *retórica das consequências*, com mudança no *estilo* das decisões, sem alteração de conteúdo; e uma mudança na *gramática*, que constrangeria os julgadores a mudar, em certa medida, suas decisões.

Pois bem. Dois orientandos – a Stela Porto e o Felipe Romero – realizaram levantamento quantitativo, a sair como artigo acadêmico, sobre referências, na jurisprudência do Supremo e do STJ, aos artigos acrescidos à LINDB pela Lei nº 13.655/2018. Foram escolhidos o STF e o STJ por sua abrangência nacional e sua ampla competência recursal. O recorte vai de 25.4.2018, quando as alterações entraram em vigor, até 31.12.2020. A busca foi realizada na ementa ou na legislação indexada dos acórdãos e no inteiro teor das decisões monocráticas. Os argumentos de pesquisa incluíram os arts. 20 a 30, além de termos como LINDB, LICC, Lei de Introdução e Lei nº 13.655.

O que os dados falam? Entre acórdãos e decisões monocráticas, há 326 decisões mencionando os artigos: 81 decisões no STF (22 acórdãos e 59 monocráticas), e 245 no STJ (24 acórdãos e 221 monocráticas). Um dado otimista: o número de referências aumenta ano a ano. Cresceu cerca de 35% de 2018 para 2019, e 55% em 2020. Um dado ambíguo: mais de 70% das decisões só mencionam a LINDB no relatório. É plausível supor que a LINDB esteja sendo trazida nos recursos, ainda sem adesão plena na fundamentação das cortes.

Das decisões do STF mencionando as normas, 48 tratam de temas relacionados a direito constitucional e administrativo, 17, de direito financeiro ou previdenciário, 3, de direito do trabalho. Em 13 decisões, a discussão era processual. No STJ, 154 decisões tratam de direito público, 45, de direito privado, 24, de direito penal e 22, de processo.

O levantamento confirma a intuição: as alterações são percebidas mais como de direito público do que como de direito privado.

O artigo mais citado nos dois tribunais é o art. 20 (a decisão baseada em valores abstratos deve considerar consequências práticas: 40,8%). Em segundo lugar, o art. 23 (necessidade de regime de transição: 18%). O que também não espanta: o art. 20 é, por sua natureza, de sobredireito. Vale destacar, contudo, que a maioria das decisões que citam o art. 23 é de direito privado, contrariando a tendência da pesquisa. Os arts. 27 e 29 não foram mencionados em decisão alguma.

No Supremo, Fachin, um civilista, é quem mais cita (11 menções), seguido por Fux, um processualista (nove). Toffoli não mencionou nenhum dispositivo. No STJ, quem mais citou foi Marco Aurélio Belizze.

Enfim: é cedo para se tirar conclusões. Há necessidade de estudos qualitativos, e talvez nem o Supremo nem o STJ sejam campos ideais para análises sobre a LINDB. Em todo caso, é possível supor que algo da *retórica das consequências* e algo da *gramática das decisões* terão virado realidade. O resto é viver para crer; ou, sobretudo, será crer para viver.

Informação bibliográfica deste texto, conforme a NBR 6023:2018 da Associação Brasileira de Normas Técnicas (ABNT):

MENDONÇA, José Vicente Santos de. Aplicação da LINDB pelo Supremo e pelo STJ: o que os dados falam? – A LINDB começa a ganhar tração, mas é cedo para comemorar. *In*: SUNDFELD, Carlos Ari; JORDÃO, Eduardo; MOREIRA, Egon Bockmann; MARQUES NETO, Floriano de Azevedo; BINENBOJM, Gustavo; CÂMARA, Jacintho Arruda; MENDONÇA, José Vicente Santos de; JUSTEN FILHO, Marçal; MONTEIRO, Vera. *Publicistas*: direito administrativo sob tensão. Belo Horizonte: Fórum, 2022. p. 207-208. ISBN 978-65-5518-311-5.

CONTROLE EXTERNO EXPERIMENTAL – CONTROLADORES TAMBÉM PODEM INOVAR AO FISCALIZAR CONTRATOS EXPERIMENTAIS

VERA MONTEIRO

Tribunais de contas fiscalizam a execução de contratos administrativos. Cada órgão tem seu método. Uns fazem fiscalização de todos os contratos de forma concomitante à sua execução, outros por amostragem e só depois de findo o contrato. Todos fiscalizam quando há denúncia.

Imagine uma secretaria de estado com vontade de inovar e licitar uma nova solução contratual. Ela poderia continuar com o modelo vigente, que existe desde sempre. Mas num ímpeto de coragem ela publica edital para contratação de serviços com novas bases. O regime ainda será o da Lei n° 8.666/93, mas a modelagem é inédita, pois assume o agrupamento de serviços com o fornecimento de vários bens num único contrato. O novo modelo contratual tem ainda métrica própria de verificação do cumprimento das obrigações.

O órgão acredita em resultado promissor. Há esperança de que dias melhores virão. Do jeito que está, não dá.

Ao publicar o edital, o Tribunal de Contas acolhe representação e pede esclarecimentos: "Como assim?"; "Para um contrato de 15 meses a proposta é de um dispêndio a maior de quase R$75 milhões?"; "Como justificar uma média de 58% a mais em comparação com o modelo vigente?".

Feitos os esclarecimentos, o controlador flerta com a liberação do edital. Nos debates em plenário, vê-se que todos os conselheiros reconhecem que algo precisa ser feito para melhorar os serviços prestados por aquela secretaria. Porém, estão inseguros com o aumento da despesa e com a falta de dados que garantam a aposta. É compreensível, afinal, a nova solução contratual é incerta quanto ao resultado.

Diante do desafio, o Tribunal dá um voto de confiança e libera o edital. Ainda que reconheça as dificuldades envolvidas, o órgão aceita que a secretaria faça um contrato experimental. Em contrapartida à autorização para a nova forma de administrar, ainda que gastando mais, o órgão de controle opta por fazer um controle também experimental. Decide, no mesmo momento em que libera o edital, que seu acompanhamento será detalhado. Os relatórios de fiscalização deverão ser trimestrais, o que permitirá verificar eventuais desvios profundos na execução do contrato. Eventuais advertências serão balizadores para o gestor decidir acerca da prorrogação ou não do contrato até 60 meses. A decisão final do plenário é clara: com o voto de confiança, o Tribunal colabora com o gestor para executar bem o contrato.

O caso é real. As partes envolvidas são a Secretaria de Estado de Administração Penitenciária e o Tribunal de Contas do Estado de São Paulo. É o Edital de Concorrência nº 2/2019. A decisão é de 11.12.2019 e está disponível no YouTube. O contrato é de execução de serviços de operacionalização de 4 unidades prisionais sob a forma de gestão compartilhada com o Estado. O relator é o Conselheiro Sidney Beraldo. Vamos acompanhar?

Informação bibliográfica deste texto, conforme a NBR 6023:2018 da Associação Brasileira de Normas Técnicas (ABNT):

MONTEIRO, Vera. Controle externo experimental – Controladores também podem inovar ao fiscalizar contratos experimentais. In: SUNDFELD, Carlos Ari; JORDÃO, Eduardo; MOREIRA, Egon Bockmann; MARQUES NETO, Floriano de Azevedo; BINENBOJM, Gustavo; CÂMARA, Jacintho Arruda; MENDONÇA, José Vicente Santos de; JUSTEN FILHO, Marçal; MONTEIRO, Vera. Publicistas: direito administrativo sob tensão. Belo Horizonte: Fórum, 2022. p. 209-210. ISBN 978-65-5518-311-5.

MONITORAMENTO DIGITAL DAS CONTRATAÇÕES PÚBLICAS – GOVERNO COMO PLATAFORMA DE DADOS

VERA MONTEIRO

Informações sobre contratações públicas são raras e fragmentadas. Procedimentos não são integralmente eletrônicos e disponíveis a quaisquer interessados. Há muita coisa relevante que consta só do processo físico. Um dos maiores desafios das licitações e contratos públicos é compilar e analisar dados. Acessá-los, escolher os úteis e aplicar inteligência é tarefa para máquinas e humanos familiarizados com esse mercado.

As plataformas digitais dos governos ainda não disponibilizam dados suficientes para a vigilância desejada. Só uma ampliação do monitoramento pela sociedade das licitações e contratos é capaz de trazer alguma racionalidade. Transparência é a chave. Todos devem poder monitorar as escolhas, o procedimento e as tomadas de decisão, desde a reserva orçamentária, a entrega da contraprestação, até a tal ordem cronológica de pagamento. A vigilância tem que estar mais com a sociedade do que com a polícia, o Ministério Público, o Judiciário e concorrentes. Instrumentos punitivos são importantes, mas não transformadores.

Mesmo com todos os esforços e estratégias de governo digital, é difícil encontrar informações, pois dependem de códigos, senhas e da perspicácia daqueles que fazem a busca. A Lei nº 13.797, de 2020, determinou o óbvio: todas as contratações devem estar na internet, com nome do contratado, sua inscrição na receita federal, prazo, valor e respectivo processo de contratação. Porém, só para aqueles firmados sem licitação para o enfrentamento da emergência de saúde pública do coronavírus.

Governos digitais devem trabalhar pela desmaterialização dos processos físicos e mudança na forma de gerir, divulgar e controlar a coisa pública.

A Política de Governo Digital do Governo Federal criada pelo Decreto nº 8.638/16 prevê, entre seus vários princípios, o de *governo como plataforma* (art. 3º, VIII). A Estratégia de Governo Digital (revisada 2016-2019), que dá norte à Política, diz que "o governo deve constituir-se como uma *plataforma aberta*, sobre a qual os diversos atores sociais possam construir suas aplicações tecnológicas para a prestação de serviços e o desenvolvimento social e econômico do país, permitindo a expansão e a inovação".

Atuar como uma plataforma permite muitos ganhos ao governo e à sociedade, apontam Manuel Bonduki, Guilherme Almeida de Almeida e Pollyana Lima. Se todos os dados produzidos pelas contratações públicas estiverem disponíveis, outros atores da sociedade poderão inovar em matéria de monitoramento a partir dos insumos acessados.

Há urgência na disponibilização dos dados das contratações públicas, que precisam estar constantemente disponíveis. Jornalistas, universidades, centros de pesquisa, qualquer um deve poder acessar, pensar, arriscar, falhar e acertar nas análises. Plataformas de dados devem ser abertas. Não vale trocar governo e mudar tudo. Muito menos tirar do ar as informações no período eleitoral. Afinal, no mundo digital, as licitações e os contratos não podem ser só analogicamente públicos.

Informação bibliográfica deste texto, conforme a NBR 6023:2018 da Associação Brasileira de Normas Técnicas (ABNT):

MONTEIRO, Vera. Monitoramento digital das contratações públicas – Governo como plataforma de dados. *In*: SUNDFELD, Carlos Ari; JORDÃO, Eduardo; MOREIRA, Egon Bockmann; MARQUES NETO, Floriano de Azevedo; BINENBOJM, Gustavo; CÂMARA, Jacinto Arruda; MENDONÇA, José Vicente Santos de; JUSTEN FILHO, Marçal; MONTEIRO, Vera. *Publicistas: direito administrativo sob tensão*. Belo Horizonte: Fórum, 2022. p. 211-212. ISBN 978-65-5518-311-5.

ACORDOS DE LENIÊNCIA E COOPERAÇÃO TÉCNICA INTERINSTITUCIONAL – EFEITOS DO ACORDO DE COOPERAÇÃO CELEBRADO PELO TCU

EGON BOCKMANN MOREIRA

No último dia 6 de agosto, o Tribunal de Contas da União celebrou acordo de cooperação técnica com o Supremo Tribunal Federal, a Controladoria-Geral da União, a Advocacia-Geral da União, o Ministério da Justiça e o Ministério Público Federal. Tal ato administrativo negocial tem como conteúdo os procedimentos relativos a pactos de leniência regidos pela Lei n° 12.846/2013. Fato que merece registro, não só pelo ato em si, mas especialmente pelo avanço que revela.

Afinal, o que a iniciativa torna patente? A importância de acordos administrativos: sejam de leniência, sejam interinstitucionais. Os de leniência, outrora proibidos e vistos com preconceito, hoje são necessários. Configuram boa prática institucional. O acordo de cooperação consolida a viabilidade de soluções distributivas que conjuguem esforços públicos e privados, aprimorando a negociação de conflitos com órgãos públicos.

Já o viés interinstitucional demonstra que órgãos públicos devem sempre colaborar entre si, a fim de prestigiar a eficiência nas tarefas que lhes são cometidas. O trabalho conjunto permite o combate à corrupção por meio de acordos que gerem respeito institucional recíproco. A colaboração não inibe competências, mas as potencializa e confere segurança jurídica ao pactuado.

Veja-se bem o duplo significado dessas constatações: os órgãos maiores da República definiram, consensualmente, que devem ser prestigiados os acordos entre Administração Pública e pessoas privadas. Esse é o atual significado do princípio da legalidade e respectivas competências discricionárias negociais. O que autoriza a análise do acordo interinstitucional em si mesmo.

Este acordo de cooperação é ato administrativo negocial, praticado à unanimidade pelos órgãos competentes. Não é informal ou feito ao acaso. O que importa dizer que gera efeitos nas respectivas esferas de atribuições públicas (guardadas as respectivas peculiaridades e independências). Ou seja, estatui a forma pela qual toda a cadeia hierárquica de órgãos e agentes públicos deverá se comportar diante de situações que envolvam acordos de leniência.

Por outro lado, as regras processuais para tal cooperação repercutem no âmbito dos direitos subjetivos das sociedades empresarias que pretendam celebrar acordos. Isso sob dois ângulos: instalam controle negativo quanto a atos que desobedeçam aos princípios (gerais e específicos), pilares, ações sistêmicas e operacionais do acordo de cooperação e, ao mesmo tempo, conferem direitos positivos aos interessados para que exijam o cumprimento a tais parâmetros.

A grande notícia está no fato de que o acordo de cooperação é diretriz clara para toda a comunidade de agentes, órgãos e entidades públicas. Mas as consequências vão muito além disso: está definitivamente consolidado o dever de prestígio às negociações administrativas como método adequado de solução de controvérsias.

Informação bibliográfica deste texto, conforme a NBR 6023:2018 da Associação Brasileira de Normas Técnicas (ABNT):

MOREIRA, Egon Bockmann. Acordos de leniência e cooperação técnica interinstitucional – Efeitos do acordo de cooperação celebrado pelo TCU. In: SUNDFELD, Carlos Ari; JORDÃO, Eduardo; MOREIRA, Egon Bockmann; MARQUES NETO, Floriano de Azevedo; BINENBOJM, Gustavo; CÂMARA, Jacintho Arruda; MENDONÇA, José Vicente Santos de; JUSTEN FILHO, Marçal; MONTEIRO, Vera. *Publicistas*: direito administrativo sob tensão. Belo Horizonte: Fórum, 2022. p. 213-214. ISBN 978-65-5518-311-5.

TRANSAÇÃO EM IMPROBIDADE – PACOTE ANTICRIME SOLUCIONA IMPASSE SOBRE ACORDOS EM AÇÕES DE IMPROBIDADE

FLORIANO DE AZEVEDO MARQUES NETO

Impactados pelos escândalos de corrupção, somos tentados a achar que só a sanção é remédio para a improbidade. Quanto maior a pena, menos ilícito haverá. É o que diz o senso comum. Infelizmente não é assim. A Lei de Improbidade data de 1992 e arrisco dizer que a corrupção não diminuiu. Muito se condena por improbidade. Muita vez sem corrupção envolvida. Todavia, tornam-se públicos mais casos de desmandos. Hoje o combate à corrupção tem incorporado métodos de endorregulação (programas de *compliance*, selos de boas práticas) e ferramentas de transação. Acordos de leniência, termos de ajustamento – TACs e acordos substitutivos de sanção ganham importância na apuração e reparação de condutas.

A legislação de improbidade, porém, era o ponto fora da curva. Apesar de a Lei da Ação Civil Pública prever os TACs, o Código de Processo Civil incentivar a transação e a Lei de Introdução – LINDB prever acordos amplos, persistia a vedação a eles nas ações de improbidade.

Em dezembro foi sancionado o chamado Pacote Anticrime. Nele veio a expressa autorização para os acordos de não persecução civil em ações de improbidade. Até então isso era expressamente vedado. Restava ao Ministério Público – MP, nos casos em que pactuava acordos de leniência, o constrangimento de ajuizar ação com pedido meramente declaratório em face do leniente. Uma gambiarra para contornar a vedação legal aos acordos em ação de improbidade.

A notícia é alvissareira. Mas veio pela metade. Houve veto ao dispositivo que regrava como devem ser esses acordos. Ficou uma ampla margem de incerteza. Se o MP e um réu firmarem acordo em ação de improbidade, ele vinculará a Administração Pública em cujo âmbito ocorreu o ilícito? Haverá discricionariedade na escolha de com quem acordar? Quais os limites da transação? O juiz terá liberdade para negar a homologação? Poderá haver transação sobre as sanções? A atuação do MP seguirá fórmulas institucionais, com padrões definidos uniformemente pelos órgãos de direção (como câmaras, procuradorias gerais, comitês) ou ela será balizada pelo princípio do "promotor natural", com cada um atuando como centro independente de competências?

Há enorme campo para a construção desses parâmetros, seja pela doutrina, seja pela jurisprudência. Controles de discricionariedade, mecanismos de coordenação e interação entre o MP, o juiz e a advocacia pública, avocação de competências pela autoridade judicial, são temas que precisarão ser enfrentados. O mais importante e difícil será vencer a resistência cultural em matéria de direito sancionatório. E isso só será possível se todos aceitarem a realidade: em um acordo substitutivo uma das partes necessariamente é um transgressor. E isso não deve impedir que haja negociação efetiva, com a inevitável dose de concessões recíprocas. Se não for assim, a mudança legislativa terá sido inócua.

Informação bibliográfica deste texto, conforme a NBR 6023:2018 da Associação Brasileira de Normas Técnicas (ABNT):

MARQUES NETO, Floriano de Azevedo. Transação em improbidade – Pacote Anticrime soluciona impasse sobre acordos em ações de improbidade. In: SUNDFELD, Carlos Ari; JORDÃO, Eduardo; MOREIRA, Egon Bockmann; MARQUES NETO, Floriano de Azevedo; BINENBOJM, Gustavo; CÂMARA, Jacintho Arruda; MENDONÇA, José Vicente Santos de; JUSTEN FILHO, Marçal; MONTEIRO, Vera. *Publicistas*: direito administrativo sob tensão. Belo Horizonte: Fórum, 2022. p. 215-216. ISBN 978-65-5518-311-5.

RETROCESSO NO AVANÇO DA ARBITRAGEM ADMINISTRATIVA – DECRETO TENTA REEDITAR OBRIGAÇÃO DE ESGOTAR RECURSOS ADMINISTRATIVOS PARA RECORRER À ARBITRAGEM

FLORIANO AZEVEDO MARQUES NETO

Decreto federal recente regulamentou a arbitragem envolvendo a Administração pública. Foi um avanço sobre as resistências dos administrativistas de raiz, que ainda consideram a jurisdição arbitral uma disposição ilícita do "interesse público". Seguindo a lei, o texto deixa clara a possibilidade de submeter à arbitragem controvérsias sobre equilíbrio econômico financeiro, indenizações contratuais e descumprimento de contratos.

Contudo, no direito administrativo, quando tudo parece avançar, descobre-se escondido um portal para o passado. O Estado concede avanços, mas cobra por isso.

É o que ocorreu com o decreto. Ele consagrou "cláusulas exorbitantes arbitrais": arbitragem institucional sob câmara credenciada pela Administração, prazo alargado de resposta para ela, antecipação obrigatória de custas pelo particular.

Mais espanta, porém, a previsão de que só poderão ser submetidas à arbitragem questões cuja discussão na esfera administrativa já estiver esgotada, com julgamento terminativo do último recurso. Tenta-se reeditar regra vigente na Constituição anterior, mas rejeitada pela atual – e não sem razão. A nova exigência é inconstitucional. E é também contrária à lei e aos objetivos da arbitragem. Se a Constituição consagra a inafastabilidade da jurisdição estatal, a mesma regra tem de valer para a jurisdição arbitral que a substitui. Do contrário, a Administração pode protelar indefinidamente suas decisões, tolhendo a submissão da controvérsia à via jurisdicional, eleita pelas partes. O decreto viola a Lei de Arbitragem, pois ato infralegal não pode afastar a deferência legal à opção das partes pela arbitragem.

Além disso, a restrição é contraditória. Se, como afirma o próprio decreto, a arbitragem será adotada quando a demora da solução do litígio puder causar prejuízo à utilidade contratada ou afastar investimentos, não há sentido algum em criar mecanismos de postergação da solução.

Se mantida essa exigência de arbitrabilidade objetiva (não houver mais recurso administrativo possível), o tempo do processo ficará à mercê de uma das partes. Ao privado restará ou aguardar, ou ir ao Judiciário para ver declarados os efeitos do silêncio administrativo. Opção possível talvez venha a ser, em existindo cláusula ou compromisso arbitral, o particular provocar a instauração da arbitragem e submeter aos árbitros (que são competentes para decidir sobre seu cabimento) definir se, passado prazo legal ou razoável para a decisão administrativa, já está presente a possibilidade de acionar a jurisdição.

O decreto merece ser revisitado neste ponto. Se não for, a exigência de esgotamento da via administrativa deverá ser afastada por inconstitucional e ilegal.

É um avanço lento, cheio de passos atrás, mas aos poucos a Administração se dará conta de que não há mais lugar para o absolutismo.

Informação bibliográfica deste texto, conforme a NBR 6023:2018 da Associação Brasileira de Normas Técnicas (ABNT):

MARQUES NETO, Floriano de Azevedo. Retrocesso no avanço da arbitragem administrativa – Decreto tenta reeditar obrigação de esgotar recursos administrativos para recorrer à arbitragem. In: SUNDFELD, Carlos Ari; JORDÃO, Eduardo; MOREIRA, Egon Bockmann; MARQUES NETO, Floriano de Azevedo; BINENBOJM, Gustavo; CÂMARA, Jacintho Arruda; MENDONÇA, José Vicente Santos de; JUSTEN FILHO, Marçal; MONTEIRO, Vera. *Publicistas:* direito administrativo sob tensão. Belo Horizonte: Fórum, 2022. p. 217-218. ISBN 978-65-5518-311-5.

PARTE VII
NOVAS ORGANIZAÇÕES PÚBLICAS

PRESTAÇÃO REGIONALIZADA DO SERVIÇO DE SANEAMENTO – UM NOVO FEDERALISMO EM CURSO?

VERA MONTEIRO

Em 2013, o STF decidiu a ADI n° 1.842-RJ, cujo objeto era analisar a constitucionalidade de legislação do Estado do Rio de Janeiro que instituía a Região Metropolitana do Rio de Janeiro e a Microrregião dos Lagos e transferia a titularidade para prestação de serviços públicos de interesse metropolitano ao estado. Esta decisão, que levou anos para ser tomada, se tornou o *leading case* acerca da titularidade do serviço de saneamento. Nas suas 310 páginas há clara ponderação com relação à necessidade de se atentar para as peculiaridades da prestação dos serviços de saneamento em regiões metropolitanas e afins.

O caso envolveu lei carioca que deu competência ao estado para planejar e executar o serviço de saneamento em sua região metropolitana, em detrimento à dos municípios que a compõem. O STF concluiu que a lei violaria a autonomia municipal, por alijar os municípios envolvidos do processo decisório quanto à concessão de serviços de interesse comum dos entes integrantes da região, bem como da organização, do planejamento e da execução desses serviços, transferindo exclusivamente ao estado tais competências. Entendeu que municípios devem participar do processo decisório que trate da prestação dos serviços de saneamento no âmbito das regiões metropolitanas.

A principal premissa fixada é a de que não seria possível, ante a norma constitucional, definir uma titularidade sobre o serviço de maneira abstrata, válida para toda e qualquer situação. Considerado o simples fato de que a Constituição não reserva o serviço público de saneamento, explicitamente, a esta ou àquela esfera da Federação (municipal, estadual ou federal), mas adota, isto sim, o critério do *interesse predominante* em cada caso (se local ou regional). Por isso, deveria se empreender um esforço de análise das circunstâncias de fato para concluir se o serviço é local ou regional. Importaria identificar o interesse predominante em cada caso concreto.

A decisão do STF na ADI nº 1.842-RJ pautou parte da reforma legislativa do setor de saneamento dos anos 2020, que passou a expressamente reconhecer a titularidade dos municípios no caso de interesse local, além de ter estimulado a composição e arranjos regionais, visando à prestação regionalizada.

A reflexão é de que a lei de 2020 reconheceu que a prestação dos serviços pode ser estruturada de forma regionalizada, sendo até mesmo incentivada para gerar ganhos de escala e garantir universalização e viabilidade técnica e econômico-financeira dos serviços. Pode ser feita por decisão voluntária de entes federativos, que escolhem se associar e ter prestador de serviços comum (é a chamada gestão associada, implementada via consórcio público ou convênio de cooperação), como também poderá ser instituída pelos estados.

O modo para o estabelecimento da governança interfederativa foi descrito no Estatuto da Metrópole. Mas a lei de 2020 não transformou o colegiado da estrutura de governança interfederativa em titular do serviço de saneamento no caso de prestação regionalizada. O desafio é fazer com que esta estrutura seja capaz de compor os interesses dos entes envolvidos (titulares e não titulares), bem como de compartilhar as responsabilidades e ações entre eles em termos de organização, planejamento e execução dos serviços, para que o órgão deliberativo criado no âmbito de cada região decida sobre os variados aspectos relacionados à prestação dos serviços.

Informação bibliográfica deste texto, conforme a NBR 6023:2018 da Associação Brasileira de Normas Técnicas (ABNT):

MONTEIRO, Vera. Prestação regionalizada do serviço de saneamento – Um novo federalismo em curso?. *In*: SUNDFELD, Carlos Ari; JORDÃO, Eduardo; MOREIRA, Egon Bockmann; MARQUES NETO, Floriano de Azevedo; BINENBOJM, Gustavo; CÂMARA, Jacintho Arruda; MENDONÇA, José Vicente Santos de; JUSTEN FILHO, Marçal; MONTEIRO, Vera. *Publicistas: direito administrativo sob tensão*. Belo Horizonte: Fórum, 2022. p. 221-222. ISBN 978-65-5518-311-5.

AGÊNCIAS REGULADORAS ESTÃO EM RISCO EM SÃO PAULO – GOVERNADOR PROPÕE QUE A REGULAÇÃO PASSE A SER DEFINIDA DE FORMA AUTOCRÁTICA PELO EXECUTIVO

CARLOS ARI SUNDFELD

Passados mais de 20 anos da criação das agências no Brasil, nosso mundo político ainda resiste à regulação técnica e autônoma. Agentes políticos elogiam a segurança jurídica, mas multiplicam sabotagens. Em 2019, o prefeito do Rio de Janeiro deu sua contribuição: em aceno populista a potenciais eleitores, mandou destruir a marretadas cabines de pedágio, como se comandasse uma milícia.

São Paulo tem o mais bem-sucedido programa estadual de concessões do país. E segue trabalhando com competência para lançar projetos de infraestrutura em áreas novas, como parques ambientais. Para a regulação, conta com duas agências, uma de transportes e outra de energia e saneamento. A história delas não é linear, mas, ao longo do tempo, sua autonomia legal para decidir de forma técnica garantiu estabilidade regulatória razoável. Isso pode mudar.

O atual governador propôs ao Legislativo a transformação dessas agências em simples executoras das vontades discricionárias do

Executivo. O projeto de lei de "ajuste fiscal e reequilíbrio das contas públicas" (PL nº 529, de 2020) incluiu este artigo, sem explicações:

Os processos a serem submetidos à deliberação das diretorias colegiadas das agências reguladoras estaduais que contenham matéria que possa gerar encargo, ônus financeiro ou obrigação ao Estado de São Paulo deverão ser previamente submetidos à avaliação do Poder Concedente, bem como das Secretarias da Fazenda e Planejamento e de Projetos, Orçamento e Gestão.

Na prática, todas as questões sobre execução das concessões passarão a ser definidas previamente por alguma autoridade da Administração direta, por critérios e procedimentos desconhecidos. Não há prazos, balizas nem limites; será uma regulação autocrática. O texto fala na necessidade de "avaliação" do Executivo, sem especificações quanto ao objetivo. Será um exame de conveniência e oportunidade, claro: se a intenção fosse deslocar as análises técnicas, a proposta teria sido de extinção das agências, já que não faz sentido a duplicação.

A abrangência está clara: o Estado não quer mais se vincular a qualquer obrigação, mesmo não financeira, se o ato administrativo que a reconhecer não tiver passado pelo Executivo. Um exemplo é o reajuste das tarifas. Até agora analisado e autorizado pelas agências segundo critérios do contrato, vinculava também o concedente, que era obrigado a respeitá-lo. A depender do governo paulista, não mais.

Há também um ameaçador parágrafo único: "O descumprimento do disposto no caput deste artigo, sem prejuízo das previsões da lei penal e da lei de improbidade administrativa, será causa de perda do mandato de Diretor". Trata-se de assustar com a polícia qualquer diretor de agência que ouse trabalhar com autonomia. É o estilo dos autocratas. Nada menos.

Pela importância de São Paulo, é o sinal político mais negativo que se poderia imaginar quanto à confiabilidade dos programas de concessão no Brasil. Um erro devastador.

Informação bibliográfica deste texto, conforme a NBR 6023:2018 da Associação Brasileira de Normas Técnicas (ABNT):

SUNDFELD, Carlos Ari. Agências reguladoras estão em risco em São Paulo – Governador propõe que a regulação passe a ser definida de forma autocrática pelo Executivo. In: SUNDFELD, Carlos Ari; JORDÃO, Eduardo; MOREIRA, Egon Bockmann; MARQUES NETO, Floriano de Azevedo; BINENBOJM, Gustavo; CÂMARA, Jacintho Arruda; MENDONÇA, José Vicente Santos de; JUSTEN FILHO, Marçal; MONTEIRO, Vera. Publicistas: direito administrativo sob tensão. Belo Horizonte: Fórum, 2022. p. 223-224. ISBN 978-65-5518-311-5.

REVOLUÇÃO SECRETA TAMBÉM NO CONTROLE PÚBLICO? – LIMITES DO IMPACTO DA ARBITRAGEM SOBRE O CONTROLE DE DECISÕES DE AGÊNCIAS REGULADORAS

EDUARDO JORDÃO

Em texto publicado nesta coluna Publicistas, Marçal Justen Filho apresentou seu prognóstico sobre a revolução secreta que se daria na prática dos contratos administrativos, pelo uso progressivo da arbitragem nos conflitos contratuais.

Revolução semelhante é cogitável no tipo de controle realizado sobre entidades administrativas especializadas, como as agências reguladoras?

Há quem acredite que sim. O controle por árbitros tenderia a ser mais intenso ("menos deferente") do que o dos tribunais. Ao contrário do juiz generalista, o árbitro é normalmente um especialista e, portanto, teria menor desvantagem comparativa em relação a uma entidade administrativa especializada, para fins de resolução de questão técnica complexa. Por este raciocínio, o árbitro não precisaria ser deferente às decisões de uma agência reguladora: ele próprio teria condições de avaliar sua "correção" e, eventualmente, anulá-las.

Esta tese parece desconsiderar dois pontos muito relevantes, que informam a teoria da deferência judicial à Administração Pública.

O primeiro é que a análise comparativa das capacidades institucionais, que pauta a modulação da intensidade do controle, é entre controlador e controlado – e não entre dois controladores. Assim, é pouco relevante que um árbitro seja mais especializado que um juiz em determinado tema; o que importa é comparar o árbitro com a entidade administrativa controlada.

Além disso, a comparação relevante para verificação de eventual desvantagem comparativa não é a que se realiza no contexto pessoal (*o árbitro X é mais especialista que o diretor Y da agência reguladora*), mas a que leva em conta o contexto institucional. Ainda que o árbitro detenha conhecimento relevante na área objeto do controle, ele carecerá das características institucionais da entidade administrativa que irá controlar. É o caso (i) da vivência no setor regulado, (ii) da visão do todo que advém da atuação generalizada no setor, e, principalmente, (iii) da equipe de apoio especializada e multidisciplinar de que a entidade administrativa dispõe.

O segundo é que a tese da deferência do controlador à Administração tem como pressuposto não só a vantagem institucional comparativa, mas também a *indeterminação jurídica*, e a consequente ausência de "respostas corretas" para questões jurídicas específicas. Decisões administrativas levadas a controle frequentemente correspondem a *escolhas administrativas*. Ainda que o controlador especializado tenha *a mesma expertise* da entidade administrativa controlada, há pouca razão para supor que se devam preferir suas opções, e não aquelas da entidade administrativa controlada, a quem a lei atribuiu a competência *prima facie*.

Assim, as mesmas razões que justificariam a deferência judicial, mesmo em menor intensidade, parecem estar presentes no caso de o controle da Administração Pública ser realizado pela via arbitral.

Informação bibliográfica deste texto, conforme a NBR 6023:2018 da Associação Brasileira de Normas Técnicas (ABNT):

JORDÃO, Eduardo. Revolução secreta também no controle público? – Limites do impacto da arbitragem sobre o controle de decisões de agências reguladoras. *In*: SUNDFELD, Carlos Ari; JORDÃO, Eduardo; MOREIRA, Egon Bockmann; MARQUES NETO, Floriano de Azevedo; BINENBOJM, Gustavo; CÂMARA, Jacintho Arruda; MENDONÇA, José Vicente Santos de; JUSTEN FILHO, Marçal; MONTEIRO, Vera. *Publicistas*: direito administrativo sob tensão. Belo Horizonte: Fórum, 2022. p. 225-226. ISBN 978-65-5518-311-5.

O SUPREMO PRECISA DIVULGAR MAIS E MELHOR A AGENDA DE SEUS MINISTROS – UMA SUGESTÃO DE BOA PRÁTICA

JOSÉ VICENTE SANTOS DE MENDONÇA

Foi meu brilhante aluno de mestrado José Egídio quem fez a observação valendo essas mal digitadas: o Supremo poderia divulgar mais e melhor a agenda de seus ministros. Com destaque relativo na primeira página do *site*, mas apenas para a agenda do presidente, clicar no *link* "Agenda dos Ministros" leva a uma desenxabida subpágina, que não permite ir além dos últimos vinte e um dias, e que só permite acesso à agenda de quatro ou cinco ministros.

Basta seguir o *link* e confirmar por você mesmo: http://stf.jus.br/portal/agendaMinistro/listarAgendaMinistro.asp. Clicar nos *links* das agendas leva, em alguns casos, a conteúdos descritos de modo algo genérico. No dia 20 de outubro, o Ministro Dias Toffoli passou o dia em despachos internos. Realizou, ainda, duas videoconferências. Com quem? Sobre o quê? Não é por ali que saberemos. (É inclusive bem possível que os despachos internos tenham ocorrido por videoconferência.) Há, é claro, ministros que divulgam nomes dos interessados nos despachos, conteúdo das reuniões, e indicam, se for o caso, ações (incluindo, em outros dias, o próprio Toffoli). Mas não é a prática de todos, sequer da maioria.

Tenho duas certezas sobre isso: não duvido de que, se alguém pedisse a agenda dos ministros, via Lei de Acesso à Informação, viria conteúdo melhor do que o que, por vezes, consta no *site*. Mas também não tenho dúvidas de que o STF está deixando a desejar em termos de transparência ativa. Democracia, dizia Bobbio, é o governo do Poder Público em público.

Sabemos muito bem que nem sempre se é transparente divulgando tudo. Pode-se ofuscar com verdades excessivas e irrelevantes. E, claro, nem sempre as pessoas se importam com o que é divulgado. O atual presidente da Anvisa, ao apresentar seu currículo para a sabatina no Senado, listou, além de atividades médicas, a prática do caratê shotokan, a pintura a óleo, a leitura de biografias. Ele também praticou natação na piscina da Gama Filho em 1974 (eu aprendi a nadar por lá, presidente; o esqueleto da Gama no subúrbio carioca, tome nota, é caso de vigilância sanitária).

Enfim: como não se imagina que se possa judicializar a questão do Supremo diante do próprio Supremo – ou, quem sabe, o placar já esteja pronto –, resta sugerir, como ato de boa governança pública, que todos os ministros divulguem, de modo consistente e, na medida do possível, detalhado, suas agendas funcionais, que restariam permanentemente disponíveis para consulta. É coisa simples, e que pode fazer diferença.

Informação bibliográfica deste texto, conforme a NBR 6023:2018 da Associação Brasileira de Normas Técnicas (ABNT):

MENDONÇA, José Vicente Santos de. O Supremo precisa divulgar mais e melhor a agenda de seus ministros – Uma sugestão de boa prática. In: SUNDFELD, Carlos Ari; JORDÃO, Eduardo; MOREIRA, Egon Bockmann; MARQUES NETO, Floriano de Azevedo; BINENBOJM, Gustavo; CÂMARA, Jacinto Arruda; MENDONÇA, José Vicente Santos de; JUSTEN FILHO, Marçal; MONTEIRO, Vera. *Publicistas*: direito administrativo sob tensão. Belo Horizonte: Fórum, 2022. p. 227-228. ISBN 978-65-5518-311-5.

POR QUE O STF NÃO DEVE DECLARAR A INCONSTITUCIONALIDADE DO BANCO CENTRAL AUTÔNOMO – A CORTE DEVE PRESTIGIAR A SUBSTÂNCIA E NÃO ENRIJECER AS FORMAS

GUSTAVO BINENBOJM

A autonomia do Bacen é uma conquista institucional importante para o país. Com ela, a política de juros, essencial para o controle da inflação, fica protegida de pressões de curto prazo. O populismo é o regime político que planta uma mentira doce no presente para colher uma verdade amarga no futuro. Governos populistas costumam financiar a expansão de seus gastos com inflação. O descolamento do Bacen de interesses eleitorais imediatistas coloca a estabilidade da moeda em patamar mais seguro.

A Lei Complementar nº 179/2021 transformou o Bacen numa agência autônoma, a exemplo do *Federal Reserve* e do BC europeu. Presidente e diretores serão nomeados para o cumprimento de mandatos fixos, por indicação do presidente da República e com aprovação do Senado. Essas nomeações devem recair sobre técnicos de notório saber econômico-financeiro, com reputação ilibada. O modelo já passara pelo teste de constitucionalidade no STF, quando do julgamento da ADI n° 1.949/RS, de relatoria do Min. Dias Toffoli, julgada em 2014, na qual se reconheceu a legitimidade das agências reguladoras autônomas. Por isso causou espécie o ajuizamento da ADI n° 6.696 contra a LC n° 179/2021.

O problema é que a LC n° 179/2021 acabou sendo aprovada a partir de um projeto de lei complementar originário do Senado (PLP n° 19/2019), posteriormente alterado por substitutivo, o qual incluiu o PLP n° 112/2019, de iniciativa do chefe do Executivo, na mesma linha. Assim, foi o projeto de lei do Senado que acabou prosperando, sendo aprovado em ambas as casas legislativas e recebendo a sanção presidencial.

O relator do caso, Ministro Ricardo Lewandowski, acolheu a alegação de inconstitucionalidade formal, por vício de iniciativa, que resultaria da violação do art. 61, §1°, inc. II, alíneas "c" e "e", da Constituição Federal. Tais dispositivos instituem iniciativa legislativa privativa do chefe do Executivo. O Ministro Luís Roberto Barroso pediu vista e proferiu voto divergente, julgando o pedido improcedente, mas o julgamento só prosseguirá por videoconferência.

O Supremo terá que decidir se privilegia a forma ou a substância. Contra o defeito de forma, três pontos: (I) o PL não criou ou extinguiu ministério ou órgão da Administração, tendo se limitado a reconfigurar a governança do Bacen; (II) o PL não versava exatamente sobre regime de servidores públicos, mas sobre agentes políticos que dirigem o Bacen; (III) o fato de que o PLP n° 19/2019, ao receber um substitutivo, acabou por incorporar os temas constantes do PLP n° 112/2019, na mesma linha, de iniciativa do Executivo. Isso demonstraria a inequívoca intenção do presidente de iniciar o processo legislativo sobre a matéria, no mesmo sentido do projeto de iniciativa parlamentar aprovado. A favor da forma: a jurisprudência que considera que nem mesmo a sanção pode sanar o vício de iniciativa.

Diante de interpretações alternativas e possíveis do ponto de vista constitucional, o Supremo deveria privilegiar a substância ao invés de enrijecer as formas, e confirmar a validade da LC n° 179/2021.

Informação bibliográfica deste texto, conforme a NBR 6023:2018 da Associação Brasileira de Normas Técnicas (ABNT):

BINENBOJM, Gustavo. Por que o STF não deve declarar a inconstitucionalidade do Banco Central autônomo – A Corte deve prestigiar a substância e não enrijecer as formas. In: SUNDFELD, Carlos Ari; JORDÃO, Eduardo; MOREIRA, Egon Bockmann; MARQUES NETO, Floriano de Azevedo; BINENBOJM, Gustavo; CÂMARA, Jacintho Arruda; MENDONÇA, José Vicente Santos de; JUSTEN FILHO, Marçal; MONTEIRO, Vera. Publicistas: direito administrativo sob tensão. Belo Horizonte: Fórum, 2022. p. 229-230. ISBN 978-65-5518-311-5.

PGR ACERTA EM COORDENAR INICIATIVAS NO COMBATE À COVID-19 – CENTRALIZAÇÃO DAS AÇÕES NA PGR CAUSA POLÊMICA, MAS É EXEMPLO DE COORDENAÇÃO NO CONTROLE

FLORIANO AZEVEDO MARQUES NETO

O procurador-geral da República criou recentemente um Gabinete Integrado (GIAC) na PGR para articular as ações do Ministério Público Brasileiro (MP) no combate à Covid-19. Dentro desta iniciativa, solicitou às autoridades federais incumbidas de lidar com a pandemia que enviassem a esse GIAC as recomendações que recebam de promotores e procuradores Brasil afora.

Em leitura apressada alguns observadores viram na medida do PGR subserviência ao Executivo. Mas a medida apenas garante a coordenação necessária para enfrentar crises como esta.

Os agentes administrativos incumbidos das ações para enfrentar a epidemia têm de rapidamente prover a rede pública de insumos e equipamentos, articular vários agentes públicos e privados. Devem tomar decisões urgentes e cruciais. Ao mesmo tempo há inúmeros membros do MP preocupados e bem-intencionados. Se cada um deles emitir recomendações no sentido que julgar correto, ou oficiar pedindo alguma informação, haverá consequências negativas: i) os órgãos de saúde terão que desviar recursos humanos e materiais importantes para responder às solicitações; ii) haverá recomendações contraditórias e divergências de entendimento; e iii) as decisões administrativas serão paralisadas, com graves consequências.

A Constituição acertou ao dar autonomia orgânica ao MP. Daí advém a autonomia dos seus membros, não o inverso. Ela não transforma o MP em arquipélago de ilhas infensas à coordenação e à articulação centralizada. Quando cada célula age por si, o órgão colapsa.

O MP tem que agir de forma orgânica. Nada é mais contrário ao controle eficiente da administração do que a descoordenação. Em momentos que exigem tanta responsabilidade como o combate a uma pandemia, a negligência em coordenar as ações tangencia a inconsequência.

Não há relação necessária entre coordenar as ações do MP em Gabinete ou Câmara técnica e ser submisso ao Executivo. Ainda mais quando este órgão de coordenação é integrado por membros do próprio MP, especializados no assunto. Avocar as demandas de todos os procuradores e promotores, para que eles passem por crivo técnico e permitam a coordenação de iniciativas, é medida prudencial e necessária. Disso não deve decorrer – e não há evidências de que ocorra – bloqueio das ações do MP, ou seja, simples anteparo protetivo para ações de autoridades.

Em tempos de epidemia, somos diariamente lembrados da necessidade de coordenação, prudência e ação rápida. Profissionais de saúde seguem protocolos rígidos para tratar os enfermos. Autoridades sanitárias ponderam dados e buscam combinar ações com todos os envolvidos. Apostar no cada um por si na ação do controle parece ser menos manifestação de autonomia e mais um exercício de prepotência e egoísmo. Centralização e coordenação garantem eficácia à ação do MP. Não devem assustar como se fossem sintomas de subserviência.

Informação bibliográfica deste texto, conforme a NBR 6023:2018 da Associação Brasileira de Normas Técnicas (ABNT):

MARQUES NETO, Floriano de Azevedo. PGR acerta em coordenar iniciativas no combate à Covid-19 – Centralização das ações na PGR causa polêmica, mas é exemplo de coordenação no controle. In: SUNDFELD, Carlos Ari; JORDÃO, Eduardo; MOREIRA, Egon Bockmann; MARQUES NETO, Floriano de Azevedo; BINENBOJM, Gustavo; CÂMARA, Jacintho Arruda; MENDONÇA, José Vicente Santos de; JUSTEN FILHO, Marçal; MONTEIRO, Vera. Publicistas: direito administrativo sob tensão. Belo Horizonte: Fórum, 2022. p. 231-232. ISBN 978-65-5518-311-5.

A NECESSÁRIA REINVENÇÃO DA ADVOCACIA – A AUTORREGULAÇÃO PERMITIRÁ A REDESCOBERTA DA PROFISSÃO

EGON BOCKMANN MOREIRA

São fortes as questões de regulação profissional que matizarão a advocacia pós-Covid-19. Entre as profissões liberais, ela é a única constitucionalmente qualificada como "essencial à justiça" (art. 133). Além disso, é exclusiva dos profissionais inscritos na OAB. Privilégio que traz deveres de elevada responsabilidade, impactados pelas mudanças que o isolamento social provocou. Transformações geradoras de maiores encargos aos advogados e à OAB. Tratemos de quatro desafios.

Em primeiro lugar, o ingresso na OAB. Como já demonstrei aqui, o Brasil é um dos países com menores exigências. Existe prova admissional, repetida indefinidamente, com questões de baixa complexidade. O exame da OAB precisa ser aperfeiçoado: notas mais altas, combinadas com estágio e posterior comprovação periódica de estudos de atualização. E, a partir de agora, que contemplem a advocacia digital.

Depois, é importante refletir sobre a publicidade. Hoje, há regulamentos da OAB que vedam determinadas ações e conteúdos. Algumas dessas regras são desobedecidas. O que pode se agravar em tempos de isolamento, gerador da necessidade de captação (só) por meio digital. YouTube, WhatsApp, Instagram, *webinars* e *lives* podem ser novas formas de propaganda. Mas, até onde se pode ir?

O terceiro desafio será a convivência com autoridades, juízes e tribunais. Como não existe timidez no universo Zoom, os contatos tendem a ser expandidos. Uma coisa é deslocar-se a Brasília, hospedar-se, identificar-se no raio X do tribunal, e, depois do relatório, ficar em pé, solitário, naquela imensidão que é o pequeno púlpito do STF. Outra é ligar o computador no sofá de casa e ler a sustentação olhando para a tela. Provavelmente, em breve tais interações terão de ser limitadas. Qual será o critério? Só falam os com mais tempo de inscrição? Só os admitidos pelas Cortes? Só nas causas relevantes? Ainda assim, há o potencial de um milhão de profissionais querendo a atenção de 11 ministros.

A quarta e última das provocações está na forma de se comunicar e redigir as petições. Ninguém mais tem tempo, cada vez mais escasso. Petição com mais de 10 páginas já é extravagância: é pedir para não ser lida. Todavia, como Blaise Pascal escreveu ao final de uma carta de quatro páginas: "Eu teria sido mais breve se tivesse tido mais tempo". Logo, também os advogados precisam de mais tempo para escrever menos. A solução é treinamento, trabalho e esforço.

Mas como esses – e tantos outros desafios – serão normatizados e implementados? Como as soluções serão obedecidas? Existe um excelente caminho: a autorregulação profissional. Advogados congregados na OAB, pautados pela ética no exercício de suas prerrogativas. Cabe à OAB reinventar a profissão. Ninguém melhor para pensar em quem, como e onde exercer a profissão de advogado.

Informação bibliográfica deste texto, conforme a NBR 6023:2018 da Associação Brasileira de Normas Técnicas (ABNT):

MOREIRA, Egon Bockmann. A necessária reinvenção da advocacia – A autorregulação permitirá a redescoberta da profissão. *In*: SUNDFELD, Carlos Ari; JORDÃO, Eduardo; MOREIRA, Egon Bockmann; MARQUES NETO, Floriano de Azevedo; BINENBOJM, Gustavo; CÂMARA, Jacintho Arruda; MENDONÇA, José Vicente Santos de; JUSTEN FILHO, Marçal; MONTEIRO, Vera. *Publicistas*: direito administrativo sob tensão. Belo Horizonte: Fórum, 2022. p. 233-234. ISBN 978-65-5518-311-5.

EMPRESAS ESTATAIS: CLASSIFICAÇÃO EM XEQUE – ESTATAIS PRESTADORAS DE SERVIÇOS PÚBLICOS COMEÇAM A PERDER OS PRIVILÉGIOS QUE A LEGISLAÇÃO NÃO LHES DEU

JACINTHO ARRUDA CÂMARA

A classificação das empresas estatais entre prestadoras de serviços públicos e exploradoras de atividades econômicas é criação doutrinária, incorporada pela jurisprudência do STF no final dos anos 90. Com base nela, prerrogativas constitucionais conferidas a entes públicos, como a impenhorabilidade de bens (art. 100) e a imunidade recíproca (art. 150, VI, "a"), são estendidas a pessoas de direito privado: as estatais prestadoras de serviços públicos.

Esses benefícios não são previstos no direito positivo. O descompasso entre a classificação e a legislação fez com que a primeira merecesse o epíteto de "mito fundador" do estudo das estatais (André Cyrino; José Vicente Mendonça; em: *Estatais prestadoras de serviços públicos e as estatais concorrenciais: rever ou romper com a dicotomia?*). A suposta omissão persiste, embora tenham surgido várias oportunidades de sua incorporação ao direito positivo. Um novo Código Civil foi editado e nada prescreveu em relação a estatais prestadoras de serviço público ao definir a natureza das pessoas ou dos bens. Emendas constitucionais alteraram o regime dos precatórios e nada mencionaram sobre quaisquer estatais. O Código de Processo Civil foi reformado e não tornou os bens das estatais impenhoráveis. Veio o Estatuto das Empresas Estatais e, contrariando expectativas, tratou as estatais de forma homogênea. O STF não tem se importado com isso e, durante os últimos 20 anos, concedeu imunidade recíproca e impenhorabilidade de bens a diversas estatais prestadoras de serviços públicos.

Porém, a realidade parece querer demonstrar ao Tribunal a necessidade de rever sua jurisprudência. O primeiro choque de realidade surtiu efeito quando o STF negou benefícios do regime público a prestadoras de serviço público que concorram com particulares. A orientação decorre de decisão que rejeitou a impenhorabilidade de bens à Eletronorte, prestadora de serviço público que atua em segmento competitivo, a geração de energia (RE nº 599.628). Há poucas semanas, outra situação real escancarou o despropósito da extensão de prerrogativas públicas a estatais, levando o Supremo a fixar tema de repercussão geral segundo o qual:

sociedade de economia mista, cuja participação acionária é negociada em Bolsas de Valores, e que, inequivocamente, está voltada à remuneração do capital de seus controladores ou acionistas, não está abrangida pela regra de imunidade tributária prevista no art. 150, VI, "a", da Constituição, unicamente em razão das atividades desempenhadas. (Tema nº 508)

O *leading case* envolve a Sabesp, estatal de saneamento paulista que possui ações negociadas na bolsa de Nova York.

Embora, no geral, ainda reconheça prerrogativas a estatais prestadoras de serviços públicos, o STF tem percebido que criar privilégios pela via judicial pode causar resultados distorcidos. Espero que seja o início de uma revisão na jurisprudência criacionista ainda vigente sobre essa matéria.

Informação bibliográfica deste texto, conforme a NBR 6023:2018 da Associação Brasileira de Normas Técnicas (ABNT):

CÂMARA, Jacintho Arruda. Empresas estatais: classificação em xeque – Estatais prestadoras de serviços públicos começam a perder os privilégios que a legislação não lhes deu. *In*: SUNDFELD, Carlos Ari; JORDÃO, Eduardo; MOREIRA, Egon Bockmann; MARQUES NETO, Floriano de Azevedo; BINENBOJM, Gustavo; CÂMARA, Jacintho Arruda; MENDONÇA, José Vicente Santos de; JUSTEN FILHO, Marçal; MONTEIRO, Vera. *Publicistas*: direito administrativo sob tensão. Belo Horizonte: Fórum, 2022. p. 235-236. ISBN 978-65-5518-311-5.

DUAS BOAS DECISÕES DO SUPREMO SOBRE EMPRESAS ESTATAIS – 1) DESINVESTIMENTO NÃO PRECISA DE LEI ESPECÍFICA; 2) ESTATAIS PODEM EXERCER PODER DE POLÍCIA

GUSTAVO BINENBOJM

O Supremo dá a última palavra, mas nem por isso tem a última opinião. A reprogramação normativa de decisões da Corte pelo Congresso, por meio de emendas constitucionais ou leis, conforme o caso, e a superação pelo próprio Tribunal de entendimentos enferrujados são provas vivas de que a crítica abalizada integra o processo de reconstrução contínua da jurisprudência, inclusive de uma Suprema Corte. Duas decisões recentes do STF apontam nesse sentido.

A primeira foi proferida na Reclamação n° 42.576, na qual se referendou o entendimento já estabelecido na ADI n° 5.624, de que o *desinvestimento* de ativos das empresas estatais, mediante venda de subsidiárias por mecanismos de mercado, pode ser feito com fundamento numa autorização legislativa genérica, enquanto a *desestatização* – isto é, a alienação do controle acionário da empresa-matriz – é que exige autorização caso a caso, em lei específica, além de processo licitatório formal.

A ideia que prevaleceu foi a de dotar as estatais de ampla autonomia negocial para decidir sobre a gestão de seus ativos, sem necessidade de obter autorização do Parlamento e realizar licitação para cada decisão de criação, extinção ou alienação de subsidiárias, desde que garantida a competitividade entre os potenciais interessados e observados os princípios da Administração Pública. Já quanto à desestatização, a relevância política da decisão, evidenciada pela linguagem enfática adotada no inc. XIX do art. 37 da Constituição (que alude à *lei específica*), aponta no sentido da necessidade de uma autorização parlamentar para cada empresa-matriz.

A segunda decisão foi tomada no RE nº 633.782 (Tema nº 532 de repercussão geral), na qual o STF afirmou que é constitucional a delegação do poder de polícia, por meio de lei, a pessoas jurídicas de direito privado integrantes da Administração Pública indireta de capital social majoritariamente público que prestem exclusivamente serviço público de atuação própria do Estado e em regime não concorrencial. No caso concreto, o Supremo julgou válido o exercício do poder fiscalizatório e sancionatório pela BH Trans, empresa de trânsito controlada pelo município de Belo Horizonte.

Numa viragem jurisprudencial corajosa, o STF reviu o entendimento do STJ (e o seu próprio, adotado de forma quase automática em reiterada jurisprudência), abrindo caminho para a adoção de soluções mais eficientes para o exercício de potestades públicas. O regime jurídico empresarial pode ser uma opção legítima para o Estado operacionalizar tarefas que envolvam poder de império, mas que exigem, como todas as demais, o cumprimento de metas de desempenho, redução de custos e melhoria no padrão de comportamento dos agentes públicos.

Ambas as decisões representam casos em que o Supremo prestou a devida reverência a valores jurídicos contidos em dispositivos constitucionais aplicáveis, mas levou também em conta as consequências práticas de suas possíveis decisões, mantendo-se no espaço aberto e circunscrito pelo constituinte.

Informação bibliográfica deste texto, conforme a NBR 6023:2018 da Associação Brasileira de Normas Técnicas (ABNT):

BINENBOJM, Gustavo. Duas boas decisões do Supremo sobre empresas estatais – 1) Desinvestimento não precisa de lei específica; 2) Estatais podem exercer poder de polícia. *In*: SUNDFELD, Carlos Ari; JORDÃO, Eduardo; MOREIRA, Egon Bockmann; MARQUES NETO, Floriano de Azevedo; BINENBOJM, Gustavo; CÂMARA, Jacintho Arruda; MENDONÇA, José Vicente Santos de; JUSTEN FILHO, Marçal; MONTEIRO, Vera. *Publicistas*: direito administrativo sob tensão. Belo Horizonte: Fórum, 2022. p. 237-238. ISBN 978-65-5518-311-5.

O INDEVIDO PROCESSO LEGISLATIVO NA DESESTATIZAÇÃO DA ELETROBRAS – LEGISLAR NÃO É AMONTOAR TRUQUES EM FAVOR DE INTERESSES

EGON BOCKMANN MOREIRA

"Tal é o poder da lei que a sua elaboração demanda precauções severíssimas. Quem faz a lei é como se estivesse acondicionando materiais explosivos". As palavras de Victor Nunes Leal, em artigo de 1945, nunca estiveram tão atuais. Os legisladores brasileiros têm abusado, deturpando cada vez mais a própria competência de fazer leis.

Exemplo disso é a traquinagem feita com a MP nº 1.031/2021, sobre a desestatização da Eletrobras, cujo projeto de lei de conversão transformou o art. 1º num monstrengo de 1.202 palavras. Só o §1º desse dispositivo ocupa mais de duas páginas, tamanhos os jabutis impostos em benefício de grupos de interesse bem organizados. Como o sistema de vetos presidenciais brasileiros é peculiar *ma non tropo* e admite veto a artigos inteiros, mas não a partes, a técnica legislativa foi manuseada para impedir o veto às extravagâncias legislativas, que derrubaria toda a desestatização. A política pública tornou-se refém de interesses específicos.

Escrever leis não é amontoar palavras, arrancando vantagens como se fossem o resgate de um sequestro. O devido processo legislativo (Constituição, art. 59 e ss.) tem sua aplicabilidade definida pela LC nº 95/1998 – à qual os parlamentares devem obediência, especialmente quanto à estruturação normativa e à função ocupada pelos artigos, parágrafos e incisos. Basta ler o art. 7º da LC nº 95 – "O primeiro artigo do texto indicará o objeto da lei e o respectivo âmbito de aplicação..." – para constatarmos que o processo legislativo foi deturpado.

As leis devem ser "redigidas com clareza, precisão e ordem lógica"; os artigos precisam ter seu conteúdo restrito "a um único assunto ou princípio" e os parágrafos destinam-se a expressar "os aspectos complementares à norma enunciada no artigo e as exceções à regra por este estabelecida" (LC nº 95, art. 11, *caput* e inc. III, als. "b" e "c"). Nada disso foi respeitado na conversão da MP nº 1.031. O critério jurídico para a elaboração de leis parece ter sido maliciosamente desprezado, e os parágrafos do art. 1º desceram a minúcias concretas, impróprias à constitucionalidade de qualquer lei.

Como alertou o Professor Paulo Modesto em recente artigo, trata-se de outra "situação de fraude ao devido processo legislativo". E quando cogitamos de legisladores atuando em fraude, o problema é muito mais sério: leis em desvio de finalidade, a corromper o exercício dos mandatos.

Quais seriam as consequências dessa conjugação de desrespeito à Constituição e à LC nº 95? Estaríamos diante da possibilidade de veto a partes formais do artigo que, em substância, constituem dispositivos autônomos? Poder-se-ia cogitar de controle judicial que preservasse a essência da MP nº 1.031, modulando sua constitucionalidade por meio de supressão da eficácia das parcelas abusivas? Mas este tema é igualmente desafiador, pois pode bulir com outras fronteiras, delimitadoras da competência do Poder Judiciário. Aqui, aproveitando as palavras de Nunes Leal, estamos tratando já de manipular os materiais explosivos.

Informação bibliográfica deste texto, conforme a NBR 6023:2018 da Associação Brasileira de Normas Técnicas (ABNT):

MOREIRA, Egon Bockmann. O indevido processo legislativo na desestatização da Eletrobras – Legislar não é amontoar truques em favor de interesses. *In*: SUNDFELD, Carlos Ari; JORDÃO, Eduardo; MOREIRA, Egon Bockmann; MARQUES NETO, Floriano de Azevedo; BINENBOJM, Gustavo; CÂMARA, Jacintho Arruda; MENDONÇA, José Vicente Santos de; JUSTEN FILHO, Marçal; MONTEIRO, Vera. *Publicistas*: direito administrativo sob tensão. Belo Horizonte: Fórum, 2022. p. 239-240. ISBN 978-65-5518-311-5.

O DIREITO ADMINISTRATIVO EM 2019: NORMAS IMPORTANTES E PRÁTICAS BANAIS – LEIS CHAMARAM ATENÇÃO, MAS PRÁTICAS DO GOVERNO AINDA SÃO AMBÍGUAS

JOSÉ VICENTE SANTOS DE MENDONÇA

2019 foi importante para o direito administrativo. Um ano marcado pela profusão de normas, algumas com pretensão épica. Tivemos, como sempre, decisões importantes no STF. A nota de destaque é que, apesar das normas modernas, algumas práticas do Governo Federal ainda resvalam em nossa banalidade cotidiana. Miramos as estrelas, mas ainda navegamos num mar de bananas.

Às normas. A primeira e mais estrondosa é a Lei n° 13.874/19, a Lei de Liberdade Econômica. Não é a lei de nossos sonhos, e, talvez, sequer de nossas possibilidades. Mas é melhor tê-la. Ela reforça a exigência de análise de impacto para os atos públicos, pretende trazer efeitos ao silêncio administrativo, prevê a figura do abuso de poder regulatório. Segunda lei importante é a Lei n° 13.848/19, a Lei das Agências Reguladoras. Fruto de reflexão de anos, consolida garantias burocráticas, pretende resolver conflitos de atribuições, também fala em análise de impacto. Outra alteração legislativa importante veio com a Lei nº 13.867/19, permitindo mediação e arbitragem na fixação das indenizações em desapropriações por utilidade pública. É a consensualidade saindo da doutrina e ingressando na lei. Oxalá ainda entre nos corações e mentes dos controladores.

A decisão mais importante de 2019 foi o julgamento da ADI nº 5.624. Permitiu-se, sem necessidade de autorização legal nem de licitação, a privatização de subsidiárias e de controladas de estatais, adotando-se procedimento de venda que respeite os princípios da Administração. O racional encontrou o jurídico. Parabéns ao Supremo – nem sempre é assim.

Enquanto isso, na prática administrativa a teoria é outra. Se temos decretos que impõem exigências técnicas à nomeação de cargos em comissão, temos, por vezes, nomeados que afirmam que a Terra é plana. Prevê-se análise de impacto regulatório como regra, mas ela é esquecida justo para decretos que impõem revisaços abrangentes em prazos exíguos. Consagra-se a liberdade econômica, e, ao mesmo tempo, impõem-se (e depois se revogam) preços de fretes.

Mas o saldo é marginalmente positivo. Fez-se barulho, andou-se um pouco para a frente, um pouco para trás, um pouco para o lado. Passou-se a discutir com franqueza alguns tabus, como a eficiência no serviço público, a mediocridade dos concursos, a antieconomicidade das exorbitâncias contratuais. Consolida-se, não sem sobressaltos, a mediação e a arbitragem envolvendo a Administração Pública. O consequencialismo é a técnica decisória da vez. Até os micromunicípios entraram na roda.

Enfim: por entre decretos "revolucionários" e cabeçadas de diversos matizes, salvamo-nos todos. O direito administrativo de 2019 é jovem, estridente, cheio de ideias e de contradições. Mas vai envelhecer, e, quem sabe, amadurecer.

Informação bibliográfica deste texto, conforme a NBR 6023:2018 da Associação Brasileira de Normas Técnicas (ABNT):

MENDONÇA, José Vicente Santos de. O direito administrativo em 2019: normas importantes e práticas banais – Leis chamaram atenção, mas práticas do Governo ainda são ambíguas. In: SUNDFELD, Carlos Ari; JORDÃO, Eduardo; MOREIRA, Egon Bockmann; MARQUES NETO, Floriano de Azevedo; BINENBOJM, Gustavo; CÂMARA, Jacinto Arruda; MENDONÇA, José Vicente Santos de; JUSTEN FILHO, Marçal; MONTEIRO, Vera. *Publicistas: direito administrativo sob tensão.* Belo Horizonte: Fórum, 2022. p. 241-242. ISBN 978-65-5518-311-5.

NOVA LEI DE LICITAÇÕES E REFORMA ADMINISTRATIVA – GESTÃO POR COMPETÊNCIAS, GOVERNANÇA PÚBLICA E SEGREGAÇÃO DE FUNÇÕES PODEM SER AVANÇOS

MARÇAL JUSTEN FILHO

O projeto da Lei de Licitações obriga a implantação da gestão por competências (art. 7º), da governança pública (art. 11, parágrafo único) e da segregação de funções (art. 7º, § 1º) nas licitações e contratações.

A gestão por competências exige definir as atribuições de cada função administrativa, os atributos exigidos para o seu desempenho e os parâmetros para avaliação de seu ocupante. A ausência de gestão por competências é um defeito generalizado da Administração brasileira. A gestão por competências promove a eficiência na seleção de agentes públicos, eleva a qualidade dos serviços administrativos e torna viável a avaliação de desempenho dos agentes públicos.

A governança das contratações impõe a identificação dos riscos e vulnerabilidades, a adoção de mecanismos de controle interno e a implantação de um ambiente de integridade.

A segregação de funções, uma decorrência da gestão por competências e da governança pública, consiste na atribuição de funções complementares e conexas a agentes públicos distintos. Evita acumulação de atribuições diversas por um único agente. Essas inovações introduzem mecanismos de freios e contrapesos na estrutura interna da própria Administração Pública. Ampliam a eficácia do controle e reduzem o risco de desvios. São providências de natureza preventiva, diminuindo a necessidade de ações repressivas. Reforçam a moralidade e a eficiência e produzem segurança jurídica. Dão início a uma efetiva reforma administrativa.

O sucesso na implantação dessas inovações depende necessariamente do comprometimento da autoridade superior. É impossível agentes hierarquicamente subordinados reformarem o serviço público sem a atuação decisiva dos seus superiores.

No âmbito federal, a gestão por competências já constava do Decreto Federal nº 5.707/2006 e foi mantida pelo Decreto nº 9.991/2019. A Res. nº 111/2010 do CNJ também seguiu a mesma trilha. Mas essas determinações não eram dotadas de eficácia vinculativa obrigatória e não foram implantadas de modo generalizado.

Isso mudará com a nova lei, que determina compulsoriamente a implantação das novas práticas. A autoridade máxima do órgão ou entidade terá o dever jurídico de implantar efetivamente as novas práticas e a sua omissão configurará grave infração administrativa. A omissão reprovável na implantação dessas providências fundamenta a responsabilização da autoridade superior pelos casos de corrupção e ineficiência. Não se trata de responsabilidade objetiva, mas de infração culposa ao dever de diligência.

O desafio dos órgãos de controle administrativo será conduzir as autoridades superiores a aplicarem as inovações de modo efetivo.

Gestão por competências, governança pública e segregação de funções são providências indispensáveis para elevar a eficiência e a qualidade das licitações e contratações. Se essas inovações forem efetivamente implantadas, será promovida uma grande reforma administrativa. Então, a Nova Lei de Licitações terá valido a pena, apesar de tantos outros defeitos.

Informação bibliográfica deste texto, conforme a NBR 6023:2018 da Associação Brasileira de Normas Técnicas (ABNT):

JUSTEN FILHO, Marçal. Nova Lei de Licitações e Reforma Administrativa – Gestão por competências, governança pública e segregação de funções podem ser avanços. In: SUNDFELD, Carlos Ari; JORDÃO, Eduardo; MOREIRA, Egon Bockmann; MARQUES NETO, Floriano de Azevedo; BINENBOJM, Gustavo; CÂMARA, Jacintho Arruda; MENDONÇA, José Vicente Santos de; JUSTEN FILHO, Marçal; MONTEIRO, Vera. Publicistas: direito administrativo sob tensão. Belo Horizonte: Fórum, 2022. p. 243-244. ISBN 978-65-5518-311-5.

SERVIÇO SOCIAL AUTÔNOMO NA SAÚDE – A GESTÃO DE HOSPITAIS PÚBLICOS FEDERAIS NÃO DEVERIA SER FEITA NA BASE DO OPORTUNISMO

VERA MONTEIRO

Quais as alternativas jurídicas para a gestão de hospitais públicos federais fora da Administração direta? O modelo do terceiro setor, via organização social, já é conhecido e consolidado. A fundação estatal privada já esteve na moda. O serviço social autônomo (SSA) é a aposta do momento.

Desde a década de 40 a legislação reconhece a prestação de serviço social por entes autônomos, criados por entidades sindicais patronais. São pessoas privadas, sem fins lucrativos, mantidas por contribuições compulsórias pagas pelos empregadores sobre a folha (uma espécie de autofinanciamento) para custear atividades sociais e de formação profissional vinculadas ao sistema sindical. Ficou conhecido como Sistema S e veio a ser incorporado no art. 240 da CF.

Em 1960, uma lei do JK criou a Fundação das Pioneiras Sociais, com "personalidade jurídica autônoma", pela incorporação de associação civil privada responsável por uma rede de unidades hospitalares.

Em 1991, outra lei extinguiu a Fundação, transferiu seu patrimônio à União e criou a Associação das Pioneiras Sociais, como SSA, para administrar os ativos incorporados. A rede ficou conhecida por Rede Sarah Kubitschek.

Já nos anos 2000 o modelo SSA foi adotado noutros setores. Foram criadas a APEX – Agência de Promoção de Exportações do Brasil e a ABDI – Agência Brasileira de Desenvolvimento Industrial. Elas têm as mesmas características da Rede Sarah: são pessoas jurídicas de direito privado, criadas pelo Poder Público, a ele vinculadas via contrato de gestão, o regime de pessoal celetista, escolhido via processo de seleção simplificado e com remuneração em padrões de mercado. Prestam contas ao TCU e seguem regulamento próprio de licitações.

Por que foram qualificadas como SSA? Provavelmente para fugir do regime administrativo. Afinal, foram criadas por lei, são financiadas por recursos do próprio orçamento federal, o Executivo nomeia seus dirigentes e não pertencem ao sistema sindical do art. 240 da CF. Insistir nessa solução de ocasião importa assumir o risco de que, mais cedo ou mais tarde, haja questionamento.

Mas qual é o regime da Administração indireta? O das empresas estatais é o da lei de 2016. O das pessoas jurídicas de direito privado, criadas pelo estado, sem fins lucrativos e sem exercício de poderes públicos pode (e deve) ser distinto. O DL nº 200 reconhece que o estado pode criar fundações estatais privadas. Falta uma lei para tratar de seu regime jurídico, que bem pode ter as características acima.

As virtudes da Rede Sarah não decorrem do fato de sua personalidade jurídica. Seguramente, suas qualidades têm relação com o modelo de gestão e governança estabelecido entre a associação civil tornada pública por JK, o Executivo e o TCU. É ousado apostar na simples expansão do modelo de SSA como saída para melhorar a gestão dos hospitais públicos federais. A transformação não está na roupagem, mas na gestão e na segurança jurídica das instituições.

Informação bibliográfica deste texto, conforme a NBR 6023:2018 da Associação Brasileira de Normas Técnicas (ABNT):

MONTEIRO, Vera. Serviço social autônomo na saúde – A gestão de hospitais públicos federais não deveria ser feita na base do oportunismo. *In*: SUNDFELD, Carlos Ari; JORDÃO, Eduardo; MOREIRA, Egon Bockmann; MARQUES NETO, Floriano de Azevedo; BINENBOJM, Gustavo; CÂMARA, Jacintho Arruda; MENDONÇA, José Vicente Santos de; JUSTEN FILHO, Marçal; MONTEIRO, Vera. *Publicistas*: direito administrativo sob tensão. Belo Horizonte: Fórum, 2022. p. 245-246. ISBN 978-65-5518-311-5.

PARTE VIII

RENOVANDO A REGULAÇÃO E OS SERVIÇOS PÚBLICOS

LEIS QUE PEGAM, LEIS QUE NÃO PEGAM – O SUCESSO DA NOVA LINDB E A INEFICÁCIA DA LEI DE LIBERDADE ECONÔMICA MOSTRAM A INUTILIDADE DE OPÇÕES LEGISLATIVAS APENAS AXIOLÓGICAS

FLORIANO AZEVEDO MARQUES NETO

Há leis que não pegam. Uma contradição, pois leis possuem comandos obrigatórios e cogentes. Ainda que válidas e vigentes, simplesmente não são aplicadas. A comparação entre duas leis recentes ilustra isso. A Lei nº 13.655, de 2018, mudou a Lei de Introdução, a LINDB. A Lei nº 13.874, de 2019, trouxe normas voltadas à "liberdade econômica". Ambas são leis de normatividade indireta, com normas de interpretação, dirigidas a aplicadores do direito, não às pessoas em geral.

Apesar das críticas que recebeu quando aprovada (um jurista, apressado, chegou a dizer que ela padecia de "inconstitucionalidade enlouquecida"), a LINDB vem sendo bem aplicada. Os arts. 20 e 21, que tratam da motivação das decisões, são crescentemente manejados no Judiciário. O TCU utilizou o conceito de "erro grosseiro" (art. 28) para inocentar gestores públicos. A exigência de contextualizar historicamente a prática do ato questionado (art. 22) se incorporou aos processos de responsabilização. A irretroatividade das novas interpretações (art. 23) é uma realidade. Há ainda campo para depuração de conceitos, batalhas jurisprudenciais e, aqui ou ali, alguma resistência. Mas as normas da LINDB pegaram. Tanto que seus conceitos e dispositivos têm sido repetidos em novas leis, como a de contratações públicas (Lei nº 14.133, de 2021).

Ao contrário, a Lei de Liberdade Econômica é raramente utilizada. Algumas de suas normas não têm comandos efetivos. Outras foram esvaziadas pela regulamentação. Tendem a cair no esquecimento. Há razões para isso. O legislador transformou uma boa ideia em simples manifesto de concepções hiperliberais. A maior parte de seus dispositivos só enumera princípios e declara direitos. Mesmo comandos de maior concretude (como o art. 4º) foram concebidos com baixa visão prática. Ao invés de prever a invalidade dos abusos regulatórios, falou em dever genérico de evitá-los. Outro problema está na norma que quis dar efeitos liberatórios ao silêncio administrativo. Correto seria fixar um prazo ao fim do qual a licença se presumiria deferida, salvo se a autoridade mostrasse boas razões para a demora (inversão do ônus). Mas a lei aludiu a um prazo definido discricionariamente pela autoridade. O regulamento criou exceções que fizeram do dispositivo letra morta.

A comparação entre a ventura de uma e de outra lei nos permite alguns achados. Leis de normativa indireta precisam ser formuladas com foco jurídico e senso prático. Enumeração vaga de bons propósitos é para cartas-programa, não para textos de lei. Nossa cultura é avessa à liberdade econômica. Isso não se altera com simples declarações ou princípios, que apenas amparam a ideologia do intérprete e não conseguem conformá-la juridicamente. O viés pragmático aumenta a efetividade de qualquer lei. A pura principiologia denuncia apenas ingenuidade legislativa. Ou então a intenção de criar uma lei para não pegar.

Informação bibliográfica deste texto, conforme a NBR 6023:2018 da Associação Brasileira de Normas Técnicas (ABNT):

MARQUES NETO, Floriano de Azevedo. Leis que pegam, leis que não pegam – O sucesso da Nova LINDB e a ineficácia da Lei de Liberdade Econômica mostram a inutilidade de opções legislativas apenas axiológicas. *In*: SUNDFELD, Carlos Ari; JORDÃO, Eduardo; MOREIRA, Egon Bockmann; MARQUES NETO, Floriano de Azevedo; BINENBOJM, Gustavo; CÂMARA, Jacintho Arruda; MENDONÇA, José Vicente Santos de; JUSTEN FILHO, Marçal; MONTEIRO, Vera. *Publicistas:* direito administrativo sob tensão. Belo Horizonte: Fórum, 2022. p. 249-250. ISBN 978-65-5518-311-5.

A LIBERDADE ECONÔMICA E O RISCO DE ILEGALIDADE – A CLASSIFICAÇÃO ADMINISTRATIVA DO RISCO DAS ATIVIDADES ECONÔMICAS NÃO PODE SE SOBREPOR À DAS LEIS

JACINTHO ARRUDA CÂMARA

A liberdade econômica é garantida pela Constituição de 1988. Ela assegurou o livre exercício de qualquer atividade econômica, independentemente de autorização de órgãos públicos, salvo nos casos previstos em lei. Somente em 2019 o tema recebeu tratamento amplo em lei ordinária, a chamada Lei da Liberdade Econômica. Esta lei conferiu a toda pessoa, natural ou jurídica, o direito de desenvolver atividade econômica de baixo risco sem a necessidade de quaisquer "atos públicos de liberação".

A lei foi abrangente ao definir "atos públicos de liberação". Estão incluídos "a licença, a autorização, a concessão, a inscrição, a permissão, o alvará, o cadastro, o credenciamento, o estudo, o plano, o registro e os demais atos exigidos, sob qualquer denominação [...] como condição para o exercício de atividade econômica". Coube ao Executivo Federal dispor sobre a classificação das atividades de baixo risco.

Em dezembro de 2019 o tema foi disciplinado por decreto, já modificado em fevereiro de 2020. O decreto de fevereiro submeteu à classificação de risco atividades econômicas que dependam de atos públicos de liberação previstos nas leis. Foram definidos três níveis de risco. A classificação das atividades deve ser feita pelo responsável pelo ato público de liberação. No nível I – risco leve, irrelevante ou inexistente – a atividade será dispensada de qualquer ato público de liberação. O decreto também impõe que pelo menos uma hipótese seja classificada no nível de risco I, salvo justificativa da autoridade máxima do órgão ou da entidade responsável pelo ato de liberação.

Se a lei específica tiver exigido ato de liberação para todos os agentes de certo mercado, pode a Administração dispensá-lo apenas por considerar a atividade de baixo risco? Tomado ao pé da letra, o decreto autoriza a supressão de qualquer ato de liberação previsto em lei. Basta classificar todas as atividades como de risco I.

A Lei de Liberdade Econômica não produziu esse efeito derrogatório geral e irrestrito. Muito menos permitiu que as autoridades administrativas eliminem todas as exigências das leis específicas. Fosse este o sentido da nova lei, setores estratégicos da economia estariam com a regulação em xeque (o sistema financeiro, p. ex.).

O decreto tratou do risco de eventos danosos, mas esse não é o único motivo para exigir um ato de liberação. As exigências legais específicas podem atender a outras finalidades, como registrar agentes de um mercado, vinculá-los de modo eficiente a atos e normas do regulador, definir tratamento especial a certo segmento e assim por diante. Eliminar atos de liberação analisando apenas o potencial de ocorrência de eventos danosos pode desmantelar a regulação de setores sofisticados da economia.

A política pública de desregular também gera riscos. O regulador setorial tem de atuar com prudência. Não pode sucumbir à tentação de, em busca da simplificação, produzir atos ilegais ou contrários à racionalidade da regulação.

Informação bibliográfica deste texto, conforme a NBR 6023:2018 da Associação Brasileira de Normas Técnicas (ABNT):

CÂMARA, Jacintho Arruda. A liberdade econômica e o risco de ilegalidade – A classificação administrativa do risco das atividades econômicas não pode se sobrepor à das leis. In: SUNDFELD, Carlos Ari; JORDÃO, Eduardo; MOREIRA, Egon Bockmann; MARQUES NETO, Floriano de Azevedo; BINENBOJM, Gustavo; CÂMARA, Jacintho Arruda; MENDONÇA, José Vicente Santos de; JUSTEN FILHO, Marçal; MONTEIRO, Vera. *Publicistas*: direito administrativo sob tensão. Belo Horizonte: Fórum, 2022. p. 251-252. ISBN 978-65-5518-311-5.

AVALIAR E REVER – CRESCE O PUBLICISMO SEM MÁGICA, QUE MEDE E COBRA RESULTADOS DA AÇÃO ESTATAL

CARLOS ARI SUNDFELD

O direito público do dia a dia é um conjunto imenso de regrinhas e decisões do estado que afetam nossas vidas. Entre as muitas que funcionam, e valem o custo, também se esconde um pântano de fantasias. Gostamos de fórmulas mágicas: para as licitações serem limpas, os servidores públicos ficarem produtivos, o estado dar de graça o que sonhamos, a economia do Brasil subir do abismo e, pá-pum, a seleção ganhar a Copa. "Suspende o edital, mexe na estabilidade, reduz o pedágio, subsidia, demite o técnico". Qualquer taxista sabe como, em uma corrida, o STF podia matar a corrupção. Imediato, fácil, garantido.

Na discussão e construção da política somos assim: viscerais, impulsivos, com ilusões de rapidez e simplicidade. Isso também acontece no direito. Aceitamos muito ilusionismo na aplicação normativa e assim criamos normas-saci.

Felizmente, um movimento oposto tem crescido no direito público, aproveitando nosso lado cético e pragmático, este que anda com régua nos dedos e não se enreda com folclore jurídico. Mais e mais profissionais do direito valorizam as regras e a divisão de competências e buscam racionalmente evidências, provas materiais, consequências, resultados concretos, fatos da realidade. Os racionais do preto no branco avançam sobre os viscerais da retórica.

No Congresso Nacional, por iniciativa dos deputados Eduardo Cury (PSDB-SP) e Alessandro Molon (PSB-RJ), tramita o *Projeto de Lei da Governança da Ordenação Pública Econômica* (PL n° 4.888/2019). Entre outras coisas importantes, ele manda "fazer avaliações periódicas da eficácia, do impacto e da atualidade de todas as medidas de ordenação pública e, quando for o caso, sua revisão".

Como os céticos percebem, de discursos de santa intenção, os atos e normas de regulação estão cheios. Já sua aplicação, custos e resultados ao longo do tempo, esses nem o diabo conhece. O Projeto de Lei da Governança tem de caminhar. Para um direito público moderno e um país que amadureça – e há espaço para isso no meio jurídico – é hora de obrigar as autoridades a levar a sério competências e regras, bem como a apurar, medir, comparar, avaliar com rigor e, claro, rever o que não funciona como devia. Tudo às claras, sem mágica.

Em 11 de dezembro último saiu a *Lei do Contrato Público de Desempenho*, invenção da emenda constitucional da Reforma Administrativa de 1998. Boa nova: a lei cobra dos gestores metas de desempenho mensuráveis e objetivas, prazos, indicadores de avaliação, acompanhamento e controle de resultados, modelos de gestão flexíveis vinculados ao desempenho etc.

É uma lei que, ao invés de principiologia, propõe as ferramentas duras de calcular, pesar, medir e cobrar. Dá trabalho para fazer, mas é viável. Basta aprender com a história de 20 anos negociando e avaliando o cumprimento de metas com organizações sociais em saúde e cultura. É uma história de sucessos e fracassos, de vida real. Nossos publicistas racionais e nossa gestão pública já têm, portanto, experiências úteis para se inspirar.

Informação bibliográfica deste texto, conforme a NBR 6023:2018 da Associação Brasileira de Normas Técnicas (ABNT):

SUNDFELD, Carlos Ari. Avaliar e rever – Cresce o publicismo sem mágica, que mede e cobra resultados da ação estatal. *In*: SUNDFELD, Carlos Ari; JORDÃO, Eduardo; MOREIRA, Egon Bockmann; MARQUES NETO, Floriano de Azevedo; BINENBOJM, Gustavo; CÂMARA, Jacintho Arruda; MENDONÇA, José Vicente Santos de; JUSTEN FILHO, Marçal; MONTEIRO, Vera. *Publicistas*: direito administrativo sob tensão. Belo Horizonte: Fórum, 2022. p. 253-254. ISBN 978-65-5518-311-5.

OCASO DA PAJELANÇA REGULATÓRIA – O MÉTODO COMO LEGADO DA PANDEMIA

JACINTHO ARRUDA CÂMARA

A sociedade está inundada de informações sobre pesquisas para desenvolver remédios, vacinas e procedimentos eficazes no combate à Covid-19. Temas científicos como infectologia, epidemiologia e biologia entraram na pauta mundial. Pessoas comuns se veem opinando sobre estratégias para enfrentar a doença.

O desafio dos pesquisadores é comprovar a relação de causa e efeito entre as terapias testadas e o fim esperado. Para tanto, são empregados métodos de verificação que buscam isolar a proposta terapêutica e observar se ela, por si, é capaz de produzir o resultado desejado. A imersão no universo da pesquisa médica pode trazer consequências benéficas para outras searas. Uma delas pode ser a valorização da pesquisa séria, com método, para identificação de práticas regulatórias eficazes.

A regulação estatal (leis, decretos, resoluções) existe para atingir certos objetivos: segurança, combate à corrupção, desenvolvimento econômico. Mas as técnicas para aferição de sua eficácia ainda são pouco difundidas. Pouco se faz para examinar, prévia ou posteriormente, se a regulação é eficaz. Predomina um estado de *pajelança regulatória*. O regulador prescreve um tratamento sem testar os seus efeitos, bastando fazer crer que se trata da melhor terapia para o caso. Enquanto a sociedade confiar na *garrafada jurídica*, ela vai sendo mantida. Esse modelo é arriscado. O perigo é criar e manter regulações ineficazes e até mesmo prejudiciais aos fins almejados.

Como saber se remédios jurídicos produzem os efeitos desejados? Como aferir danos indiretos de sua adoção? Como testar inovações regulatórias? Essas respostas podem ser obtidas aplicando-se instrumentos próprios da estatística, da sociologia, da economia, da administração, da contabilidade, entre outras áreas do conhecimento capazes de, com método, aferir a eficácia da regra em exame. É preciso reconhecer que técnicas tradicionalmente cultivadas nas academias jurídicas ajudam pouco nesse campo.

As boas práticas regulatórias adotadas internacionalmente impõem aos reguladores a demonstração de eficácia de suas medidas. O país conta com boas iniciativas para promover esse fim, como a exigência de análise de impacto regulatório antes da edição de atos normativos, a criação de áreas pontuais de experimentação de medidas regulatórias e a adoção de procedimentos revisionais da regulação vigente, com análise retrospectiva de seus efeitos. É preciso torná-las mais eficazes e difundidas.

Tramita no Congresso projeto de lei que pretende impor a adoção dessas boas práticas regulatórias. A disseminação de conceitos básicos da metodologia científica pode fazer com que a sociedade seja mais exigente com relação a esse tipo de demonstração, tornando os testes de eficácia da regulação mais frequentes e de melhor qualidade. Como na medicina, o apego ao método científico reduz o espaço para soluções demagógicas e voluntariosas, típicas de *pajelança regulatória*.

Informação bibliográfica deste texto, conforme a NBR 6023:2018 da Associação Brasileira de Normas Técnicas (ABNT):

CÂMARA, Jacintho Arruda. Ocaso da pajelança regulatória – O método como legado da pandemia. *In*: SUNDFELD, Carlos Ari; JORDÃO, Eduardo; MOREIRA, Egon Bockmann; MARQUES NETO, Floriano de Azevedo; BINENBOJM, Gustavo; CÂMARA, Jacintho Arruda; MENDONÇA, José Vicente Santos de; JUSTEN FILHO, Marçal; MONTEIRO, Vera. *Publicistas:* direito administrativo sob tensão. Belo Horizonte: Fórum, 2022. p. 255-256. ISBN 978-65-5518-311-5.

O REGULAMENTO DA ANÁLISE DE IMPACTO REGULATÓRIO – DECRETO N° 10.411/2020 FOI GENEROSO NAS HIPÓTESES DE DISPENSA DA AIR E NO USO DE CONCEITOS INDETERMINADOS. AGORA, UTILIDADE E EFETIVIDADE DO PROCEDIMENTO DEPENDERÃO DA SERIEDADE DOS REGULADORES

GUSTAVO BINENBOJM

O Decreto n° 10.411/2020 foi editado para regulamentar a análise de impacto regulatório (AIR) prevista no art. 6° da Lei das Agências Reguladoras e no art. 5° da Lei da Liberdade Econômica. O ato normativo dispõe sobre muito, mas vincula muito pouco. A tarefa de melhorar a eficiência regulatória no país fica por conta dos reguladores.

Chama a atenção, logo à partida, a generosidade e o cuidado com a definição das hipóteses em que a AIR é inexigível: (1) decretos e atos normativos a serem submetidos ao Congresso Nacional (MPs e PLs); (2) atos organizacionais de efeitos internos, de efeitos concretos, que disponham sobre execução orçamentária e financeira, sobre política cambial e monetária e segurança nacional ou que visem a consolidar outras normas (inaplicabilidade em abstrato); (3) atos urgentes, de baixo impacto, destinados a concretizar comandos superiores vinculados, a preservar a higidez de mercados específicos, a manter a convergência a padrões internacionais, a reduzir custos regulatórios (possibilidade de dispensa fundamentada).

O decreto apresenta um glossário com as definições utilizadas ao longo do texto. Todavia, os vocábulos e expressões configuram invariavelmente conceitos jurídicos indeterminados, com baixa eficácia vinculante. Não se trata de atecnia, mas da escolha por um modelo aberto. A definição do que sejam atos de "baixo impacto" ou "urgentes", da extensão dos "custos regulatórios", e o conteúdo dos atos que integrarão ou não a agenda de atualização do estoque regulatório são questões sujeitas à ampla margem de apreciação pelos diferentes órgãos e entidades administrativos. A própria escolha da metodologia da AIR e detalhamento do seu itinerário de quesitos para enfrentar o problema regulatório específico só serão definidos em concreto, por decisão fundamentada.

A AIR poderá ser objeto de discussão pública, mas o decreto só prevê a possibilidade de participação social ao final do procedimento, após elaborado o "relatório". Há casos, no entanto, em que a coleta de informações e sugestões seria útil antes da apreciação dos custos e benefícios da medida, o que deverá ser feito com fundamento na Lei nº 9.784/99.

AIRs têm por função subsidiar a tomada da decisão pela autoridade competente, sem vinculá-la, sendo-lhe facultado pedir alguma complementação, ou adotar medida em contrário, inclusive a opção de não agir ou solução não normativa.

Por fim, o decreto prevê que sua inobservância não acarreta a invalidade da norma editada. Ou seja, além de tornar a obrigatoriedade da AIR excepcional, permite-se que mesmo aí a exigência legal seja solenemente desconsiderada sem qualquer consequência jurídica, o que configura evidente afronta ao comando legislativo. Mais um erro de um decreto que parece ter sido editado para livrar a Administração do "problema" da AIR, como se sua finalidade fosse limitada à contenção do aumento da carga regulatória. Um erro que atrasará ainda mais a melhoria da regulação no Brasil.

Informação bibliográfica deste texto, conforme a NBR 6023:2018 da Associação Brasileira de Normas Técnicas (ABNT):

BINENBOJM, Gustavo. O Regulamento da Análise de Impacto Regulatório – Decreto nº 10.411/2020 foi generoso nas hipóteses de dispensa da AIR e no uso de conceitos indeterminados. Agora, utilidade e efetividade do procedimento dependerão da seriedade dos reguladores. *In*: SUNDFELD, Carlos Ari; JORDÃO, Eduardo; MOREIRA, Egon Bockmann; MARQUES NETO, Floriano de Azevedo; BINENBOJM, Gustavo; CÂMARA, Jacintho Arruda; MENDONÇA, José Vicente Santos de; JUSTEN FILHO, Marçal; MONTEIRO, Vera. *Publicistas*: direito administrativo sob tensão. Belo Horizonte: Fórum, 2022. p. 257-258. ISBN 978-65-5518-311-5.

COMBATENDO A "DESREGULAÇÃO ESTRUTURAL" – OS DESAFIOS DE ENFRENTAR O ENFRAQUECIMENTO GRADUAL DAS AGÊNCIAS REGULADORAS

EDUARDO JORDÃO

Em artigo já disponível *on-line*, mas ainda a ser publicado na *Harvard Law Review*, as professoras norte-americanas Jody Freeman e Sharon Jacobs cunharam o termo "desregulação estrutural", para fazer referência ao fenômeno de enfraquecimento de agências reguladoras promovido intencionalmente, mas de forma sub-reptícia e incremental, pelo chefe do Poder Executivo.

A desregulação "estrutural" se distinguiria da "substancial" (mais conhecida), porque esta última se daria à luz do dia, de forma transparente, com a revogação de políticas regulatórias ou a substituição delas por medidas menos interventivas. Além disso, a desregulação substancial estaria sujeita a contestações jurídicas, enquanto a estrutural ocorreria em "pontos cegos" do direito, não podendo ser adequadamente enfrentada por meio dele.

O artigo traz exemplos de "formas de matar as agências reguladoras" (nas palavras delas) que teriam sido usadas por diferentes presidentes americanos, e particularmente por Donald Trump: (i) não contratar reposições pra funcionários que deixam as agências; (ii) deixar funcionários sem aumento por anos; (iii) pressionar dirigentes de agências para induzi-los a pedir demissão; (iv) deixar as agências por longos períodos sem liderança permanente; (v) demorar a nomear diretores de agências e deixá-las sem quórum para decidir; (vi) nomear dirigentes sem expertise no campo de atuação das agências; (vii) ignorar seus relatórios técnicos, entre outras.

Como o leitor já deve ter percebido, se o "rótulo" é novo para nós brasileiros, o fenômeno certamente não é. Adaptando a frase memorável do político baiano Octavio Mangabeira, "pense num absurdo: no Brasil tem precedente".

Há cerca de três anos, Mauricio Portugal Ribeiro e eu publicamos aqui mesmo no *Jota* uma série de textos intitulada "Como desestruturar agências reguladoras em três passos simples". Os textos terminaram compilados no ano seguinte num artigo mais longo, publicado na *Revista de Estudos Institucionais*. Nele, fazíamos um inventário irônico de "medidas que podem ser usadas para prejudicar as agências reguladoras e que já foram testadas com sucesso".

Nosso objetivo era precisamente denunciar atentados ao projeto de Estado regulador brasileiro que não encontravam resposta adequada no direito. Várias das estratégias mencionadas pelas autoras norte-americanas estão lá, algumas surpreendentemente idênticas.

O artigo de Freeman e Jacobs chama a atenção para o fato de que o fenômeno de desgaste intencional e gradual das agências reguladoras não é algo exclusivamente tupiniquim. Mas reforça a necessidade de que estas "malandragens institucionais" sejam reportadas e denunciadas também pela nossa doutrina. Desde a publicação do texto que escrevi com Maurício, viemos observando e registrando novas circunstâncias comprometedoras do nosso ambiente regulatório.

Trinta anos depois da sua concepção, o Estado regulador brasileiro ainda não é mais do que uma promessa. Também é papel nosso contribuir para mudar esta realidade.

Informação bibliográfica deste texto, conforme a NBR 6023:2018 da Associação Brasileira de Normas Técnicas (ABNT):

JORDÃO, Eduardo. Combatendo a "desregulação estrutural" – Os desafios de enfrentar o enfraquecimento gradual das agências reguladoras. *In*: SUNDFELD, Carlos Ari; JORDÃO, Eduardo; MOREIRA, Egon Bockmann; MARQUES NETO, Floriano de Azevedo; BINENBOJM, Gustavo; CÂMARA, Jacintho Arruda; MENDONÇA, José Vicente Santos de; JUSTEN FILHO, Marçal; MONTEIRO, Vera. *Publicistas*: direito administrativo sob tensão. Belo Horizonte: Fórum, 2022. p. 259-260. ISBN 978-65-5518-311-5.

QUAL A NATUREZA JURÍDICA DOS *SANDBOXES* REGULATÓRIOS? – QUANDO OS DESAFIOS DO PRESENTE SE SOCORREM DOS MÉTODOS DO PASSADO

JOSÉ VICENTE SANTOS DE MENDONÇA

Falar da "natureza jurídica" do "*sandbox* regulatório" é um oxímoro temporal. O bebê idoso, a sexagenária recém-nascida. Longe de mim assumir o papel daqueles examinadores de concurso que, na prova oral, indagam sobre a natureza jurídica do peixe. Mas saber a natureza jurídica de algo pode ser útil: enquadrando um instituto novo dentro de categorias prévias, ou associando-o a institutos análogos, identifica-se-lhe os efeitos e apressa-se seu tratamento normativo. Nem toda natureza jurídica é uma natureza morta.

Mas tratemos dos *sandboxes* regulatórios. Frutos da mesma revolução pragmatista que está gerando leis temporárias e inovações discretas inseridas em leis gerais – lembram do pregão, surgido a partir da Lei Geral das Telecomunicações? –, são um espaço de tentativa e erro no oferecimento de produtos e serviços. Certas atividades privadas, excepcionais ao regime da livre iniciativa, precisam de autorização do Estado para serem desempenhadas. Um novo seguro, um investimento financeiro inovador, uma forma diferenciada na prestação de serviço público. O *sandbox* regulatório é a maneira de o Poder Público autorizar, de modo limitado e em ambiente controlado, o experimento. Alguns falam que os *sandboxes* são parquinhos de diversão, onde se pode experimentar sob o olhar dos adultos. A analogia, apesar de infantilizar a iniciativa privada, tem seu valor. Se der certo, escala-se a atividade; se não, ao menos os prejuízos foram limitados. Está sendo tentado no Bacen, na CVM, na Susep. Outros *sandboxes* virão.

E qual seria sua natureza jurídica? Ao participar do doutorado de Bruno Feilgeson na UERJ, inspirei-me com o tema. Parece-me que os *sandboxes*, na forma como vêm sendo tratados no mundo e no Brasil, implicam a emissão de *autorizações administrativas temporárias* pelo Estado. Mas, aqui, vale romper com a tradição: se autorizações administrativas, ao menos até os anos 90, supostamente seriam atos discricionários, estas são *autorizações vinculadas*, de parte a parte. Nem o particular pode descumprir seus termos, nem o Poder Público poderá terminá-la antes do prazo e sem motivos. São as condições do experimento, a serem respeitadas pelo laboratório e pelos sujeitos do teste.

Última pergunta: qual a utilidade de se saber a natureza do *sandbox*? É simples. Se é autorização vinculada, o particular ou o ente público que romper com as condições terá cometido ato ilícito. Há medida judicial para retomar o experimento, ou, no limite, indenizar a parte cujas expectativas hajam sido rompidas. Se saber a natureza do peixe não vale nada, aqui pode servir para criar cultura de respeito a acordos mesmo quando seu objeto seja radicalmente experimental.

Informação bibliográfica deste texto, conforme a NBR 6023:2018 da Associação Brasileira de Normas Técnicas (ABNT):

MENDONÇA, José Vicente Santos de. Qual a natureza jurídica dos sandboxes regulatórios? – Quando os desafios do presente se socorrem dos métodos do passado. *In*: SUNDFELD, Carlos Ari; JORDÃO, Eduardo; MOREIRA, Egon Bockmann; MARQUES NETO, Floriano de Azevedo; BINENBOJM, Gustavo; CÂMARA, Jacintho Arruda; MENDONÇA, José Vicente Santos de; JUSTEN FILHO, Marçal; MONTEIRO, Vera. *Publicistas:* direito administrativo sob tensão. Belo Horizonte: Fórum, 2022. p. 261-262. ISBN 978-65-5518-311-5.

É CONSTITUCIONAL TRANSFERIR CONTRATOS DE CONCESSÃO – O STF DEVE PRESERVAR A SEGURANÇA JURÍDICA DE QUEM CONFIA NAS LEIS

CARLOS ARI SUNDFELD
EDUARDO JORDÃO
EGON BOCKMANN MOREIRA
FLORIANO AZEVEDO MARQUES NETO
GUSTAVO BINENBOJM
JACINTHO ARRUDA CÂMARA
JOSÉ VICENTE SANTOS DE MENDONÇA
MARÇAL JUSTEN FILHO
VERA MONTEIRO

A Lei Geral de Concessões, vigente desde 1995, autoriza transferências de contratos de concessão entre empresas, além de transferências do controle societário de concessionárias (art. 27). Mas há uma condição: as administrações públicas concedentes têm de ser ouvidas antes, para analisar se a operação é compatível com os interesses públicos. Sem o aval da administração concedente nenhuma transferência pode ser feita.

Nesses 26 anos, foram milhares de transferências, tanto com base nessa lei como em regras semelhantes de leis setoriais em campos como saneamento, rodovias, portos, metrô, petróleo, radiodifusão e muitos outros. Bilhões de reais foram investidos pelas novas concessionárias ou pelos novos controladores e os serviços estão em plena operação.

Mas uma ameaça silenciosa estava à espreita. Havia no Supremo Tribunal Federal uma ação de inconstitucionalidade (ADI n° 2.946), proposta há 18 anos, de que ninguém se lembrava e na qual nada acontecera desde então. Até que, de repente, no Plenário virtual do STF, surge o voto do relator, logo seguido por outro ministro, acolhendo a alegação de que as transferências de contratos de concessão (mas não as de controle societário) seriam inconstitucionais. O voto, imaginando modular os efeitos da declaração de inconstitucionalidade, previu que, em 2 anos, as administrações concedentes deverão extinguir todos os contratos que tiverem sido cedidos, fazendo-se novas licitações.

O julgamento ainda não se encerrou e a esperança é que nem a interpretação nem a proposta do relator sejam acolhidas pela maioria do tribunal. Do contrário, o bem-sucedido programa brasileiro de concessões estará gravemente comprometido. E o Brasil entrará para o rol dos países que montam armadilhas jurídicas para depois espoliar investidores.

O voto do relator entendeu que as cessões de contratos de concessão, embora sempre admitidas em nosso direito e previstas expressamente nas leis atuais, na verdade seriam ilícitas por contrariarem o resultado das licitações feitas quando das outorgas. O dever de licitar (art. 175 da CF) seria incompatível com a posterior autorização para transferir concessões já licitadas.

Mas esse entendimento não faz sentido.

Ceder contrato já licitado não é o mesmo que outorgar concessão sem licitação. Quando um contrato é cedido, ele permanece inalterado em seu conteúdo: todos os direitos e obrigações das partes se mantêm, na forma resultante da licitação. O mesmo acontece quando se transfere o controle da concessionária: mudam os controladores, mas o conteúdo do contrato licitado se mantém. Pouco importa se a transferência é do contrato ou do controle de concessionária: em ambas já houve licitação, cumpriu-se o art. 175 da Constituição e as obrigações contratuais continuarão idênticas. A diferença é só de forma, não de substância.

Quem critica as cessões de contrato se baseia na visão de que contratos administrativos seriam personalíssimos, o que impediria a troca dos contratados durante a execução. A tese é anacrônica: foi cunhada na França (e aceita no Brasil) à época em que contratos administrativos eram outorgados sem licitação. Concessão era uma espécie de dádiva, de regalia dada a pessoa certa, que o Estado escolhia discricionariamente; aí fazia sentido pensar em personalismo contratual. Mas tudo isso mudou.

É verdade que ainda existem alguns contratos administrativos personalíssimos, como os feitos com especialistas notórios para serviços singulares; são contratos sem licitação, cuja cessão de fato é inviável. Mas as concessões atuais são completamente diferentes: para elas, o ambiente é o da impessoalidade.

Licitação se funda em impessoalidade: a identidade em si do particular licitante não é o relevante. Na outorga de concessões, preenchidos os requisitos mínimos de habilitação e aceitas as condições da minuta de contrato anexa ao edital, a escolha se baseia na vantagem das propostas. O julgamento é objetivo, em geral lastreado só em preço, independentemente da pessoa que o oferta. Se o vencedor se recusa a firmar o contrato, convoca-se o segundo classificado, para contratar nas condições do vencedor. Portanto, o relevante são as propostas, não a identidade em si dos licitantes. A irrelevância dos atributos subjetivos do vencedor da licitação ocorre especialmente nas concessões de serviço público, centradas em obrigações de resultado. Atingidas as finalidades, o interesse público estará satisfeito.

Concessões são modeladas segundo a lógica das atividades empresariais. São empreendimentos de longo prazo. Circunstâncias variadas, próprias do mundo real, podem conduzir à cessão do contrato, o que é frequente na vida econômica. Nenhuma cessão de concessão, aprovada pela administração concedente após a nova empresa demonstrar que atende aos requisitos necessários, é capaz de comprometer o resultado objetivo da licitação (isto é, as vantagens oferecidas pelo vencedor à concedente e aos usuários). Tampouco é capaz de afetar a execução das obrigações contratuais, que se mantêm as mesmas.

Hoje em dia, os publicistas já estão bem familiarizados com o mundo das concessões e a lógica econômica a elas subjacente. Por isso, a maioria deles tem se manifestado em favor da constitucionalidade das transferências de concessão, quando aprovadas pela administração concedente, na forma da lei. Foram largamente superadas as dúvidas que existiram na década de 1990, quando publicistas ainda estavam descobrindo o novo mundo das parcerias público-privadas.

Se vingasse o voto do relator, a decisão do STF produziria efeitos desastrosos para a infraestrutura brasileira. Vedar a cessão de contratos limitaria a flexibilidade empresarial, em especial para lidar com crises, e reduziria o interesse dos investidores. Acarretaria, assim, a redução do número de licitantes. Levaria ao impasse todas as concessões em que, por razões próprias da vida econômica e empresarial, os detentores originais precisassem sair da operação. A única solução seria extinguir os contratos, gerando o caos nos serviços por anos, com danos irreparáveis aos usuários e à administração concedente.

Dois exemplos mostram que, nos votos já proferidos no STF, talvez não se tenha atentado para a gravidade do assunto. Na experiência recente, empresas concessionárias tiveram seus financiamentos suspensos por problemas criminais dos controladores ou administradores originais. O que salvou os empreendimentos públicos foi a rápida transferência dos contratos ou do controle para terceiros habilitados e idôneos. Se isso deixar de ser possível, os serviços públicos envolvidos estarão condenados a ficar em crise por anos e anos. É fantasia imaginar que as administrações públicas concedentes são capazes de extinguir e relicitar concessões com facilidade e rapidez, evitando prejuízos. A vida real mostra o contrário.

Outro exemplo é o da reorganização interna dos grupos empresariais. Em muitos casos, faz sentido que as concessões de empresas diversas do mesmo grupo sejam reunidas em uma só. Obtêm-se sinergias, economias são geradas, os serviços melhoram e as empresas ficam mais fortes. Claro que as administrações concedentes deverão autorizar as operações, avaliando se são de interesse público.

Quanto à discussão na ação de inconstitucionalidade, o mais grave é querer tomar agora decisões radicais que, se fossem corretas, deveriam ter vindo há 18 anos. E pior: sobre uma norma legal que vigora há nada menos que 26 anos.

A proposta de modulação apresentada é assustadora: implica a extinção de todas as concessões que tiverem sido objeto de cessão, apesar da boa-fé e do cumprimento das exigências legais da época. A solução destrói a segurança jurídica necessária ao desenvolvimento nacional. E sinaliza que, no Brasil, ninguém deve confiar nas leis, mesmo que pacificamente aplicadas por décadas. Afinal, segurança jurídica não vale nada? Uma infinidade de operações foi feita, refletindo a confiança dos investidores em nosso sistema. Quer dizer que esse sistema não merece qualquer confiança e o passado sempre pode mudar? Quem pagará os prejuízos? Quem responderá pelas incertezas que, injustamente, serão geradas para investidores de boa-fé?

Como alguém já disse, no Brasil até o passado é incerto. Se o voto do relator prevalecesse neste caso, o futuro do direito brasileiro seria sombrio, por obra da própria instituição que deveria resguardá-lo. Por isso, estamos certos de que, após reflexão mais profunda, o STF rejeitará a ação de inconstitucionalidade e preservará um de nossos programas públicos de maior sucesso na história recente.

Informação bibliográfica deste texto, conforme a NBR 6023:2018 da Associação Brasileira de Normas Técnicas (ABNT):

SUNDFELD, Carlos Ari; JORDÃO, Eduardo; MOREIRA, Egon Bockmann; MARQUES NETO, Floriano de Azevedo; BINENBOJM, Gustavo; CÂMARA, Jacintho Arruda; MENDONÇA, José Vicente Santos de; JUSTEN FILHO, Marçal; MONTEIRO, Vera. É constitucional transferir contratos de concessão – O STF deve preservar a segurança jurídica de quem confia nas leis. In: SUNDFELD, Carlos Ari; JORDÃO, Eduardo; MOREIRA, Egon Bockmann; MARQUES NETO, Floriano de Azevedo; BINENBOJM, Gustavo; CÂMARA, Jacintho Arruda; MENDONÇA, José Vicente Santos de; JUSTEN FILHO, Marçal; MONTEIRO, Vera. *Publicistas:* direito administrativo sob tensão. Belo Horizonte: Fórum, 2022. p. 261-267. ISBN 978-65-5518-311-5.

PRORROGAÇÕES CONTÍNUAS NAS CONCESSÕES? – A LEGISLAÇÃO VEM AMPLIANDO AS HIPÓTESES DE PRORROGAÇÃO DAS PARCERIAS COM O SETOR PRIVADO

JACINTHO ARRUDA CÂMARA

Concessões são contratos com prazo determinado. Mas a própria Constituição admite sua prorrogação. A Lei de Concessões trata vagamente o tema, relegando-o à disciplina contratual.

Antes da CF de 1988, era frequente a extensão de concessões, mesmo sem formalização. Era algo comum, por exemplo, no transporte coletivo, um dos poucos serviços públicos que, à época, eram delegados à iniciativa privada.

No primeiro ciclo das modernas parcerias, iniciado na década de 90, a tendência se inverteu. Passou-se a restringir a extensão dos vínculos, proibindo a prorrogação ou limitando-a a uma só vez. Valorizou-se a possibilidade de relicitar o serviço, muitas vezes outorgado a particular em regime de exclusividade. O prazo do contrato seria suficiente para amortizar os investimentos privados. Depois disto, o melhor seria abrir nova licitação e estabelecer novas condições para a exploração do serviço com quem ofertasse a melhor proposta.

Com as primeiras parcerias terminando o prazo, ganhou corpo a outra perspectiva, esquecida desde 1988: a valorização da continuidade. De parte dos particulares, há o instinto de sobrevivência, que os leva a propor aditivos para estender os contratos e, consequentemente, sua própria existência. Costumam ser apresentados novos projetos para ampliar ou modernizar os serviços, além de pleitos de reequilíbrio que resultem na extensão do prazo.

O Poder Público também tem se mostrado sensível à possibilidade de negociar com o parceiro já constituído a ampliação e o aperfeiçoamento da prestação dos serviços para novo ciclo de exploração. Mira, com isso, maior segurança na realização dos projetos, uma vez que serão executados por quem já demonstrou aptidão na execução do contrato, bem como a celeridade na implementação desses novos investimentos.

A legislação, ainda pontualmente, tem autorizado a prorrogação em detrimento da imposição de nova janela competitiva. O legislador vem assumindo que relicitar nem sempre é o melhor caminho. O tema apareceu na legislação federal em 2017, autorizando-se a prorrogação antecipada de contratos do setor de transportes. Agora em 2019 alterou-se a Lei Geral de Telecomunicações, que limitava a prorrogação a uma única vez, passando a admiti-la por períodos sucessivos. O estado de São Paulo, no início do ano, editou lei para disciplinar a prorrogação de suas concessões, inclusive de contratos nos quais, originalmente, ela não era admitida.

Resta saber se essa visão, mais pragmática, prevalecerá diante da tendência de os órgãos de controle exigirem a licitação como dever geral decorrente da Constituição. Em serviços como radiodifusão e transporte aéreo regular, a prorrogação sucessiva dos contratos é tradicional e aceita. A ampliação desse modelo para novos segmentos é uma novidade legislativa que merece observação. Pode-se estar vivenciando uma mudança do paradigma pós-1988 em relação à aplicação do dever de licitar.

Informação bibliográfica deste texto, conforme a NBR 6023:2018 da Associação Brasileira de Normas Técnicas (ABNT):

CÂMARA, Jacintho Arruda. Prorrogações contínuas nas concessões? – A legislação vem ampliando as hipóteses de prorrogação das parcerias com o setor privado. In: SUNDFELD, Carlos Ari; JORDÃO, Eduardo; MOREIRA, Egon Bockmann; MARQUES NETO, Floriano de Azevedo; BINENBOJM, Gustavo; CÂMARA, Jacintho Arruda; MENDONÇA, José Vicente Santos de; JUSTEN FILHO, Marçal; MONTEIRO, Vera. *Publicistas*: direito administrativo sob tensão. Belo Horizonte: Fórum, 2022. p. 269-270. ISBN 978-65-5518-311-5.

TARIFAS, CAOS ECONÔMICO E EQUILÍBRIO CONTRATUAL – O QUE SERÁ DAS CONCESSÕES DE SERVIÇOS PÚBLICOS?

EGON BOCKMANN MOREIRA

Os contratos de concessão de serviço público brasileiros estiveram escondidos até meados da década de 1990. Não possuíam relevância e muitas vezes camuflavam convênios interadministrativos. Pudera! Em uma economia com inflação alta e inercial, eram incogitáveis investimentos privados em bens e serviços públicos. O caos econômico tornava inviáveis contratos administrativos de longo prazo. Também isso fazia com que os serviços públicos fossem majoritariamente prestados pelo Estado.

Hoje, o cenário é outro: os principais setores da economia brasileira são organizados em torno de contratos de concessão. Dependem de financiamento e gestão por pessoas privadas. Rodovias, portos, aeroportos, ferrovias, telecomunicações, energia elétrica, gás, água e saneamento – todos obedientes ao pactuado em contratos de 10, 20 e até mais de 30 anos. Ocorre que tais negócios jurídicos administrativos estão às vésperas de um vigoroso desafio.

O cenário econômico do nosso futuro próximo é desalentador. Além dos efeitos imediatos da pandemia, em si graves, temos no horizonte PIB negativo; desemprego; dólar, IGP-M e IPCA nas nuvens; inflação se preparando para decolar e, *last but not least*, a potencialização da crise energética pela escassez hídrica. Aumento dos custos combinado com depauperação econômica. Haverá uma conta a ser paga, portanto. Resta saber quem, quando e como. Aqui entra em cena o equilíbrio econômico-financeiro dos contratos administrativos.

Ora, a receita em concessões é um preço administrado: a tarifa é estabelecida no contrato e controlada por órgãos públicos. Submete-se a revisões periódicas e reajustes anuais. Isso significa que, em momentos política ou economicamente incômodos, é grande a tentação de os poderes públicos pensarem em intervir nos contratos, com diminuição das tarifas. Isso já ocorreu em tempos passados, quando elas foram represadas (depois, as represas romperam). E, mais recentemente, com descontos significativos nos serviços de água, saneamento e energia. Fato é que tais medidas não resolvem o problema: o desequilíbrio persistirá, apesar delas.

Diante da consciência do inevitável, o que se precisa fazer é antecipar cenários e atenuar o impacto da desestruturação econômica externa aos contratos, preservando projetos de interesse público. Quem previne diminui custos. Os poderes públicos necessitam sentar-se à mesa com as concessionárias e negociar soluções. Constituir medidas proporcionais e atentas às suas consequências de médio e longo prazo. Se diminuir as tarifas, deverá prover, simultaneamente e de modo consensual, os contratos de solução de reequilíbrio (alongamento dos prazos, diminuição dos encargos etc.).

Todavia, caso se pretenda retornar aos desastres de antes da década de 1990, todos perdem, especialmente os usuários. Estes deixarão de contar com serviços adequados e arcarão, diretamente pelas tarifas ou indiretamente por meio de impostos, com as indenizações pela ruptura dos contratos. Será um retrocesso.

Informação bibliográfica deste texto, conforme a NBR 6023:2018 da Associação Brasileira de Normas Técnicas (ABNT):

MOREIRA, Egon Bockmann. Tarifas, caos econômico e equilíbrio contratual – O que será das concessões de serviços públicos?. *In*: SUNDFELD, Carlos Ari; JORDÃO, Eduardo; MOREIRA, Egon Bockmann; MARQUES NETO, Floriano de Azevedo; BINENBOJM, Gustavo; CÂMARA, Jacintho Arruda; MENDONÇA, José Vicente Santos de; JUSTEN FILHO, Marçal; MONTEIRO, Vera. *Publicistas:* direito administrativo sob tensão. Belo Horizonte: Fórum, 2022. p. 271-272. ISBN 978-65-5518-311-5.

MP QUE ALTERA O MARCO CIVIL DA INTERNET É INCONSTITUCIONAL – O PRESIDENTE DA REPÚBLICA NÃO TEM PODER DE EDITAR MEDIDAS PROVISÓRIAS COM FLAGRANTE DESVIO DE FINALIDADE

GUSTAVO BINENBOJM

A Medida Provisória n° 1.068, editada na véspera do último e fatídico 7 de setembro, alterou o Marco Civil da Internet (Lei n° 12.965/2014). No seu ponto mais relevante, a MP limita a atuação espontânea – isto é, sem ordem judicial – das redes sociais para a remoção de conteúdo e suspensão de contas de usuários. Essa limitação incide tanto quando há afronta à lei, como quando violados os termos de uso contratualmente estabelecidos, pois a MP estabelece, em caráter exaustivo e restritivo, os conteúdos suscetíveis de moderação pelas plataformas.

Curioso ler, na exposição de motivos, que a MP teria por finalidade assegurar a liberdade de expressão nas redes sociais. Curioso pela oportunidade, eis que o ato unipessoal do presidente da República foi editado no contexto de um conflito institucional com o Poder Judiciário, que envolve, precisamente, a discussão sobre o sentido da proteção constitucional à livre manifestação diante de campanhas massivas de desinformação, da proliferação de discursos de incitação ao ódio e à violência, e de ataques orquestrados à democracia e suas instituições. Curioso também pelo conteúdo, já que a garantia da liberdade de expressão não tem apenas uma dimensão individual, mas exibe também um aspecto objetivo, a exigir certa arquitetura institucional que assegure um ambiente plural e saudável no qual o debate público possa florescer. A internet exige algum grau de regulação para garantir a integridade dos sistemas de informação e a livre formação das opiniões e preferências pessoais.

A MP é, em essência, inconstitucional, pois foi editada em flagrante desvio de finalidade. MPs têm força de lei e efeito imediato, mas não excepcionais. Por mais amplo que seja o conceito de urgência, ele não legitima oportunismos, ainda mais para intimidar e ameaçar as redes sociais. Há em tramitação, na Câmara dos Deputados, o PL nº 2.630, já aprovado no Senado, sujeito a amplo debate em audiências públicas e que endereça o tema de maneira prudente e responsável. Pelo ângulo material, a MP impede a moderação de conteúdo em situações como disseminação de notícias fraudulentas sobre saúde pública, discursos para desestabilizar a ordem democrática e a comprometer a integridade do processo eleitoral, além de ataques a pessoas vulneráveis. A lista exaustiva prevista nos arts. 8º-B e 8º-C da MP não dá conta – por dolo ou culpa de seu autor – das situações em que a Constituição e as leis não apenas autorizam, mas exigem atuação das plataformas para evitar ou minorar lesões graves e irreparáveis a pessoas, comunidades e instituições.

A existência de regulação estatal, por certo, não é incompatível com as noções de propriedade privada e livre iniciativa, cansativamente invocadas contra a MP. As redes há muito deixaram de ser espaços privados comparáveis ao jardim ou aos cômodos de uma residência. Elas se tornaram um fórum público, no qual as normas legais devem conviver em harmonia com a regulação privada, sem asfixiá-la, mas também sem se omitir na proteção de direitos fundamentais.

Informação bibliográfica deste texto, conforme a NBR 6023:2018 da Associação Brasileira de Normas Técnicas (ABNT):

BINENBOJM, Gustavo. MP que altera o Marco Civil da Internet é inconstitucional – O presidente da República não tem poder de editar medidas provisórias com flagrante desvio de finalidade. *In*: SUNDFELD, Carlos Ari; JORDÃO, Eduardo; MOREIRA, Egon Bockmann; MARQUES NETO, Floriano de Azevedo; BINENBOJM, Gustavo; CÂMARA, Jacintho Arruda; MENDONÇA, José Vicente Santos de; JUSTEN FILHO, Marçal; MONTEIRO, Vera. *Publicistas*: direito administrativo sob tensão. Belo Horizonte: Fórum, 2022. p. 273-274. ISBN 978-65-5518-311-5.

HÁ FUTURO PARA O SANEAMENTO? – NOVO MARCO LEGAL TENTA SUPERAR ESTAGNAÇÃO CAUSADA POR IMPASSES JURÍDICOS E IRRACIONALIDADE ADMINISTRATIVA

FLORIANO AZEVEDO MARQUES NETO

O Congresso aprovou projeto de lei que redefine as regras para prestação dos serviços de saneamento.

As alterações não são poucas. Mudanças que impactam várias leis.

Destaco algumas: a coordenação dos entes federativos; o dever de universalização; a exigência de licitação para delegação da prestação (enterrando, finalmente, o modelo Planasa de reserva de mercado para as estatais estaduais); a centralização da regulação e a racionalização na organização dos serviços.

Nosso atraso no setor pode ser imputado a uma soma de mazelas do nosso direito administrativo: a maldição da *publicatio* e o déficit de coordenação.

Ninguém questiona ser o saneamento serviço público. Por décadas prevaleceu a noção de que isso faz a atividade exclusividade de seu titular, um "negócio público". Há muito, estados e municípios lutam pelo direito de prestar o serviço, para no fim *não o prestar*. O dever de oferta ficou em segundo plano. Prevaleceu a disputa pela competência. E ninguém cuidou da adequada prestação do serviço.

A nova lei oferece uma solução para o impasse, induzindo a prestação regionalizada e com conjugação de municípios. Mais: força as companhias estaduais a deixarem de disputar com os municípios para passar a disputar os municípios. Há companhias estaduais eficientes e capacitadas. Estas, privatizadas ou não, têm plenas condições de ganhar a disputa por concessões e prestar os serviços observando os comandos do ente delegante e não os impondo a ele.

A imposição de metas e regulação pode devolver o serviço público para a sua função de origem (ser um elemento de coesão e solidariedade social) e não um negócio monopolizado pela política.

Outro aspecto destacável é o esforço por dar racionalidade na organização e regulação do saneamento. O setor envolve acesso aos recursos hídricos, regras de parcelamento do solo, uso de bens viários, transterritorialidade, forte impacto ambiental. A descoordenação federativa e a irracionalidade administrativa entravaram o setor.

O novo marco traz avanços: i) atribuição ao regulador federal (ANA) para estabelecer comandos regulatórios gerais e mandatórios; ii) possibilidade de municípios delegarem a função regulatória concreta para agências mesmo fora do seu estado (as agências estaduais, no geral, tendem a ser capturadas pela companhia estadual); iii) a possibilidade de reunião de municípios não metropolitanos em entes de coordenação sem necessidade de participação do ente estadual e sem necessidade de lei autorizando; iv) a permissão de delegação da elaboração dos planos de saneamento ao particular. São medidas importantes para vencer a irracionalidade paralisante que a lei anterior fracassou em romper.

A experiência me fez cético com soluções legais para vencer a paralisia do setor. Vi frustrada minha expectativa com a Lei de Consórcios de 2005 e a Lei Nacional de Saneamento Básico de 2007. Mas o novo texto, creio, avança e corrige pontos que deram errado. Muito há por ser feito. E tudo é cada vez mais urgente. Voltarei ao assunto. Por agora é torcer para que eventuais vetos não nos atrasem ainda mais.

Informação bibliográfica deste texto, conforme a NBR 6023:2018 da Associação Brasileira de Normas Técnicas (ABNT):

MARQUES NETO, Floriano de Azevedo. Há futuro para o saneamento? – Novo marco legal tenta superar estagnação causada por impasses jurídicos e irracionalidade administrativa. *In*: SUNDFELD, Carlos Ari; JORDÃO, Eduardo; MOREIRA, Egon Bockmann; MARQUES NETO, Floriano de Azevedo; BINENBOJM, Gustavo; CÂMARA, Jacintho Arruda; MENDONÇA, José Vicente Santos de; JUSTEN FILHO, Marçal; MONTEIRO, Vera. *Publicistas*: direito administrativo sob tensão. Belo Horizonte: Fórum, 2022. p. 275-276. ISBN 978-65-5518-311-5.

SISTEMAS DE SAÚDE INTELIGENTES – REGISTROS *ON-LINE*, TELEMEDICINA, ALGORITMOS E COMPRAS CONSORCIADAS: SOLUÇÕES MAIS EFICIENTES E LEGÍTIMAS PARA A SAÚDE DO QUE A JUDICIALIZAÇÃO

GUSTAVO BINENBOJM

A judicialização da saúde é um fenômeno naturalizado no Brasil. Nosso *mindset* já se acostumou com as interferências determinantes do sistema de justiça tanto nas políticas de saúde pública, como na regulação da saúde suplementar. Trata-se de padrão mental ao qual estamos aprisionados.

Faço três objeções básicas ao *gerenciamento judicial* da saúde. Primeira: o acesso assimétrico dos cidadãos ao Judiciário, agravado pela obtenção de prestações diferentes definidas por distintos juízes, gera um problema de isonomia e exclusão. Segunda: a ausência de planejamento e de expertise por parte do Judiciário gera sério problema de eficiência na alocação dos recursos públicos e privados. Terceira: a distribuição da jurisdição em processos individuais ignora seus efeitos sistêmicos, em muitos casos contrários a objetivos legítimos escolhidos por agentes eleitos ou por reguladores técnicos. Ou seja, há também um problema de legitimidade.

O direito não responde bem a essas questões. Precisamos voltar a apostar em soluções políticas inteligentes para a saúde. Os registros pessoais de saúde *on-line* são uma espécie de histórico de todos os dados médicos, exames, tratamentos realizados, medicamentos usados e evolução clínica de 99% dos cidadãos da Estônia. Trata-se de sistema criptografado que viabiliza a prática da telemedicina, empodera os pacientes e amplia exponencialmente a eficiência dos gastos com saúde. Qualquer médico público ou privado, devidamente autorizado, pode acessar os arquivos do paciente, solicitar exames, verificar resultados, prescrever medicamentos e tratamentos e até realizar consultas *on-line*, nos casos indicados ou em situações críticas.

A inteligência artificial tem tido uso crescente na medicina. Nos Estados Unidos, por exemplo, nefropatologistas se utilizam de modelos matemáticos para estimar a vida útil remanescente de um rim para doação e avaliar o seu grau de compatibilidade com os potenciais candidatos a transplante. A maximização do sucesso dos transplantes envolve tantos critérios médicos complexos e dinâmicos que o seu "cálculo" será realizado com maior precisão por uma máquina capaz de aprender com a própria experiência. Imagine-se o que os algoritmos não serão capazes de fazer na predição da evolução de tecidos potencialmente malignos ou da mutação de novos vírus ou bactérias.

Finalmente, dou um exemplo simples colhido da realidade brasileira. Os estados do Nordeste se consorciaram e passaram a promover licitações para a aquisição conjunta de medicamentos e equipamentos médicos. No fim de 2019, anunciaram economia de R$50 milhões no primeiro lote de medicamentos. Pretendem agora se associar aos estados do Norte e do Centro-Oeste. Descobriram planejamento e ganhos de escala.

A pandemia da Covid-19 restabeleceu a força da vida real: precisamos de um sistema de saúde que faça o máximo com os recursos de que dispomos, prestando contas de seus limites com transparência.

Informação bibliográfica deste texto, conforme a NBR 6023:2018 da Associação Brasileira de Normas Técnicas (ABNT):

BINENBOJM, Gustavo. Sistemas de saúde inteligentes – Registros on-line, telemedicina, algoritmos e compras consorciadas: soluções mais eficientes e legítimas para a saúde do que a judicialização. In: SUNDFELD, Carlos Ari; JORDÃO, Eduardo; MOREIRA, Egon Bockmann; MARQUES NETO, Floriano de Azevedo; BINENBOJM, Gustavo; CÂMARA, Jacintho Arruda; MENDONÇA, José Vicente Santos de; JUSTEN FILHO, Marçal; MONTEIRO, Vera. *Publicistas*: direito administrativo sob tensão. Belo Horizonte: Fórum, 2022. p. 277-278. ISBN 978-65-5518-311-5.

SOBRE OS AUTORES

Carlos Ari Sundfeld
Professor Titular da Escola de Direito de São Paulo, da Fundação Getúlio Vargas (FGV Direito SP). Doutor e Mestre em Direito Administrativo pela PUC-SP. Presidente da Sociedade Brasileira de Direito Público. Sócio-Fundador de Sundfeld Advogados, onde atua como parecerista e consultor especializado em Direito Público e Regulação. Autor de diversos artigos e livros, entre os quais *Direito administrativo para céticos* (Ed. Malheiros, 2014).

Eduardo Jordão
Professor da FGV Direito Rio. Doutor pelas universidades de Paris (Panthéon-Sorbonne) e de Roma (Sapienza), com pesquisas de Pós-Doutorado na Harvard Law School e no MIT Economics. Mestre pela London School of Economics and Political Science (LSE) e pela Universidade de São Paulo (USP). Bacharel em Direito pela Universidade Federal da Bahia (UFBA). Foi Pesquisador Visitante na Yale Law School e em Institutos Max-Planck. É sócio do Portugal Ribeiro Advogados.

Egon Bockmann Moreira
Professor de Direito Econômico da Faculdade de Direito da UFPR. Foi Professor Visitante nos programas de Pós-Graduação em Direito da Universidade de Lisboa, USP e FGV Direito Rio. Mestre e Doutor em Direito. Especialista em Regulação e Concorrência (Univ. de Coimbra) e em Mediação (PON-Harvard Univ. e Pepperdine Univ.). Advogado. Árbitro.

Floriano de Azevedo Marques Neto
Advogado. Livre-Docente em Direito Público pela Faculdade de Direito da USP. Professor Titular de Direito Administrativo da Faculdade de Direito da USP. Diretor da Faculdade de Direito da USP. Professor do curso de Pós-Graduação *Stricto Sensu* da Fundação Getulio Vargas – Rio de Janeiro.

Gustavo Binenbojm
Professor Titular da Faculdade de Direito da UERJ. Doutor e Mestre em Direito Público pela UERJ. Master of Laws (LL.M.) pela Yale Law School (EUA).

Antho Arruda Câmara
Mestre e Doutor em Direito pela PUC-SP. Professor da Faculdade de Direito da PUC-SP.

José Vicente Santos de Mendonça
Mestre e Doutor em Direito Público pela UERJ. Master of Laws por Harvard. Professor de Direito Administrativo da UERJ. Coordenador do Laboratório de Regulação Econômica da UERJ. Advogado. Procurador do Estado.

Marçal Justen Filho
Doutor em Direito.

Vera Monteiro
Professora de Direito Administrativo da Escola de Direito de São Paulo, da Fundação Getulio Vargas (FGV Direito SP). Professora da Sociedade Brasileira de Direito Público. Doutora pela USP. Mestre em Direito Administrativo pela PUC-SP. *Lemann Visiting Fellow* na Oxford University (Blavatnik School of Government). Autora de diversos artigos e livros, entre os quais *Concessão* (Ed. Malheiros, 2010). Sócia de Sundfeld Advogados.